四川省科技计划项目"公安民警应对非常规突发事件的抗逆力研究"
最终研究成果（项目编号：2021JDR0286；结项等级：优秀）

POLICE

警察应对
非常规突发事件的
抗逆力研究

——职业风险情境中的扎根理论探索

王 飞◎著

中国出版集团 | 全国百佳图书
中国民主法制出版社 | 出版单位

图书在版编目（CIP）数据

警察应对非常规突发事件的抗逆力研究：职业风险情境中的扎根理论探索 / 王飞著 . —北京：中国民主法制出版社，2023.12

ISBN 978-7-5162-3447-1

Ⅰ.①警… Ⅱ.①王… Ⅲ.①警察－职业培训－研究

Ⅳ.① D035.30

中国国家版本馆 CIP 数据核字（2023）第 216031 号

图书出品人：刘海涛
出 版 统 筹：石　松
责 任 编 辑：刘险涛　吴若楠

书　　　名 / 警察应对非常规突发事件的抗逆力研究——职业风险
　　　　　　情境中的扎根理论探索
作　　　者 / 王　飞　著

出版·发行 / 中国民主法制出版社
地址 / 北京市丰台区右安门外玉林里 7 号（100069）
电话 / （010）63055259（总编室） 63058068　63057714（营销中心）
传真 / （010）63055259
http: // www.npcpub.com
E-mail: mzfz@npcpub.com
经销 / 新华书店
开本 / 16 开　710 毫米 ×1000 毫米
印张 / 16.25　**字数** / 200 千字
版本 / 2024 年 1 月第 1 版　　2024 年 1 月第 1 次印刷
印刷 / 廊坊市海涛印刷有限公司

书号 / ISBN 978-7-5162-3447-1
定价 / 88.00 元
出版声明 / 版权所有，侵权必究。

前　言

党的二十大报告中指出："今天，我们比历史上任何时期都更接近、更有信心和能力实现中华民族伟大复兴的目标，同时必须准备付出更为艰巨、更为艰苦的努力。全党必须坚定信心、锐意进取，主动识变应变求变，主动防范化解风险，不断夺取全面建设社会主义现代化国家新胜利！"习近平总书记强调，"今后一个时期，我们将面对更多逆风逆水的外部环境，必须做好应对一系列新的风险挑战的准备"。当前和今后一个时期是我国各类矛盾和风险易发期，各种风险因素明显增多，需要不断提高应对能力。尽管人民警察经过实战大练兵的锤炼，应对常规突发事件的能力得到强力巩固，然则，应对"非典"和"新冠"等"急难险重"类非常规突发事件之初，诸多警察表现出力有不逮。

抗逆力研究者多采用定量研究方法，探讨病患人员和少年儿童等弱势群体，以及军人、救援人员、社区矫正者等特殊（职业）人群的抗逆力结构模型、生成机制、培育路径等内容，鲜见厘定警察这类特殊人群个体抗逆力结构及其作用机理等方面的微观研究。警察长期身处职业风险情境，其应对非常规突发事件的抗逆力伴有蚀化之险，警察抗逆力水平关乎警察身心健康、警务工作质效和人民合法权益。基于扎根理论分析一线警察的抗逆力原始资料，旨在厘清警察抗逆力的结构、重构过程及类型、蚀化样态及逻辑，构建警察抗逆力韧性互构建设体系。既可为量化研究抗逆力的生成机制与演变过程，提供概念化操作的理论依据，也可为促进警察身心健康的教育训练提供实践指引。

为厘清警察抗逆力的结构、重构过程及类型、蚀化样态及逻辑，助推警察抗逆力韧性教育训练工作，依托四川省科技厅 2021 年省级科技计划软科学项目"警察应对非常规突发事件的抗逆力研究（项目编号：2021JDR0286）"，在四川警察学院和 AN 县公安局的支持和帮助下，笔者借助在 AN 县公安局锻炼便利，分层抽取 AN 县公安局所有一线所队的负责人和普通民警共计 40 名警察为访谈对象，采取关键事件访谈法，收集警察应对非常规突发事件的抗逆力资料。运用 Nvivo12Plus 软件对访谈获得的原始资料进行程序化编码，构建警察抗逆力结构模型，揭示警察抗逆力的结构因子及其相互关系路径。研究发现：抗逆力结构因素主要包括风险应对、认知、自我调适、性格习惯、情绪反应、警务素质良好、外部保护因素，存在特质自悯和行为履职两大关系路径，警察抗逆力实为特质自悯与行为履职交互助益的过程和结果。

比较与选择职业风险应对经历丰富且抗逆力重构次数居多的前 21 名警察的访谈资料，用于扎根分析警察抗逆力的重构过程及类型。研究发现：风险因素冲击警察是触发抗逆力重构的动因，警察抗逆力重构过程实为特质自悯与行为履职交互作用的过程；按照特质自悯与行为履职的互构状态，可将抗逆力重构类型粗略归为积极有效、积极无效、消极有效、消极无效四型；警察抗逆力演进趋向主要是四型抗逆力组合的结果，总体呈现稳步优化、循环优化、循环劣化、持续劣化四类。

　　对 AN 县公安局 20 名有抗逆力蚀化现象的警察进行关键事件访谈和扎根分析，发现：警察抗逆力蚀化样态呈现心理样态的认知偏差，以及实践样态的履职失范；职业风险冲击，致使职业精神、性格习惯、情绪反应、调适失效等抗逆力特质变差而促发认知偏差，认知偏差促发履职失范，履职失范强化认知偏差。

　　要健全警察抗逆力蚀化防治体系，需要做好两方面工作：一是构建警察抗逆力蚀化监测干预体系，防治警察抗逆力蚀化；二是炼造警察抗逆力多层互构防御体系，强化警察个人、家庭、警队和社区的多层保护要素联结度。

目　录

第一章 导 论

第一节 研究缘起与价值

一、研究缘起

警察在履职尽责时常遭受突发伤害，轻则受伤受挫，重则付出生命代价。习近平总书记在全国公安系统英雄模范立功集体表彰大会上指出，"和平年代，公安队伍是一支牺牲最多、奉献最大的队伍，大家没有节假日、休息日，几乎是时时在流血、天天有牺牲[1]"。2022 年，全国公安机关共有 308 名民警、179 名辅警因公牺牲，4334 名民警、3470 名辅警因公负伤[2]。2012—2022 年，全国有 3799 名民警英勇献身，5 万余名公安民警光荣负伤[3]。由此可见，作为打击违法犯罪和维护社会治安秩序的主要力量，人民

---

[1] 新华社 . 全国公安系统英雄模范立功集体表彰大会在京举行 [EB/OL]. （2017-05-19）[2023-03-13]. http://www.gov.cn/xinwen/2017-05/19/content_5195349.htm.

[2] 央广网 . 公安部：2022 年 308 名民警、179 名辅警因公牺牲 [EB/OL]. （2023-01-10）[2023-03-12]. https://baijiahao.baidu.com/s?id=1754607639750833856&wfr=spider&for=pc.

[3] 新京报 . 公安部：10 年来全国 3799 名民警牺牲 [EB/OL]. （2022-10-19）[2023-01-08]. https://view.inews.qq.com/wxn/20221019A02EHT00?qq=670433900&refer=wx_hot&web_channel=detail.

警察时刻面临着职业风险冲击，警察是一个充满高风险的职业。

警察长期身处职业风险情境，屡遭各类突发事件风险侵袭。2022 年 9 月 16 日早上，湖北黄梅县公安局黄梅派出所副所长、四级警长程凯在带队抓捕嫌疑人的过程中，民警发现嫌疑人驾驶一辆金杯面包车出门后，立即对嫌疑车辆实施拦截抓捕。别停嫌疑车辆后，程凯第一个冲向嫌疑车辆驾驶门，欲第一时间控制嫌疑人。同一瞬间，嫌疑人突然激烈反抗，猛踩油门向后倒车，企图逃跑，嫌疑人惊慌之下，左后轮冲出路面，车辆瞬间失衡，向左侧侧翻，压向抓捕民警。危急关头，程凯同志用尽全力推开身边的战友，而自己却错过了逃生机会，连同车辆一起跌下一米多高的陡坎，他被压在两吨多重的车身之下，壮烈牺牲[①]。

警察在执行类似抓捕任务时，除了遭受直接伤害外，还时常遭遇艾滋病等疾病传染的职业暴露风险。2022 年 10 月 24 日上午，温州市公安局鹿城公安分局莲池派出所接到举报，涉嫌盗窃的嫌疑人韩某（事后确认患有艾滋病）曾在乐清市清远路附近出现，接到举报后该所副所长厉乘搏立即带队前往抓捕，其间韩某剧烈挣扎，嘴角磕碰到了一旁的共享单车上，鲜血喷涌而出，参与抓捕的三人身上都沾到了韩某的血液。在抓捕过程中，厉乘搏为了制伏嫌疑人，手上脚上造成了几处磕碰伤，而韩某挣扎时嘴角伤口处甩出的血液已经溅到了厉乘搏的伤口上。回想起来，厉乘搏表示当时只觉得头脑里一片空白，说不害怕那是假的，心理压力也是有的[②]。

---

① 黄忠."英雄民警"程凯：以生命赴使命，抓捕嫌犯时壮烈牺牲 [EB/OL].（2022-12-11）[2023-03-12]. https://baijiahao.baidu.com/s?id=1751893946524827485&wfr=spider&for=pc.

② 澎湃新闻.温州一民警遭遇职业暴露风险：被患艾滋病嫌疑人的血溅到伤口 [EB/OL].（2022-10-26）[2023-03-12]. https://baijiahao.baidu.com/s?id=1747732841334802481&wfr=spider&for=pc.

　　警察不仅要承受打击犯罪和维稳处突等常规警务工作中的突发事件风险，还要承担非常规警务工作中的突发事件风险，诸如，同广大医务工作者参加"新冠"肺炎疫情防控工作，承受病毒侵袭之险。2020年2月26日，国务院联防联控机制召开新闻发布会，公安部指出，开展"新冠"肺炎疫情防控工作一个多月来，全国公安民警和辅警有49人因公牺牲；其后，据《人民日报》报道，截至2020年4月2日，这一数字增加至95人[①]。2020年开展"新冠"肺炎疫情防控工作之初，很短的时间内，数十名警察牺牲在疫情防控一线，直至2022年底，此次战"疫"过程中牺牲人数仍在增加。

　　广大人民警察长期应对违法犯罪等危害社会安全的常规突发事件，大部分警察表现得游刃有余；然而，面对突如其来的"非典"和"新冠"肺炎疫情等重大卫生事件的非常规突发事件，则往往力不从心。警察参与"新冠"肺炎疫情防控之初，战"疫"风险大、隔离任务重、工作强度高对战"疫"警察造成极大冲击。突发公共卫生风险下，公众心理面临严重冲击，给警察突发公共卫生事件现场执法带来严峻挑战[②]。大部分警察一旦应急处突技能难以应对具有"低征兆性、高衍生性、高危害性"等特征的非常规突发事件时，他们就极易陷入技穷无奈的困境，若无优良的抗逆力傍身，如遭遇"新冠"肺炎疫情等非常规突发事件的重大冲击，极易被挫伤斗志、滞缓行动、制约实效。在应对"新冠"肺炎疫情等非常规突发事件时，人民警察奋勇当先。在非常规突发事件高发的风险社会，要提升警察安全健

---

① 李文滔，罗丹妮.疫情中牺牲的68名警务人员：55人突发疾病，13人遭遇交通意外[EB/OL].（2020-04-04）[2023-03-12].https://m.thepaper.cn/baijiahao_6837711.

② 李耀光，常小龙.基于风险沟通理论的突发公共卫生事件现场执法研究——以新冠疫情防控为例[J].中国人民公安大学学报（社会科学版），2022，38（6）：147-156.

康地应对非常规突发事件的质效，既要大力提升警察应急处突的警务技能等"硬实力"，也要注重增强抗逆力和心理素质等"软实力"。因此，加强人民警察应对非常规突发事件的抗逆力建设与研究是必要的。

二、研究价值

（一）理论意义

拓展抗逆力研究的对象与领域。现有抗逆力研究理论主要用于分析青少年和教师等普通人群，少有关注高职业风险的特殊人群。将抗逆力应用于分析警察应对非常规突发风险的能力状况，厘清警察抗逆力结构，归纳警察抗逆力蚀化的样态与逻辑，构建抗逆力蚀化监测干预机制，提升警察应对非常规突发事件的"软实力"。为此，分析警察应对非常规突发风险的抗逆力，既可拓展抗逆力研究对象范畴，也可促进抗逆力应用于警察应对非常规突发事件的能力建设，拓宽抗逆力的应用领域。

（二）应用价值

一是促进警察健康积极应对风险。当前中国社会非常规突发事件的高发形势，给作为维护社会治安秩序主要力量的警察带来危害与挑战。面对非常规突发事件冲击，心理压力超载既危害警察的身心健康，也会妨害警察履职尽责效能。通过抗逆力训练，防治警察抗逆力蚀化，提升警察抗逆力水平，是维护警察身心健康的一种有效方式。将抗逆力训练融入警察心理健康教育训练，在警察心理健康服务中开展正念认知、积极调适和逆境适应等训练项目，可减缓警察心理压力、有限调控情绪，提升心态失衡复原力，促进警察身心健康，以便更好地应对风险。

二是打造非常规突发事件处置队伍。厘清警察抗逆力结构，针对警察抗逆力结构要素，发掘警察具备的"能力"和"优势"，设计警察抗逆力监测干预体系，搭建警察抗逆力监测平台，探索涵盖抗逆力监测、干预、训练等内容的警察心理危机干预训练项目，助推完善警察教育训练体系，提升警察韧性教育训练质效，另辟蹊径地打造非常规突发事件应对队伍，提升警察心态恢复和健康维护的能力，提升警察队伍应急处突的韧性"软实力"，促进警察从容积极地应对非常规突发事件。

第二节　研究的创新与难点

一、创新

一是运用扎根理论克服量化研究缺陷。笔者通过关键事件访谈和问卷调查搜集了大量一线警察应对非常规突发事件的原始资料，基于扎根理论的研究逻辑，解析警察抗逆力对其应对非常规突发事件效能的影响及其作用机理，进而验证与修正警察应对非常规突发事件的抗逆力结构模型。依托大量原始资料，探究"静态与动态"兼具的抗逆力结构、重构过程和蚀化样态，克服了量化研究法难以研究"动态"抗逆力的固有缺陷。

二是厘清了警察抗逆力结构模型。已有的抗逆力结构模型研究主要多为抗逆力风险要素与诸保护要素间相对宽泛的结构关系模型，鲜有特殊职业人群抗逆力特质、特质间的关系架构及其作用逻辑等方面的细致剖析。可进一步厘定抗逆力特质结构及其与外部保护要素间关系和作用逻辑，进而细化抗逆力结构模型。

三是初步匡正抗逆力的概念属性。通过研究警察抗逆力结构，发现隐性抗逆力是指身处逆境而心境失衡的个体，采取失范行为应对风险，消极适应逆境而达成心境平衡的过程和结果。警察抗逆力蚀化是指警察遭遇职业风险冲击，致其抗逆力特质变差后，使其出现认知偏差和履职失范，消极适应职业风险冲击的过程。实质上，抗逆力蚀化既是抗逆力结构因素蚀化的过程，也是良性抗逆力趋向隐性抗逆力的过程。由此可见，抗逆力应是集积极良性与消极隐性两面于一体的中性概念。

二、难点

一是获取翔实充足的一手资料较难。要厘清警察应对非常规突发事件的抗逆力的结构、演化机理与类型、蚀化样态与逻辑，必须掌握一线执法警察抗逆力的原始资料。为此，笔者主要借助在 AN 县公安局锻炼的便利条件，依托政治处的支持，采取分层抽样，样本涵盖所有一线所队的负责人和部分民警，在双方便利时进行深度访谈，获取一线执法警察的抗逆力原始资料。

二是难以解析警察个体层面抗逆力。由于警察个体抗逆力的结构、演化机理与类型、蚀化样态与逻辑较为微观抽象，解析深度访谈获得大量警察抗逆力原始质性资料难度极大。对此，笔者主要借助对人类行为和事物发展过程进行分析的扎根理论，运用 Nvivo12Plus 软件对访谈资料进行逐级编码，探求警察抗逆力的结构、演化机理与类型、蚀化样态与逻辑。

第三节　文献概述与概念界定

一、非常规突发事件

截至 2023 年 3 月 27 日，在中国知网，以"非常规突发事件"为篇名进行文献检索，从"图 1-1 以'非常规突发事件'为篇名的主要主题分布""图 1-2 以'非常规突发事件'为篇名的次要主题分布"和"图 1-3 以'非常规突发事件'为篇名的学科分布"可见，主要主题分布、次要主题分布和学科分布情况。图 1-1 中，主要主题分布高度集中于"非常规突发事件"，仅有少量文献涉及"突发事件应急管理""突发事件""应急决策""非常规""应急管理"；图 1-2 的次要主题分布中关注"应急管理""应急决策""情景应对""决策者"的文献稍多一些。此外，在图 1-1 和图 1-2 中，分别还有少量"临机决策""应急指挥""决策行为"与"应急处置""风险态度""应急响应"围绕非常规突发事件应对方面的文献。

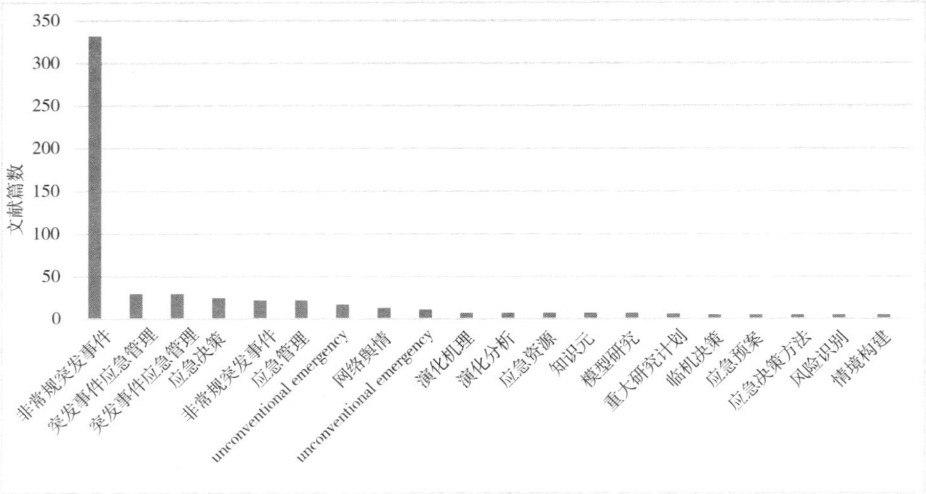

图 1-1　以"非常规突发事件"为篇名的主要主题分布 [①]

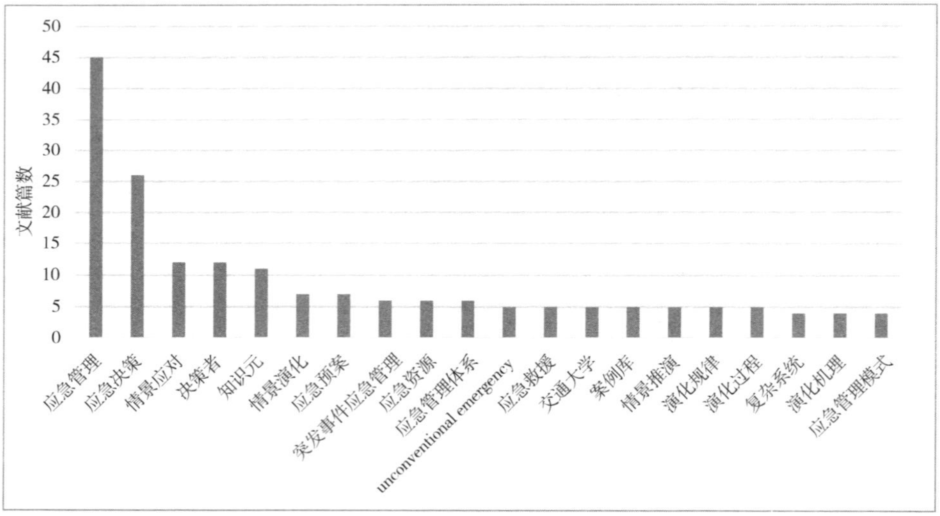

图 1-2　以"非常规突发事件"为篇名的次要主题分布

---

① 文献总数为 401 篇，检索条件为篇名"非常规突发事件"，检索范围为总库。图片受布局所限，仅列出前 20 项分布情况，后图同理。

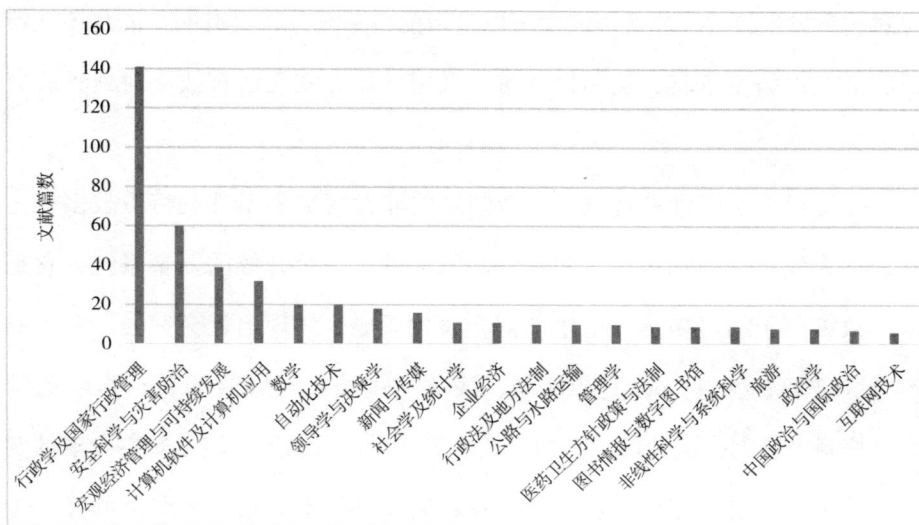

图1-3 以"非常规突发事件"为篇名的学科分布

　　非常规突发事件的概念。学界对非常规突发事件的概念观点存有一定分歧。从形式上看，主要形成了囊括式概念和概括式概念两类较具代表性的观点。囊括式概念主要通过列举符合某些条件的突发事件，将其界定为非常规突发事件。诸如，非常规突发事件是指在发生发展过程中带有明显的不确定性、产生的后果带有极端破坏性、事件影响的时空分布方面带有明显的跨区域性、事件属性方面往往又带有典型的复合性、对政府能力要求和资源需求方面带有典型的超常规性事件[①]。概括式概念主要从发生征兆弱、危害后果大和应对处置难等方面，将区别于常规突发事件的突发事件界定为非常规突发事件。非常规突发事件是指具有前兆不明显，特征复杂及破坏严重等特性，存在潜在次生衍生危害，运用常规处理方法难以有效

----

① 曹海峰.非常规突发事件应急预案研究——基于情景构建的视角[M].北京：社会科学文献出版社，2018：42.

应对的突发事件[①]。非常规突发事件是指前兆不充分，具有明显的复杂性特征和潜在次衍生危害，破坏性严重，采用常规方式无法有效应对处置的突发事件[②]。

非常规突发事件的特点。学者归纳的非常规突发事件的特点较多，主要表现为较难预防和应对。非常规突发事件是一个开放的复杂系统，它是多种致灾因子通过蔓延、衍生、耦合演化而成，涌现出社会性强、发生概率低、破坏性大、过程复杂性高、演化速度快、延续时间长、影响范围大、控制难度大、连锁反应多的复杂情景[③]。政府和民众缺乏对突发事件发生发展规律的总体把握与认识，其具有突发性、不确定性和严重危害性等特征[④]。由于非常规突发事件的发生概率较小，决策者和受灾群体缺少可资借鉴的决策方法和经验，事件发生后果严重，容易产生系列次生灾害[⑤]。通常情况下，突发性、罕见性、急迫性、破坏大、诱因多、复杂性高、社会关联性强及不确定性高等均属非常规突发事件的典型特点。这些特点对应急决策者的顿悟能力与反应能力提出了更高的要求，要求决策者在具体风险情境中要极速对事件作出决策响应，通过各种非传统和非程式化的方式

---

① 国家自然科学基金委员会. 2011 年度国家自然科学基金项目指南［M］. 北京：科学出版社，2010：34.

② 钟开斌 . 中国应急预案体系建设的四个基本问题 [J]. 政治学研究，2012，107（6）：87-98.

③ 杨青，杨帆，刘星星，等 . 基于免疫学的非常规突发事件识别和预控 [M]. 北京：科学出版社，2015：157.

④ 韩传峰，王兴广，孔静静 . 非常规突发事件应急决策系统动态作用机理 [J]. 软科学，2009，23（8）：50-53.

⑤ 马庆国，王小毅 . 非常规突发事件中影响当事人状态的要素分析与数理描述 [J]. 管理工程学报，2009，23（3）：126-130.

将事件的危害性降至最低①。非常规突发事件具有耦合性、衍生性、突发性、持续性等特点，应急过程具有资源不足、信息获取困难等问题②。由于非常规突发事件具有引发因素多层次、所涉人群复杂、内容多变、形式多样等特点，其发展演变具有极大的不确定性③。非常规突发事件具有发生的不确定性、信息不充分性、危害程度大、处置困难等特点④。

　　基于以上概念与特点的分析，笔者认为，非常规突发事件作为突发事件的下位概念，相较于常规突发事件而言，主要是指具有征兆性弱、突发性强、变化性多、冲击力大等特点，较易形成次生衍生危害，采用常规应对方式难以奏效的突发事件。尽管非常规突发事件的已有研究文献凸显了"应急决策"的"核心地位"，然而，这些文献数量依旧偏少，而且"应急管理能力"的文献也较少。从非常规突发事件应对主体的角度而言，应急决策和应急管理能力是有效应对非常规突发事件的关键因素乃至决定性因素，现有研究文献显示学界尚不够重视"应急决策和能力"研究，这也是今后非常规突发事件研究更应关注的"角落"。

① 李慧嘉，贾传亮，余廉.基于本体关联网络的非常规突发事件案例快速提示方法 [J].运筹与管理，2017，26（12）：68-76.

② 李安楠，邓修权，赵秋红.分形视角下的非常规突发事件应急组织动态重构——以 8.12 天津港爆炸事件为例 [J].管理评论，2016，28（8）：193-206.

③ 徐敬宏，李欲晓，方滨兴，等.非常规突发事件中网络舆情的生成及管理 [J].当代传播，2010（4）：41-43.

④ 崔丽，仲秋雁，王延章，等.基于情境的非常规突发事件理论方法研究综述 [J].情报杂志，2011，30（6）：40-45.

二、职业风险

　　截至 2023 年 3 月 27 日，在中国知网，以"非常规突发事件"为篇名进行文献检索，从"图 1-4 以'职业风险'为篇名的主要主题分布"和"图 1-5 以'职业风险'为篇名的次要主题分布"可见，主要主题分布和次要主题分布情况。图 1-4 中，主要主题分布高度集中于"职业风险"，仅有少量文献涉及"风险防范""风险与防范""风险感知""风险认知"；图 1-5 的次要主题分布中，有部分文献关注"职业暴露""公安民警""公安机关""执法风险""因公牺牲""职业危害""职业安全"等明显与警察相关的主题。从"图 1-6 以'职业风险'为篇名的学科分布"可知，绝大部分文献主要是基于医学学科背景研究职业风险，基于"财会"和"公安"学科背景的研究文献数量分居第二和第三位。

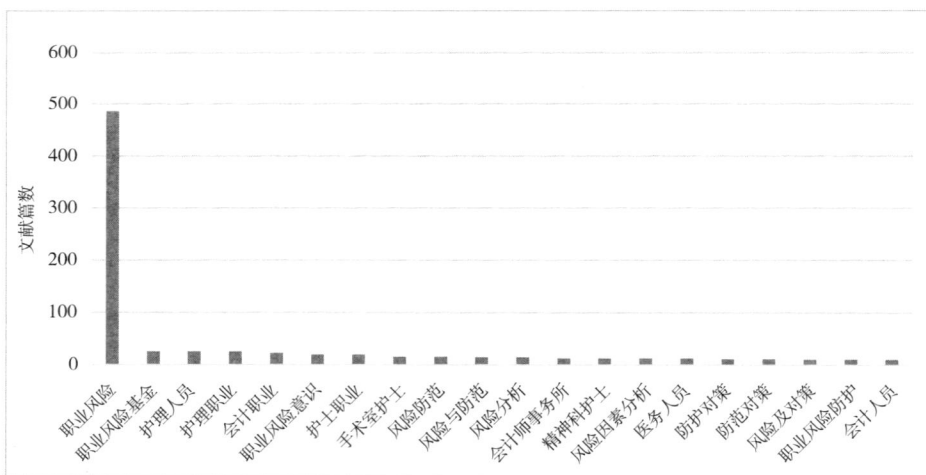

图 1-4　以"职业风险"为篇名的主要主题分布[①]

---

① 文献总数为 638 篇，检索条件为篇名"职业风险"，检索范围为总库。

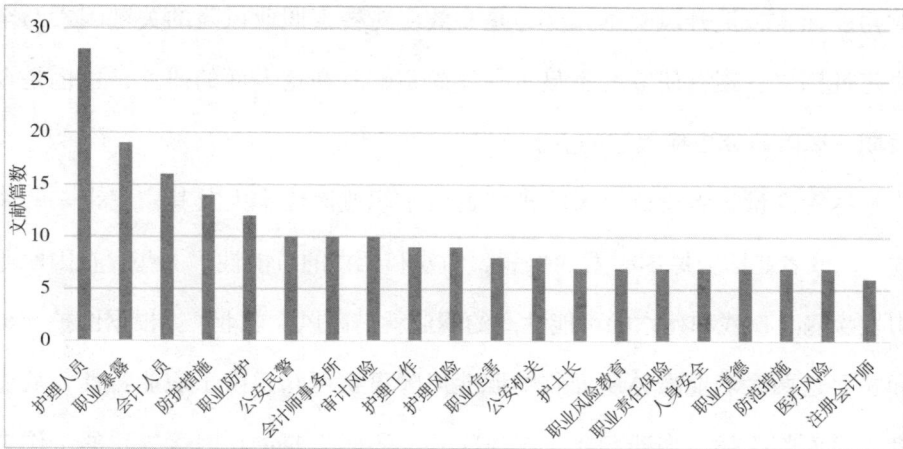

图 1-5 以"职业风险"为篇名的次要主题分布

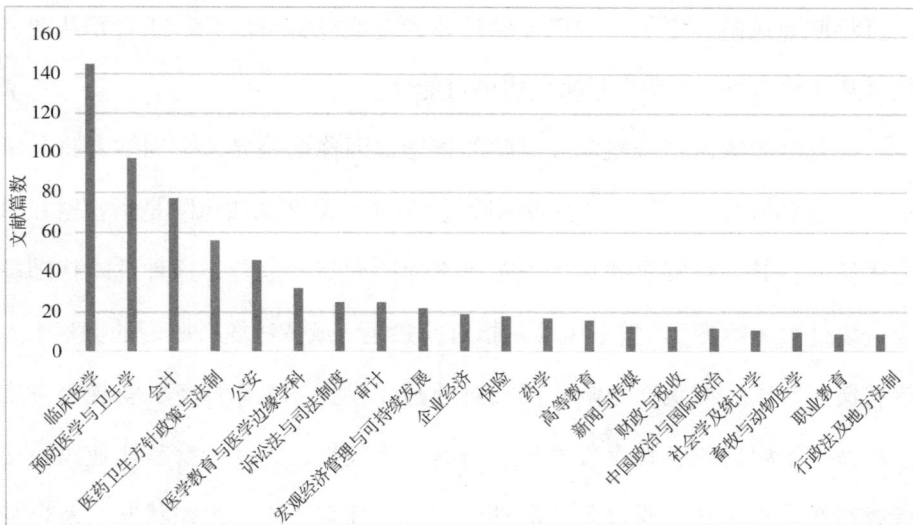

图 1-6 以"职业风险"为篇名的学科分布

尽管职业风险的已有研究文献已关注"自我保护""防护措施"等方面，然而，大部分文献主要是关注护理人员，关注"警察职业"的文献数量依旧较少，关注"风险感知"等方面的文献则更少。从警察职业风险应对角度而言，提升风险感知能力是有效应对警察职业风险的关键因素乃至决定性因素，现有研究文献显示学界尚不够重视这方面的研究，这也是今后职业风险研究更应关注的点。

尽管少量学者将职业风险理解为由于职业而给本人及其家庭带来的风险[①]，或者是职业原因引发的疾病、伤残和死亡的可能性，那些存在因职业引发疾病、伤残和死亡的可能性高的职业就是高风险职业[②]。根据医护人员和警察这两大职业群体所面临的职业风险事实可知，由于职业特性，从业者除了面临疾病、伤残和死亡等风险外，还面临非主观因素导致的工作失误而遭受追责的风险。通常，风险是指危害发生的可能性或不确定性，因而可将职业风险界定为特定职业给从业者造成危害可能性，或者是从业者从事某项职业所面临职业带来危害的可能性。

部分学者探讨了警察职业风险的概念，因称谓差异，个别学者将其限定为"警察执法风险"和"警务风险"。诸如，警察执法风险是指警察在执法活动中，其人身安全和财产安全等方面所面临的危险，这种危险伴随整个执法过程的始终[③]。警务风险是指对警察组织或依法履行职责的警察个人造成伤害、损失或负面影响，以及对顺利完成警务工作任务、实现警务工作目标产生阻碍的各种事件发生与否的不确定性；为此，警察职业风险是指警察在承担责任、履行公务活动中，由于社会环境、组织状况以及自身

---

① 邓雁玲，孙笑淞.警察职业保障体系构建初探 [J].河北法学，2011，29（8）：194-197.

② 佟新，杜美丽.劳动安全事故发生的深层次原因——访北京大学中国工人与劳动研究中心主任、教授佟新 [J].人民论坛，2010，289（13）：42-43.

③ 张倩.公共交通领域警察执法风险研究 [J].辽宁公安司法管理干部学院学报，2017，87（2）：34-37.

等多种因素作用而具有引起严重后果的可能性 ①。显然，二者均属警察职业
风险范畴，只是二者仅指警察执行警务活动这个特定情境面临的风险，然
而，警察职业给从业者带来的风险绝非仅限于执行警务活动情境时。更多
的学者将警察职业风险理解得更加宽泛，将其界定为由警察职业所产生的
风险。例如，警察职业风险是指人民警察在从事工作及其相关事务中所面
临的各种风险，发生因职业或相关因素造成警察受到损害或不利影响的可
能性 ②；警察职业风险是指警察在从事警务活动时遇到破坏或损失的危险和
机会，主要包括生理风险、心理风险、社会风险、工作风险等 ③；警察职业
风险是指从事警察这一特殊工作过程中发生的具有一定频率的并由民警承
担的风险，是一种特殊意义上的职业风险，不能以共性风险来替代 ④。也有
人在警察职业风险概念中加入风险成因进行界定。例如，郝建平指出，警
察职业风险是指警察在承担责任、履行公务活动中，由于社会环境、组织
状况以及自身原因等因素作用而具有引起严重后果的可能性 ⑤。基于以上风
险，笔者认为，警察职业风险主要指从事警察职业所面临该职业产生的各
类危害的可能性。

　　由于分类标准差异，学者对警察职业风险类型的意见存在一定差异。
在当前复杂敏感的执法背景下，民警在处理警情时可能会遇到各种职业风

① 许新源，李怀泽. 警务风险管理初探 [J]. 中国人民公安大学学报（社会科学版），2007，130（6）：7-13.

② 陈育生. 防范和化解监狱警察职业风险初探 [J]. 中国司法，2007，96（12）：31-34.

③ 陈健，张波. 应对警察职业风险的探索与实践——以杭州市公安局西湖风景名胜区分局为例 [J]. 公安学刊（浙江警察学院学报），2009，111（1）：79-83.

④ 张应立. 基层民警职业风险、原因及对策分析 [J]. 公安学刊（浙江警察学院学报），2019，171（1）：103-110.

⑤ 郝建平. 警务指挥与战术研究现状及发展趋势 [J]. 军事体育学报，2015，34（2）：66-69.

险[1]，主要包括生理风险、心理风险、社会风险、工作风险、关系风险[2]，或者人身损害风险、心理疾病风险、执法责任风险、社会保障风险等警察职业经常面临的风险[3]。无论如何归类，这些均属职业对警察造成的危害可能性，这些警察职业风险中，发生率较高的依次为：言语辱骂（63.8%，1887/2958）、遇到过恶意投诉（39.6%，1171/2958）、曾受到要殴打和伤害自己的威胁恐吓（31.8%，941/2958）、受到非器具攻击（26.0%，769/2958），17.2%（509/2958）的被试警察处于创伤后应激障碍高风险状态[4]。

三、抗逆力

截至 2023 年 3 月 27 日，笔者在中国知网，以"抗逆力"为篇名进行文献检索，从"图 1-7 以'抗逆力'为篇名的主要主题分布"和"图 1-8 以'抗逆力'为篇名的次要主题分布"可见，主要主题分布和次要主题分布情况。图 1-7 中，主要主题分布高度集中于"抗逆力"和"家庭抗逆力"，其余文献关注的研究对象主要有"儿童抗逆力""流动儿童""社区抗逆力""留守儿童""困境儿童""农村留守儿童""中学生""中职生"；图 1-8 的次要主题分布中，以"优势视角"居多，另有部分文献关注"保

① 周煜川，周忠伟.反家庭暴力执法中的警察职业风险 [J].中国人民公安大学学报（社会科学版），2016，32（5）：117-121.

② 陶明达，夏锡，梅李莉.警察职业风险测评量表的构建与研究 [J].中国健康心理学杂志，2006（6）：711-713.

③ 郑卫民.警察职业风险防护制度探究——以警察执法权益保障为视角 [J].山东警察学院学报，2018，30（2）：128-134.

④ 林丹，江兰，郭菲，等.警察职业风险与创伤后应激症状关系 [J].中国公共卫生，2019，35（6）：708-711.

护因素""心理健康""应急管理"等与警察有一定关联性的主题。从"以'职业风险'为篇名的学科分布"可知，绝大部分文献主要是基于社会学、教育学、政治学、心理学等学科背景研究抗逆力，有少部分文献是立足于"公安"学科背景的。

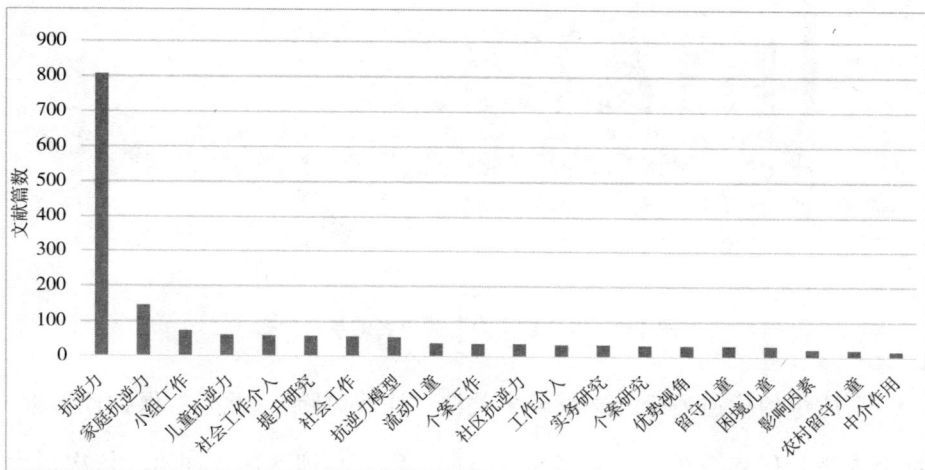

图 1-7 以"抗逆力"为篇名的主要主题分布[①]

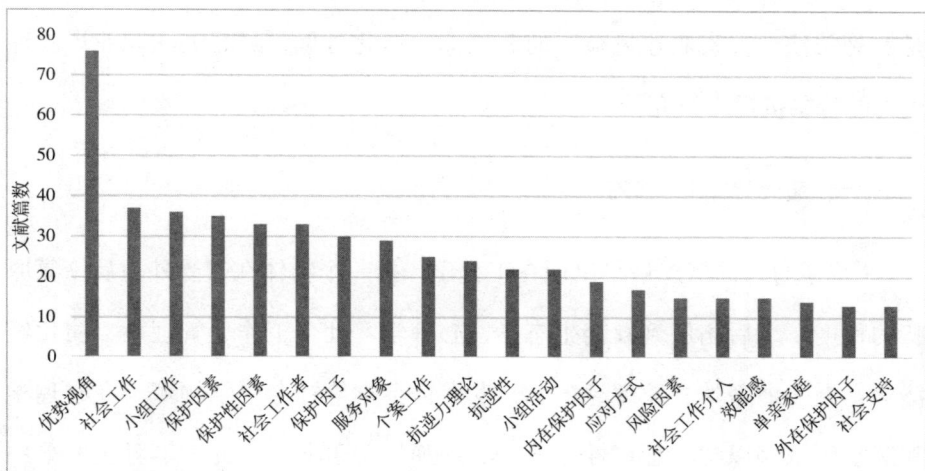

图 1-8 以"抗逆力"为篇名的次要主题分布

---

① 文献总数为 1050 篇，检索条件为篇名"抗逆力"，检索范围为总库。

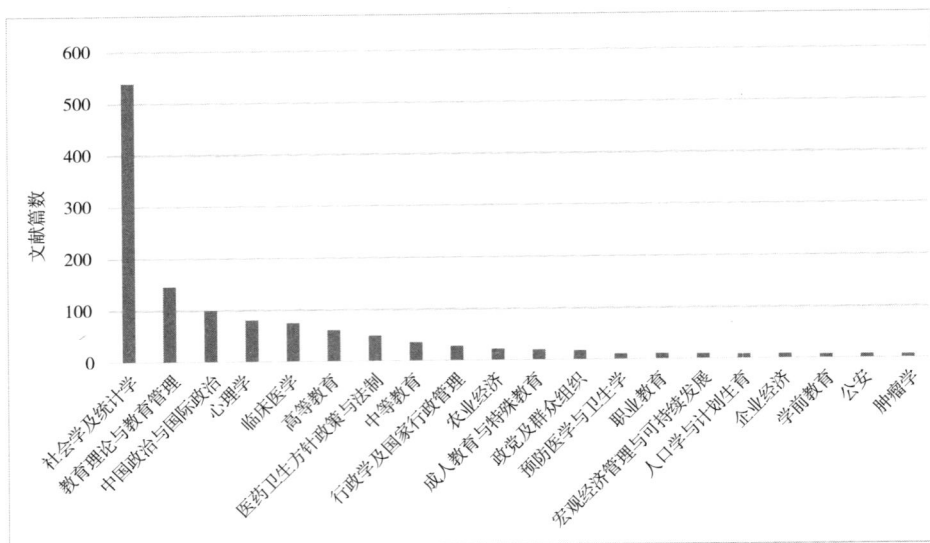

图 1-9 以"抗逆力"为篇名的学科分布

高质量的抗逆力研究文献较多关注"职业风险",此外,保护性因素、社会支持、优势视角、压力事件、心理健康、心理弹性等词语,依次是出现较高频的关键词。尽管抗逆力的已有研究文献高频关注"职业风险",但是鲜见关注"警察职业风险"的关键词,据此可见,鲜有关注职业风险冲击下的警察抗逆力研究。

（一）抗逆力的概念内涵

"抗逆力"的概念最早出现在工程学,指一个物体在遭受外力后恢复原状的程度,之后拓展到社会生态学、心理学、社会工作、管理学、演化经济学、人文地理学、地理经济学、发展社会学等社会科学领域。在心理学和医学领域多以"心理韧性"或"心理弹性"著称,于此,笔者主要采用"抗逆力"称谓。由于各个学者基于不同学科研究背景和研究目的,使得学界关于抗逆力的概念内涵尚未形成统一定论，主要形成了特质论、能力论、关系论、过程论、结果论和复合论等观点，具体情况请参见表1-1 六类典型抗逆力概念论点，综合六类概念论点，笔者持复合论的观点，抗逆力主要是指个体组织各类保护因素应对风险因素，恢复心境平衡，适应逆境和应对风险的能力、过程和结果。

表 1-1　六类典型抗逆力概念论点

类型	实质	代表性观点和人物
特质论	将抗逆力视为一系列特质的组合	与人的心理特质有关，这些特质包括认知技能、乐观、镇静、毅力、自我依靠和自我价值等（奇凯蒂和加梅齐，Cicchetti and Garmezy，1993）把能够有助于个体有效克服、应对逆境和困难的一系列个人特征及其组合，称为抗逆力（杰克琳，Jacelon，1997） 一种帮助个人应对逆境并能够从逆境中恢复正常的个人特质（纽曼，Newman，2002） 个人面对逆境时，能够理性地作出正面的、建设性的选择和应对策略的能力、潜能或特质（沈之菲，2008）
能力论	能保持良好的逆境适应性的能力	个人在面对压力和逆境时做出正面表现的能力以及在未来表现得更好的能力，这种能力可以通过一定途径和方法得以提升（吉利根，Gilligan，2000） 个体从逆境、冲突、失败，甚至从积极的改变、挑战和责任扩大等回弹或者弹回的能力把个体在面对重大创伤或重大逆境时的良好适应和"反弹能力"，称为抗逆力（萧，Siu，2006） 个人面对逆境时，能理性地做出正向的、建设性的选择方法和应对策略的能力（田国秀、曾静，2007） 个体身处困难、挫折、失败等逆境时的心理协调和适应能力（沈之菲，2008） 个体抗逆力是指个体在逆境中克服困难，展示积极适应结果的能力（刘玉兰，2011） 承灾体遭受损失后，恢复灾前结构与功能水平的能力（谢家智、王文涛、车四方，2016） 在遭遇突发危机事件时的一种应激状态、应对能力和从中恢复、反弹的能力（梁社红、时勘、刘晔，2017） 人的一种反抗逆境的能力，引申到心理学上就是指在面对逆境、挫折时，个人的一种心理调适和适应能力，类似于中国日常生活语境中的"熬""缓""扛""顶"（徐晓军、孙权，2019）

（续表）

类型	实质	代表性观点和人物
关系论	将支持性人际关系视为抗逆力的最重要部分	强调关系对于培育个体抗逆力的重要性，认为个体家庭成员之间的关系是最重要的部分（沃尔什，Walsh，2003） 是个体—环境之间积极或消极的互动关系（张建、孙抱弘，2014）。 主体与周边环境的关系，是积极的、建设性的、健康的关系（田国秀、李冬卉，2019） 在家人与其他人之间保持一种良好的支持性关系，这种关系创造爱和信任，能规范角色，给予鼓励和让人安心，从而增强个体的抗逆力（方曙光，2013）
过程论	把抗逆力视为个体的逆境适应过程	风险因素与保护因素相互博弈的过程（加梅齐，Garmezy，1985） 个体面对的危险性因素时，所表现出的正向适应行为的过程（鲁特，Rutter，1987；家福纳格，Fonagy，1994；戴尔、麦金尼斯，Dyer and McGuinness，1996） 心理韧性是个体在危险环境中良好适应的动态过程（卢瑟尔，Luthar，奇凯蒂，Cicchetti，贝克，Becker，2000） 镶嵌在"系统—文化"之网的动态关系过程（龙迪、马丽庄，2005） 抗逆力是一种响应、抗击、恢复的行为过程（朱华桂，2013）
结果论	把个体在逆境中积极适应的结果视为抗逆力	个人对于逆境和压力良好适应的结果（马斯特，Masten，2001） 能够在逆境中表现出良好适应结果的个体被称为"抗道力个体"（韦纳，Wener，史密斯，Smith，1982、1992；奇凯蒂和加梅齐，1993） 抗逆力是个体在逆境中有意识地选择的一种结果（理查德，Richardson，1990）
复合论	将抗逆力视为上述两个以上论点的复合性观点	曾经经历或正在经历不利情形的个体，在危机的环境中所展现的成功适应危机的过程及能力（马斯特，Masten，2001） 面对压力性生活事件，个体通过对于自我重构和外部社会资本的获取和使用，克服社会风险和个体劣势，应对危机状态的过程和能力（刘冬，2017）

（二）抗逆力的构成要素

学界主要对青少年和教师等普通人群的抗逆力结构进行了调查研究，解析了这些群体的抗逆力构成要素，仅个别学者关注了消防队员和救援人员等高职业风险的特殊人群。由于研究对象、研究方法、学科背景等方面的差异，这些学者梳理出来的抗逆力构成要素差异颇大，详情请参见表 1-2 抗逆力结构要素论点。分析表 1-2 可以发现，这些结构要素中，自我调适、自我效能感、认知、情绪、自我调适、能力和外部支持（人际支持）是高频结构要素。

表 1-2　抗逆力结构要素论点

研究对象	研究者	结构要素
大学生	刘兰兰（2007）	自我认可、自我调适、自我掌控、自我价值感、社会交往能力、朋友支持、家庭支持和乐观宽容的态度八个因素
青少年	胡月琴和甘怡（2008）	目标专注、积极认知、情绪控制，人际协助和家庭支持五个因素
青少年	朱虹（2013）	身体健康、智力、计划能力、内部控制源、胜任感、自尊、自我效能感、目标感、支持性家庭环境、动机性和信息性教师支持、成功或快乐经验、良好同伴关系，等等
青少年	韩丽丽（2014）	社会胜任能力、认知能力、精神力量和积极情绪感受四个维度
自杀高校学生	同雪莉，彭华民（2014）	生理因素诸如健康状况、身体吸引力等，心理因素包括认知、情感、意志和能力等方面，如认知层面的自信乐观、幽默、自我独特性的欣赏、亲社会的性情等，情感层面的主观幸福感、自我效能感等，意志层面如目标定向、对未来的计划和期盼等，能力方面如良好的社交技能、积极参与和快速反应的能力、自主行动和洞察力，等等
消防队员	但浩（2010）	情绪调节、积极自我认知、家庭支持、部队人际支持四个因素
老年人	刘素青（2011）	自我效能感、自我调适、乐观豁达、人际互动、寻求支持、家庭感知、朋友支持和问题解决能力八个因素
情绪劳动者	时雨（2010）	坚毅人格、情绪稳定性、控制感、自我效能感、人际关系和理性决策六个因素
管理者	刘得格，时勘，孙海法，等（2011）	坚强人格、决策应对、自我调控和忍耐承受四个因素
公务员	郝帅，江南，时勘（2013）	人际关系、职业发展、自我认知、积极心态和环境互动五个因素
吸毒人员子女	许书萍，张梦竹（2009）	认知、行为、能力和内心资源四个因素，这些因素包含了认知、自我认知、倾诉、丰富的生活、感恩回报、解决问题能力、体育特长、内心中的妈妈/其他亲人、榜样的力量、对未来的期望和积极的心态等十一个子因素
社区服刑人员	杨彩云（2014）	身体状况、智力水平、自尊、自我效能感、责任感、乐观豁达的性格、正向的问题归因及解决策略等
医护人员	朱厚强，万金，时勘，等（2016）	决策应对、人际联结、理性思维和柔性自适四个维度
救援人员	时勘（2017）	坚毅人格、理性应对、希望、自我效能感、耐久力和乐观六个因素

（续表）

研究对象	研究者	结构要素
教师	曼斯菲尔德，贝尔曼（Mansfield and Beltman，2012）	情感—动机—专业—社交的四维互动结构
中小学教师	李琼，裴丽，吴丹丹（2014）	对教与学的热爱与奉献、教师自我效能感、工作满足感与乐观三个成分
高校青年教师	陈思颖，王恒（2016）	教学效能感、对科研的追求、工作信心与满意度、对教育的热爱及职业信念五个核心维度

（三）相近概念辨析

1. 心理韧性与抗逆力

心理韧性作为心理学和医学等学科称谓（Resilience，又称心理弹性、心理复原力等），较为代表性的观点主要有：心理韧性是指个体面临逆境、创伤、悲剧、威胁或重大压力时的良好适应过程，意味着对困难经历的"反弹"[①]；心理韧性是指面对丧失、困难或者逆境时的有效应对和适应[②]，是个体重要的内在心理资源[③]；心理韧性是指一种压力下复原和成长的心理机制，指面对困难或者逆境时的有效适应和应对[④]。从以上概念可见，这些学者将心理韧性的实质界定为心理资源或心理机制，此称谓强调个体摆脱逆境和恢复平衡。相较于抗逆力，心理韧性特别注重对象的个体性和心态的恢复性，而抗逆力强调自风险因素冲击至风险应对结束，整个过程的全时性（事中事后）与逆境的适应性；此外，主体具有多层性与心理韧性称谓

---

① WINDLE G.What is resilience?A review and concept analysis[J]. *Reviews in Clinical Gerontology*，2011，21（2）：152-169.

② 雷万胜，陈栩，陈锦添.大学生心理韧性研究 [J].中国健康心理学杂志，2008，16（2）：155-157.

③ 陈琴，王振宏.认知重评策略与生活满意度：情绪和心理韧性的多重中介效应 [J].中国临床心理学杂志，2014，22（2）：306-310.

④ 王思斌.社会韧性与经济韧性的关系及建构 [J].探索与争鸣，2016，317（3）：4-8.

有显著差别，即抗逆力的适用主体范畴涵盖个体、团队、组织、社区、社会等多个层次。

2. 临战心理与抗逆力

临战心理一词原本多用于军人，有人称其为军人作战心理和战时心理，其后便被适用于分析警察。军人作战心理素质是指在遇到紧张、危险的情况时，能够保持冷静，以清晰的思维和灵活的行动来应对紧张局面的能力[①]。作战心理仅指同作战过程如影随形的心理，而在作战过程前后呈现的与作战有关的心理，则从学理规范的意义上归于别的范畴[②]。警察临战是指人民警察面临重大刑事案件、重大治安案件、重大灾害事件、大型活动保卫与要人警卫等重大警务活动[③]。警察临战心理构成是指警察临战心理的结构要素及各要素之间的关系，警察临战心理是一种动态心理；警察临战心理由临战认识、临战情绪和临战意志等三要素构成[④]。由于临战面临较高职业风险，警察临战易形成战时心理应激反应。战时心理应激是指警察由于战斗应激源的作用所处的心理应激状态，它对于警察的影响强烈、迅速，引起紧张、恐惧、愤怒、痛苦的情绪体验[⑤]。基于以上临战心理概念的分析可知，临战心理侧重于作战过程的即时性（事中）和利于作战的工具性（现场处置导向），从一线警察和警察心理工作者角度而言，临战心理注重临战

---

① 贺岭峰，田彬.军事心理学概论[M].北京：北京师范大学出版社，2016：86.

② 唐梗鑫，喻承久.和平环境培育作战心理素质的悖论及其解决[J].空军雷达学院学报,2007(2)：135-137.

③ 高志程.基于交通民警临战心理稳定的防卫控制框架——以首都交警为研究对象[J].湖北警官学院学报，2015，28（1）：45-47.

④ 徐俊文.警察临战心理学研究的几个问题[J].湖北警官学院学报，2005（5）：15-18.

⑤ 张振声.论警察心理应激与对策[J].公安教育，2002（1）：27-31.

警察的心理建设，消除负向情绪体验，以便形成更加积极的作战心理状态。相应地，抗逆力更加强调逆境的适应性、心态的恢复性和结果的有效性。

近年来，抗逆力研究呈现出以下趋势：由最初从宏观上关注风险要素和保护要素的静态结构，转向关注二者间动态互动关系；研究取向由最初关注病患人员等困境者的"问题"，转向发掘助其摆脱困境的"优势"资源；研究层次由最初仅仅关注个体层面，逐步拓展至家庭、团体、组织、社区、社会等层面；研究对象从病患人员和少年儿童等弱势群体，延伸至军人、救援人员、社区矫正者等特殊（职业）人群；研究学科背景以社会学（社会工作）和心理学为主，扩展至教育学、管理学（应急管理）和政治学等诸多学科及其交叉学科领域；研究方法从主要以定量研究为主，拓展至质性研究和混合研究（定量研究与质性研究相结合）；研究范式则由最初"引译""套用"他国抗逆力模型结构的"舶来主义"，转向更加注重抗逆力影响因素间相互关系的建构主义。尽管诸多学者构建了各类抗逆力结构模型，但这些结构模型多为针对普通人群抗逆力风险要素与诸保护要素等要素间相对宏观的结构关系模型。除个别学者界定了特殊人群抗逆力特质作用机理。诸如，理性应对、坚强人格、自我效能感、乐观感、柔性适应等特质决定的救援人员个人抗逆力，通过认知和情绪的中介作用，进而应对非常规突发事件的[①]。鲜见厘定警察这类特殊人群个体抗逆力要素结构及其作用机理等方面的微观剖析，加之，警察的个体抗逆力特质与外部保护要素间关系及其作用机理也需进一步厘清。

---

① 时勘 . 救援人员应对非常规突发事件的抗逆力模型 [M]. 北京：科学出版社，2017：101.

第四节　研究设计

笔者遵循"假设—演绎"逻辑，沿着"提出问题—建立假说—实证检验—总结应用"的基本思路开展研究，即主要根据图 1-10 的研究思路，按照"厘清结构—解析问题—构建体系"研究脉络开展研究，具体主要包括四个研究步骤。

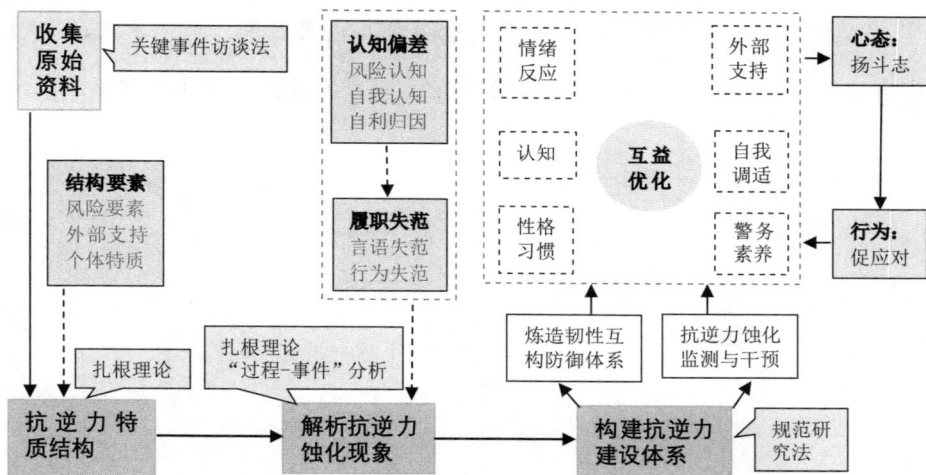

图 1-10　警察应对非常规突发事件的抗逆力研究思路

第一步，收集原始资料。前往基层公安机关调查收集执法一线警察应对非常规突发事件（警察职业风险）的抗逆力原始资料，主要采取关键事件访谈法，立足于警察职业生涯，着重收集一线警察面临的非常规突发事件（警察职业风险）属性（类型和危害）、结构要素及其关系、蚀化理路及其表现等方面的原始资料。

第二步，构建结构模型。采用扎根理论，借助 Nvivo 质性分析软件，对调查收集到的警察抗逆力结构方面的原始资料进行逐次三级编码，构建警察应对非常规突发事件的抗逆力结构模型，厘清警察抗逆力结构要素（因子）及其相互作用关系。

第三步，解析蚀化现象。基于扎根理论和"过程—事件"分析法，借助 Nvivo 质性分析软件，对调查收集到的警察抗逆力蚀化方面的原始资料进行逐次三级编码，解析警察应对非常规突发事件的抗逆力所呈现的蚀化现象，着重厘清警察抗逆力蚀化的形成机理，以及蚀化的表现形式。

第四步，构建建设体系。按照规范研究方法的要求，着重从抗逆力蚀化监测与干预和形成韧性互构防御体系等方面，构建警察抗逆力建设体系。

第二章　警察抗逆力的结构模型建构

第一节　原始资料收集与分析

在风险社会，人民警察的职责已从打击违法犯罪扩展至社会治理和维护安全稳定等诸多方面。诸如，在新型冠状病毒感染疫情防控中，人民警察同医护人员共同"逆行"，艰辛奋战在疫情防控一线，齐心协力守护人民安宁。"时时在流血、天天有牺牲"的人民警察，职业风险高、职责任务重、工作压力大。警察在履职尽责过程中，遭受挫折是时常发生的[①]，警察遭遇挫折逆境极易形成负面情绪，轻则产生挫败心理和职业倦怠，影响其身心健康与工作质效；重则致其形成越轨心理，付诸违法犯罪等消极风险应对行为。随着警务人员违法犯罪、自杀比例上升，积极塑造警察坚韧耐挫的心理品质势在必行[②]。为此，要促进警察身心健康发展和警务工作高效

---

① 尹伟，潘彤 . 论警察执法的现场控制 [J]. 中国人民公安大学学报（社会科学版），2005（5）：77-81.

② 郑立勇，孔燕 . 个体与团队心理资本优化开发策略研究——以警察职业为例 [J]. 华东经济管理，2016，30（4）：178-184.

运转，亟须提升警察承受挫折和压力的能力 [①]。受制于警察职业风险的高发性、多样性与危害性，警察要百折不挠地勇毅前行，要身心健康地履职尽责，务必要具备坚韧的抗逆力，培塑警察抗逆力的首要之举便是厘清抗逆力结构。为此，本书以警察个体为研究单位，通过搜集与解析警察逆境适应与风险应对的原始资料，揭示职业风险情境下警察抗逆力结构因子及其关系路径，助力警察职业心理健康教育与心理危机干预等保障工作的开展。

一、文献概述与问题提出

已有研究文献中，少数学者将抗逆力宏观结构界定为风险因素和保护因素的组合 [②]，大部分学者将抗逆力中观结构，界定为家庭、学校、单位、社区的支持等 [③] 外部保护因素，同认知、调适、情绪、能力等内部保护因素的组合 [④]，内部保护因素构成的抗逆力微观结构分歧较大。学者们主要采取回归分析 [⑤]、结构方程模型 [⑥] 和内容分析 [⑦] 等方法，研究了特定人群与非

---

① 李儒林. 警察职业倦怠研究 [J]. 中国健康心理学杂志, 2009, 17（11）: 1319-1321.

② SUE H, JOHN D, BRUCE J. Childhood Resilience: Review and Critique of Literature[J]. *Oxford Review of Education*, 1999, 25（3）: 307-323.

③ 芦恒. 以内生优势化解外部风险——"社区抗逆力"与衰落单位社区重建 [J]. 社会科学, 2017（6）: 71-80.

④ 田国秀. 抗逆力研究及对我国学校心理健康教育的启示 [J]. 课程·教材·教法, 2007（3）: 87-90.

⑤ 李琼, 裴丽, 吴丹丹. 教师心理韧性的结构与影响因素研究 [J]. 教育学报, 2014, 10（2）: 70-76.

⑥ 郭雪, 刘琴, 张帆, 等. 三峡库区云阳县农村留守中学生心理弹性影响因素结构方程模型分析 [J]. 上海交通大学学报（医学版）, 2014, 34（5）: 731-735.

⑦ 同雪莉, 彭华民. 抗逆力视角下高校学生自杀原因及干预路径探析 [J]. 中国青年研究, 2014（8）: 98-104.

特定人群的抗逆力微观结构。特定人群主要包括青少年[①]、教师[②③]等普通人员，以及危机救援人员、社区矫正人员等特殊人员。青少年抗逆力微观结构论点主要有：一是合作与交流、同感、问题解决、自我效能、自我觉察、目标与期待的组合[④]；二是认知、行为、能力和内心资源的结合[⑤]；三是身体健康、智力、计划能力、内部控制源、胜任感、自尊、自我效能感、目标感的结合[⑥]；四是由社会胜任能力、认知能力、精神力量和积极情绪感受构成[⑦]；五是个体健康状况、身体吸引力、认知、情感、意志和能力的组合[⑧]。关于教师抗逆力微观结构的论点主要有：一是由对教与学的热爱与奉献、自我效能感、工作满足感与乐观构成[⑨]；二是由教学效能感、对科研的追求、工作信心与满意度、对教育的热爱及职业信念五个核心维度构成[⑩]；三是基

① 韩丽丽. 青少年抗逆力与学校服务的相关性研究——基于对北京市 1175 名青少年的问卷调查 [J]. 中国青年研究，2014（5）：16-21.

② GU Q，DAY C. Teachers Resilience：A Necessary Condition for Effectiveness[J]. *Teaching and Teacher Education*，2006，（23）：1302-1316.

③ MANSFIELD C F，BELTMAN S，PRICE A，et al. Don't Sweat the Small Stuff：Understanding Teacher Resilience at the Chalkface[J]. *Teaching and Teacher Education*，2012，28（3）：357-367.

④ 沈之菲. 青少年抗逆力的解读和培养 [J]. 思想理论教育，2008（1）：71-77.

⑤ 许书萍，张梦竹. 吸毒人员子女心理弹性的质性研究 [J]. 心理科学，2009，32（2）：466-468.

⑥ 朱虹. 青少年抗逆力的研究及其培养 [J]. 全球教育展望，2013，42（9）：94-101.

⑦ 韩丽丽. 青少年抗逆力与学校服务的相关性研究——基于对北京市 1175 名青少年的问卷调查 [J]. 中国青年研究，2014（5）：16-21.

⑧ 同雪莉，彭华民. 抗逆力视角下高校学生自杀原因及干预路径探析 [J]. 中国青年研究，2014（8）：98-104.

⑨ 李琼，裴丽，吴丹丹. 教师心理韧性的结构与影响因素研究 [J]. 教育学报，2014，10（2）：70-76.

⑩ 陈思颖，王恒. 高校青年教师心理韧性结构及影响因素研究——基于 H 大学的调查分析 [J]. 教师教育论坛，2016，29（11）：55-62.

于情感—动机—专业—社交的四维互动结构①。仅个别学者研究了特殊人员的抗逆力微观结构：时勘认为，危机救援人员的抗逆力属于理性应对、坚强人格、乐观感、自我效能感和柔性适应的五因素结构②；杨彩云认为，社区服刑人员抗逆力由身体状况、智力水平、自尊、自我效能感、责任感、乐观豁达的性格、正向的问题归因及解决策略等个体特质构成③。另外，个别学者探讨了非特定人群的抗逆力结构：萧认为，抗逆力包括正面情绪、主控信念、坚强人格和希望④；樊博和乔楠从应急管理视域，将抗逆力结构界定为核心能力层—能力形成层—内核层⑤。纵观这些研究，多是名为研究抗逆力结构，实为确定抗逆力测评指标维度或结构因素，鲜有探讨结构因子间作用关系，仅极个别人明确提出抗逆力结构是结构因子及其作用关系的结合体论点：许渭生认为是以认知系统为主导的其他心理要素间相互联系的互动整合体⑥，曼斯菲尔德提出基于情感—动机—专业—社交的四维互动结构⑦。

　　风险因素实属抗逆力重构的触发因素，本不应纳入抗逆力结构范畴，抗逆力结构应是诸保护因素的有机结合。由于"动态"的过程论和关系论

① MANSFIELD C F，BELTMAN S，PRICE A，et al. Don't Sweat the Small Stuff: Understanding Teacher Resilience at the Chalkface[J]. *Teaching and Teacher Education*，2012，28（3）：357-367.

② 时勘 . 救援人员应对非常规突发事件的抗逆力模型 [M]. 北京：科学出版社，2017：1-201.

③ 杨彩云 . 社区服刑人员抗逆力的结构、机制与培育 [J]. 理论月刊，2014（12）：88-91.

④ SIU O L. Resilience [J]. *Peking University Business Review*，2006，21（4）：72-74.

⑤ 樊博，乔楠 . 应急管理视域下抗逆力构成及其关系结构研究 [J]. 中国行政管理，2022（2）：141-148.

⑥ 许渭生 . 心理弹性结构及其要素分析 [J]. 陕西师范大学学报（哲学社会科学版），2000（4）：136-141.

⑦ MANSFIELD C F，BELTMAN S，PRICE A，et al. Don't Sweat the Small Stuff: Understanding Teacher Resilience at the Chalkface[J]. *Teaching and Teacher Education*，2012，28（3）：357-367.

概念不易进行概念化操作，抗逆力结构研究多是基于"静态"的特质论和结果论概念进行量化分析：先根据经验判断和文献梳理，选定"静态"的结构因子；再依据问卷调查分析结果，确定结构因子之间的线性关系，进而厘定"静态"抗逆力结构。基于生命历程视角，抗逆力呈现因风险情境各异的非线性变化之态，仅基于"静态"抗逆力概念厘定抗逆力结构，难以揭示风险情境化的"动态"抗逆力结构。当前，学界极少关注职业风险高的特殊职业人群，肩负打击违法犯罪和维护安全稳定重任的警察，其抗逆力包括哪些结构因子？这些结构因子之间是何关系？因此，探索"动静兼顾"的警察抗逆力结构，厘清抗逆力的结构因子及其关系路径，既可为量化研究抗逆力的生成与演变过程，提供概念化操作的理论依据；也可为促进警察高效应对风险挑战与身心健康，提供心理健康训练和抗逆力培育的实践指南。基于此，本书借助扎根理论，采用关键事件访谈法，搜集警察"风险应对—逆境适应"的资料，旨在揭示职业风险情境下警察抗逆力结构。

二、研究设计

（一）研究方法

本书主要基于扎根理论，借助 Nvivo12Plus 软件对访谈获得的原始资料进行逐级程序化编码，厘定抗逆力结构因子，梳理结构因子之间的关系路径，进而厘清警察抗逆力的结构模型。扎根理论擅长对人类行为和事物发展过程进行分析。扎根理论的优势在于能够对很长时期内的文本内容进行处理和分析，将文本内容转化为量化、可视的表现形式，以此反映研究对象在较长时期内的发展过程和趋势[①]。此外，扎根理论更大的用武之地是对社会过程的分析，也就是"对现实存在但不易察觉的行为模式进行概念化"[②]，它更能够捕捉行动发生过程中的各种力量关系，而不局限于对一般行为和现象的类属分析[③]。

扎根理论主张从经验资料中提取概念并构建理论，是一种归纳式的自下而上的研究过程[④]。应用扎根理论探索警察抗逆力结构模型的核心思路与方法是对原始资料进行逐级编码，通过"开放式编码—主轴编码—选择性编码"，持续分析和比较原始资料，从中提炼概念与归纳范畴，借助验证性原始资料对范畴进行挖掘和比较，直至达到理论饱和与形成抗逆力结构模型。借助扎根理论探索警察抗逆力结构具有以下优势：遵循"自下而上"的扎根原则，按照"先以事实为据，再以文献为佐"的步骤，能较好地从事实资料演绎出客观的抗逆力结构模型，可以避免受相关研究文献"先入为主"的影响，有利于扎根职业风险情境下警察逆境适应与风险应对的事实，厘定警察抗逆力的结构模型。

① 王长征，彭小兵，彭洋. 地方政府大数据治理政策的注意力变迁——基于政策文本的扎根理论与社会网络分析 [J]. 情报杂志，2020，39（12）：111-118.

② 贾旭东，谭新辉. 经典扎根理论及其精神对中国管理研究的现实价值 [J]. 管理学报，2010，7（5）：656-665.

③ 樊友猛，谢彦君. 旅游体验研究的具身范式 [J]. 旅游学刊，2019，34（11）：17-28.

④ GLASER B，STRAUSS A L. The Discovery of Grounded Theory：Strategy for Qualitative Research[J]. *Nursing Reseach*，1968，17（4）：377-380.

（二）数据收集

笔者主要采取关键事件访谈法，对分层抽样选定的警察进行深度访谈。采取分层抽样，分别在 AN 县公安局的所有一线科所队，即在交警大队、禁毒大队、刑侦大队、治安大队、政保大队、特警大队、指挥中心、情报合成作战中心等专业警种和 8 个城乡派出所，分别选择负责人和普通民警各 1 名，再根据各科所队人数情况，在交警大队、禁毒大队、刑侦大队、特警大队、指挥中心、HG 派出所、TS 派出所和 XS 派出所分别再选择 1 名民警，共计抽取 40 名警察，访谈对象基本情况请如表 2-1 所示。整个访谈过程是 2021 年 7—8 月，笔者在 AN 县公安局锻炼期间进行，通过政治处同一线科所队负责人预约访谈时间后，在约定时间开展访谈。在预调查阶段，访谈 5 名警察（不在 40 名正式访谈对象之列）时发现，警察的职业风险逆境经历丰富，于是将问题（2）中"2 件"调整为"3 件印象深刻的急难险重逆境经历"；在职业风险情境下，警察较为注重逆境适应与风险应对经验，故在访谈提纲中增加了问题（6）。具体提纲为：（1）请问您对自己和警察职业有什么看法？（2）请介绍 3 件您从警生涯中印象深刻的急难险重逆境经历；（3）请问当时您是如何处理此事件的，为什么要做出这样的处理？（4）您当时感受如何，又是如何调节自己心情和状态的？（5）请问您在处理这些事件的过程中获得了哪些帮助？（6）根据个人经历，您对于警察适应逆境和应对风险有何建议？

在访谈前，向访谈对象描述风险因素主要是来自工作中对其造成冲击的事情，确定其理解职业风险因素和逆境后开始正式访谈。采取关键事件访谈法，引导访谈对象回忆并描述印象最深刻的急难险重等逆境经历，对每名警察访谈 60 分钟以上，大部分访谈时间在 90—120 分钟。经受访者同意，采取录音和速记笔记等方式进行记录，将全部录音资料逐字逐句转录成文字资料，共计转录 27 万余字的原始资料，笔者随机抽取 20 份原始资料进行第一轮扎根分析，将剩余的 20 份原始资料作为第二轮分析。

表 2-1 访谈对象基本情况

题项	选项	人数	百分比	题项	选项	人数	百分比
性别	男	34	86.67%	科所队领导职务	有	16	40.00%
	女	6	13.33%		无	24	60.00%
年龄	30 岁以下	9	22.50%	警龄	5 年以下	9	22.50%
	31—40 岁	11	27.50%		6 ~ 15 年	12	30.00%
	41—50 岁	11	27.50%		16 ~ 25 年	11	27.50%
	51 岁以上	9	22.50%		26 年以上	8	20.00%

三、数据分析

（一）开放式编码

开放式编码是指以词频分析为基础，将所收集的散碎资料予以概念化和范畴化，并以这些概念和范畴进行全面而抽象地还原资料所表述内容的文本数据处理过程[①]。开放式编码主要是解析、提炼数据资料，将之概念化和范畴化[②]，具体的开放式编码过程包括两个阶段：一是在逐句解读原始资料的过程中，将与研究主题相关的内容贴标签，提炼出原始概念；二是类

---

① 朱丽叶·M. 科宾，安塞尔姆·L. 施特劳斯. 质性研究的基础：形成扎根理论的程序和方法（第 3 版）[M]，朱光明，译. 重庆：重庆大学出版社，2015：67.

② 贾旭东，谭新辉. 经典扎根理论及其精神对中国管理研究的现实价值 [J]. 管理学报，2010，7（5）：656-665.

属化分析原始概念，将其范畴化归纳出原始范畴[①]。按照"粘贴标签—提炼概念—归纳范畴"的编码程序进行开放式编码。在逐句阅读和理解原始资料的基础上，逐行分析原始资料，通过概括与比较原始话语，根据语义将其抽象形成具有内容概括性的原始概念，比较各个初始概念的异同，剔除频率低于 2 次的初始概念，提炼出 34 个初始概念并选取部分代表性原语句（见表 2-2 和表 2-3）。根据初始概念的类属关系，合并同类概念并对初始概念进行范畴化处理，归纳出 22 个初始范畴（见表 2-2），请参见表 2-3 开放性编码部分示例。

为确保范畴充足稳定，又对两次编码结果进行编码一致性和内容一致性检验，编码一致性达到 92.34%（编码一致性＝两次相同的编码数量为193/两次相同的编码数量为 193+两次不同的编码数量为 16），符合一致性标准最低要求的 70%；内容一致性达到 88.00%（编码一致性＝两次相同含义的编码数量为 22/两次相同含义的编码数量为＋两次不同含义的编码数量为 3），超过内容一致性要求的 80%[②]。

表 2-2　警察抗逆力结构开放性编码简表

初始范畴	初始概念	概念标签
B1 风险认知	A1 风险类型认知	a1 执法风险、a2 安全风险、a3 调处纠纷
	A2 风险特性认知	a4 风险可能性、a5 风险严重性、a6 风险可控
B2 职业认知	A3 职业价值观	a7 职业精神、a8 职责感
	A4 职业素养认知	a9 警务素养、a10 法律素养、a11 社会阅历
	A5 警种岗位认知	a12 专业警种认知、a13 公安派出所认知

① 杜晓君，杨勃，任晴阳. 基于扎根理论的中国企业克服外来者劣势的边界跨越策略研究 [J]. 管理科学，2015，28（2）：12-26.

② 陈向明. 扎根理论的思路和方法 [J]. 教育研究与实验，1999（4）：58-63.

（续表）

初始范畴	初始概念	概念标签
B3 自我认知	A6 职业价值感	a14 成就感
	A7 感知体验	a15 工作感受
	A8 自我效能	a16 工作效能
B4 归因	A9 外部归因	a17 外部原因
	A10 内部归因	a18 内部原因
	A11 综合归因	a19 主客观原因
B5 换位思考	A12 推己及人	a20 替人着想
B6 自我平衡	A13 泰然处世	a21 坦然面对
B7 自我安慰	A14 说服自己	a22 宽慰自己
B8 兴趣爱好	A15 自我调节	a23 排解方式
B9 风险沟通	A16 交流风险信息	a24 交流情报信息
B10 风险评估	A17 形势研判	a25 警情研判
B11 规则遵循	A18 依法执法	a26 依法办案
B12 行为抉择	A19 规避风险	a27 化解危机
B13 性格	A20 积极乐观	a28 个性
	A21 自信理智	a29 理智
B14 经验习惯	A22 经验总结	a30 总结警务经验
	A23 习惯养成	a31 工作习惯
B15 风险感知力	A24 风险察觉	a32 察觉危险
B16 经验素养	A25 警务经验	a33 风险应对经验、a34 警情用枪经历
	A26 警务技能	a35 工作能力
B17 警队保护因子	A27 团队协作	a36 团队配合
	A28 部门协同	a37 多部门协同
	A29 领导支持	a38 领导理解与支持
B18 家庭保护因子	A30 家人理解与支持	a39 家人支持
B19 社区保护因子	A31 村己支持	a40 社区理解和支持
B20 情绪体验	A32 紧张害怕	a41 负面情绪
B21 逆境感受	A33 负面感受	a42 感受不佳
B22 应激反应	A34 经受刺激	a43 遭受冲击

表 2-3 警察抗逆力结构开放性编码详表

范畴化	初始概念	代表性语句
B1 风险认知	A1 风险类型认知	执法风险：渎职风险、开除风险、事故风险、泄密风险 执法风险就是我说的管与不管决定了是否渎职（20210715-ZB①）； 真的不知道哪一天就被开除了，脱掉警服是一件很容易的事情（20210728-ZX）； 那几年的民用爆炸物管理情况很严峻，很多项目都是批了炸药之后，就直接把炸药放在工地上，安全风险很高，没有规划，管理得不专业，都是凭经验管理（20210722-WJ）； 我们最大的风险就是怕信息泄露，被盗取（20210805-ZDY）
	A1 风险类型认知	安全风险：人身安全风险、公共安全风险 我遇到过的生命危险，特别是在派出所面对未知危险时，自己并不知道危险临近，但危险随时都可能发生（20210715-ZB）； 在日常接处警时，一定不要认为报案人就不是嫌疑人，一定要把他也当成一个有危险的人，否则就可能出事（20210729-LH）； 我们公安现在面临最大的问题就是稳定，因为涉及政府的事情，那么肯定会涉及村干部，也涉及群众，如果处理不好，自然有人不愿意接受（20210726-YBF） 调处纠纷：纠纷处理、群体性事件处理、婚姻纠纷处理 其实，纠纷是最难处理的，因为处理电子诈骗毕竟有程序，像搞材料一样，该止付就止付，把该移交的材料移交就好了（20210726-GF）； 我认为最恼火的警情就是处理群体性事件（20210726-YBF）； 这种婚姻纠纷最难处理，特别是涉及很多家庭矛盾的情形，因为一点小事，当事人都要闹事。但是如果按照法律归属来看的话，这应该是法院管的，但是现在大多数人第一反应就是找110，基本上都是让我们在处理，涉及的家庭矛盾多，有时只是因为一些小事情（20210722-WJ）
	A2 风险特性认知	风险可能性：问题很多、比一线风险低很多 所以，现在我们公安面临的问题很多，随时都可能发生危险 20210726-YBF）； 也不是说不存在风险，只是相较于一线来说，风险概率要小得多（20210805-ZDY） 风险严重性：暴力犯罪后果、爆炸导致伤亡和判刑 要是说危险，如果遇到抢劫、杀人，确实就比较危险（20210721-LT）； 只要炸药炸响了，就变成刑事案件了，所以，管理民用爆炸物的精神压力大；炸药出了事情，他肯定得承担一定的责任，那就不是离职的问题，那肯定是要追究法律责任的，严重的会被送进监狱（20210722-WJ） 风险可控性：无法避免、不可能完全预防和控制、有准备可降低危险 当时，都带齐了单警装备和武器的，为什么还是那么多人受伤？说明这个是没有办法防治的事情（20210715YGJ）； 想100%地控制危险是不可能的，就像家庭矛盾，两口子吵架，一下子情绪失控，跑出去伤害他人，这种情况公安机关？是没有办法预防的，只能控制有异常的人。像我们在出警的过程中，在勘查现场的时候，就感觉不到任何危险（20210805-ZDY）；

① 为保护访谈对象隐私，诸如"20210715-ZB"等代码中，ZB 为访谈对象姓名首字母，数字为访谈日期，后文中相应数字和字母代码均是如此。

（续表）

范畴化	初始概念	代表性语句
B1 风险认知	A2 风险特性认知	即使是戴了手套也好，三件套也罢，后来回想起来，还是有点害怕（20210728-ZJS）； 要是遇到抢劫、杀人，虽然比较危险。心里都是知道这些人是危险的，自己就会有准备的（20210721-LT）
B2 职业认知	A3 职业价值观	职业精神：政治合格、忠诚、奉献、吃苦耐劳、任劳任怨、热情工作、职业操守、该上就上、保护群众、倡导英雄、提倡安全 如果我们的警察没有奉献精神、没有吃苦耐劳的精神、没有热情工作的精神、职业精神不强、没有职业操守，这就是一个问题（20210722-LSW）； 虽然有些民警嘴上说工作很累，但是，政治上都很合格的，都是听党的话，一有警情，睡得再晚，都是打一个电话，该回来就回来，该起床就起床。虽然苦、虽然累，但该上就上，奉献确实多。如果遇到打捞浮尸，群众淹死的事情，他们还是一句话不说就下去了，不在乎尸体腐烂。我们这些同志家里面有小孩的，有时候会发发牢骚，但是做事情没有一点儿问题（20210721-LT）； 那种倡导的是英雄主义，但是我们要提倡安全，为什么要牺牲个人来获得这种英雄的归属感呢？没有必要的，我的观点就是既要保护自身，同时也保护群众（20210727-LGL） 职责感：责任感、得得起警服、群众危险就上、敢于担责、破案责任心、正义感、职责所在、职责法定 还表现在自己下班之后，接到警情立即行动的这种辛苦和责任感（20210715-ZB）； 因为得对得起我穿的这身警服（20210728-ZJS）； 说实话，我们入警第一课讲的就是安全，毕竟人的生命就只有一次，但是该我们上的时候，我们就必须要把他拿下，在群众危险的时候，如果谁想躲闪，那他就确实没有担当（20210729-LH）； 遇到存疑不诉的时候，民警已经说出问题了，但是我还没来，没经过我的手。如果通报了，出现各种各样的问题，肯定是我担责任，这是不用说的，现在是我来解决这个事情，包括教育整顿期间，这是我们自己的问题，不可能把锅甩给人家，反正派出所领导能担着就把责任担了。如果你按照110的职责来，救援和纠纷都属于报警的范围，我们就有调解邻里之间矛盾的义务（20210726-GF）； 那天巡特警也说，他自己还是有一个案子没有破，所以，我们民警还是很有责任心和正义感的（20210726-YBF）； 当时对面那么多人，之前已经有民警在处理这个事情的时候，与对面发生了冲突而且受伤。但是，因为职责所在，没有哪个人说要去后面躲起来（20210728-XZ）； 我们出警的时候，老乡也认为警察应该什么都管，我说你说错了，警察的职责是法律来赋予和圈定了的（20210715YGJ）； 确实是职责在那儿，遇到落水的人，自己不会游泳，也不能不救，比如碰到车祸，是打120还是往医院里面送呢？打120有人会说警察不负责，玩忽职守。但是本来我们职责保护现场，防止二次事故（20210728-ZX）；

（续表）

范畴化	初始概念	代表性语句
B2 职业认知	A3 职业价值观	穿了这身衣服，肯定要有一种责任感。内勤户籍、党建对接、档案财务、交通这些我都在负责，还有值班，除了派出所的基础工作，其他的我都要做，事情很多，主要工作就是内勤户籍和案件侦办（20210722-WJ）； 要求中写的是公安只管七件事，但是现在很多情况都在管，比如，最普遍的就是经济纠纷，拖欠工资，借钱不还。如果不把这个警派给派出所，那么因为这个警情导致后面打架、故意伤害、杀人等情况，我们要把这个过程说清楚（20210805-WP）
	A4 职业素养认知	警务素养：团队协作意识、善做群众工作、精于调解、擅长审讯、现场处置能力 走入公安队伍之后，肯定有很多方面的要求，你可以不是很完美，但在这个团队里面，大家要齐心协力。我觉得做基层工作，要学会和群众打交道，要深入实际实地了解民情社情，能解决实际问题。当你解决不了，可以通过另外一个渠道来解决这个事情，我觉得这是最好的。所以，作为公安干警，所有不可逆的因素都存在，都需要去考虑。我们现在都是这样，制作了调解协议之后，还要当事人写个保证，这个保证就充分地证明当事人的心态是什么，如果他不愿意写的话，他心里面肯定还有矛盾。问材料这个事情真的很能体现一个人的能力，经验丰富之后，一开始我就把这个事情问清楚，后面就可以省很多事（20210726-YBF）； 这需要声音大，声音必须大，不然根本就不行。临场处置果敢，首先，声音语言要能控制住现场；其次，要果断，该出手时就出手（20210727-LGL）
		法律素养：一定要很清楚这些法律的界定，对一个案件的把握确实很重要，例如，你负责的案件是违法还是犯罪，要有一个初步判断，在一个案件性质的基础上进行初步判断，然后根据案情才能采取正确的处理措施，不然的话，自己也是模糊的，那你的行为必然是主次不清，畏首畏尾或者是瞻前顾后（20210722-LSW）
		社会阅历：对于一个警察来说，面对这种极难的处境，自己要有一个准确的判断能力，得有一个丰富的社会阅历。作为警察必须要有人格魅力、且生活知识、社会阅历一定要丰富（20210722-LSW）
	A5 警种岗位认知	专业警种认知：处置复杂情况、情报搜集研判、执行力、忍受委屈 当禁毒民警也好，相当于正儿八经当了一次警察。换句话说，当你干过治安工作，可能人会变得细致一点；干过刑侦工作，可能身上有种气质在里面。但是，做了治安后你要学会怎么婉转去协调处理事情，更多的时候面临的是各方面复杂的关系。治安和刑侦的民警遇到有些情况可能不敢上，但是你做禁毒的就必须上。你在刑侦待久了，那就是见多了杀人案和抢劫案，你的心理准备是你去了就逮这个人，我身上有枪，我就是要去逮捕他。但是，禁毒民警不一样，很多时候是在没有准备的情况下逮人（20210802-YC）； 我们说得通俗易懂点，我们不直接参与案件，我们主要是起一个支撑作用。前面的环节我们不参与，就是在公安很多业务工作的中间环节起到服务支撑作用，我们就是主力。为治安、经侦这些业务警种提供情报信息支撑、汇总、分析、研判等（20210805-ZDY）；

范畴化	初始概念	代表性语句
B2 职业认知	A5 警种岗位认知	我觉得在巡特警工作就是身体上累，精神上不累（20210729-NQQ）； 派出所是综合性的，我们交警是个专业性的工作，去案发现场就要勘查分析，是要办案子的（20210727-LGL）； 实际上，对我来说，不存在枯燥，我是基层现场勘查，一次勘查背后就是一个案子。千奇百怪，每一个案子都是新鲜的，没有哪个案子是相同的。实际上侦破一个案子我们也是重要的参与者，要思考我们是不是还有哪一步没勘查到，这个与天天在实验室做鉴定的公安机关肯定不一样。我们虽然属于技术类，但还是要接处警，实际上是二十四小时随时都要出去。有时候看一个案子就是几个小时，工作时间一点儿都不规律（20210728-XZ）； 虽然说在指挥中心面对的事情要单纯一些，但是工作量确实也很大，因为现在有指令系统，有很多指令要与相关部门对接，人员核查也是要积极反馈的。我们指挥中心就是属于夹在中间，一边要对领导，一边要对技侦，我们在中间起中枢联结作用（20210805-WP） 公安派出所认知：凝聚力、吃苦耐劳 因为公安派出所不能那么死板地去解决问题，面对不同的人、不同的事、不同的地点，民警也要想出不同的解决方案。我觉得一个派出所就应该有一个派出所的凝聚力。很多人在基层派出所做了很多年，为什么感觉到心很累，而不是自己身体累，那是自己的一种思维，要解决一个问题，现在的这些要求就更加严格了，办事的时候限制就更多（20210726-YBF）； 派出所比较辛苦，特别是在办案子的过程中（20210803-WZL）
B3 自我认知	A6 职业价值感	成就感：当事人满意、党政认可、参与感 法制大队建议先不立案，根据法律，这种轻伤的案件也是可以调解的，我们就是先把民事部分的赔偿先处理了，先不起诉，先调解，这个案子就调解成功了，无论怎么评价这个案子，也是成功地办成这个案子之后，当事人双方都还是很满意的（20210726-GF）； 把"5·12"这个案子破了，党委政府对我们非常喜欢。就这事情之后，党委政府对我们的评价非常高，之前书记对我们并不认可，最后书记主动请我们吃饭，我们派出所在"5·12"救灾时需要什么他们就给什么。当了20多年警察也累了些，苦了一些，也有欢笑。我觉得每一件案子处理完，心里就很舒服，有一种成就感（20210726-YBF）； 实际上侦破每一个案子我们也是重要的参与者，我们都是出了力的（20210728-XZ）
	A7 感知体验	工作感受：压抑脾气、只能自我调节、工作压力太大、工作效益低、甘冒风险、耗费精力 像我们当警察的，感觉把自己最好的脾气都给群众了，回到家之后，特别是对自己的亲属时反而没有那么多耐心了（20210726-GF）； 一句话，如果你工作少了，也就没什么压力了。我个人觉得，还是只有靠自己调节一下，就像只依靠现在的心理疏导、心理调节，其实是不现实的（20210719-WX）；

（续表）

范畴化	初始概念	代表性语句
B3 自我认知	A7 感知体验	也不麻烦，主要是感兴趣的话，我喜欢办案子，喜欢做侦查，而写东西就像闭门造车很苦恼，其实走出去更好。要到基层去体验一下，这种体验很重要，真正自己去体验过几次就感受到了（20210805-ZDY）； 公安这个工作，我在本地都照顾不了家庭，更别说异地了。我在外地可能就是一年就回来那么几次，工作压力确实大（20210722-WJ）； 公安工作所付出的心思和努力同收获是不成比例的。我每年都有 10 天的公休假，但是我从来没有休满过（20210719-DCF）； 因为警察肯定是要冒这种风险的，只是说看自己是运气好坏了（20210722-YW）； 我现在从事的工作让我觉得我的精力和时间有点受牵扯，年轻的时候有很多机会可以学习，但是现在也找不到更多的突破口（20210728-XZ）
	A8 自我效能	工作效能：希望、无力感、无奈、力有不逮、没有奔头、幸运 我们肯定是很想把他（犯罪嫌疑人）找到，但是也只有一点点地突破，现在看到有一点破案的希望了（20210728-ZJS）； 现在能做的事都干了，电话也打了，精力也耗费了，只是把人抓住了，可是他偷的那些东西没有了，这对报案人有什么用？虽然基层很累，感觉应付上面的考核，他们就没有真正地发挥好该发挥的作用。今天我说这些其实我们都知道，看得很清楚。现在的人都有一个共性，就是人都喜欢干一些觉得有价值有意义的工作，有追求的工作，现在有时候感觉前路渺茫（20210805-ZDY）； 2008 年，刑事技术室因人手不够，就临时在基层所队找一些年轻的民警去在职培训，我有幸就被选上了，我学刑事技术主要还是想在公安工作中找到一个突破口（20210728-XZ）
B4 归因	A9 外部归因	外部原因：政府支持、工作占用锻炼时间 我一直在想是为什么让群众这么相信和支持我们，其实也就是因为我们是跟着政府，当时好多事情还是找警察处理，但是安置群众还是政府的事情（20210721-LT）； 没时间锻炼，身体机能也就下降了，例如跑步，原来随便跑个 1 万米都很轻松，现在跑个 1 千米都上气不接下气，因为大量锻炼的时间被工作占用了，根本就没时间和精力锻炼身体了（20210722-WJ）
	A10 内部归因	内部原因：认知不足、判断错误、缺乏主见、意识欠缺 那个螺丝刀是在我使劲用力的过程中才发现的，是我自己先前的认知不足（20210721-LT）； 当时出于一种判定的错误，才导致和民警发生了肢体冲突（20210722-LSW）； 如果今天你不问我，我都不想说这个事情，当时我是一个新人，人家让我干什么我就干什么，没有自己的主见，当时人家叫我去办这个杀人案我就去了，结果这么多年一直都没侦破（20210726-YBF）； 当时还是怪我自身的"危险加一"意识不够（20210802-YC）； 这主要是意识方面的欠缺，现在派出所出警为什么会有那么多伤亡，其实还是处警民警安全意识太弱了（20210729-NQQ）

（续表）

范畴化	初始概念	代表性语句
B4 归因	A11 综合归因	主客观原因：客观现实、协同配合控制嫌疑人、民爆管理缺乏规范和精力 尽量地去考虑安全问题，千万不能莽撞去做。如果你不考虑，那一定是失职。你考虑了但没考虑到位，那是训练不足，经验不足。我觉得这也是很正常的，因为很多新的情况会发生，我们的应对方法永远是滞后的。必须承认这个客观现实，当你不承认客观现实的时候，那就无计可施了（20210715YGJ）； 当时所长反应得快，因为他个子比较高，我控制起来还是比较困难，也很危险，当时所长很快地把枪抵在他头上，他竟然还要去摸枪，所长一转过来就把他手指给掰上了，随即就把他手指都掰折了。我当时是反着把他按在地上的，只是用食指把他的食指给控制住了，基本上才算解除了危险（20210722-WJ）； 根本没有办法去规范炸药管理工作，当时大环境是那样，我们省的炸药都是这样管理的。上面没有出一个硬性的法律规范，我们没有办法要求他们是这样还是那样管理，有些工程还是国家的工程，还有中建的那些公司。因为我们那儿发生过事情，把受害者炸残疾了，还好那天管炸药的同志去了在现场指导。还好我运气好，基本上这么多年，还很少听见我们边炸药出问题。有些工作不是你做不好，是你没办法去做好，一个人只有那么多精力，你只能做到一种程度，要尽量保护好自己，就只能尽量按照规定采取措施，其他的就只有凭运气了，因为你不可能一个人去管好很多事情，不能时时刻刻都去管理每件事情（20210722-WJ）
B5 换位思考	A12 推己及人	替人着想：尽力而为、设身处地 当自己后悔的时候就要去想，我哪儿还没有做好，要去复盘以提供更多的处理办法，这是我的一个观点（20210715-YGJ）； 我跟他们说想个办法处理这个事情，假如你的家人被打成轻伤了，大半年的时间都得不到解决，赔不了钱，伤人之人也没有被处理，你会怎么想？我就只有这么劝解人家，只能安抚他们（20210726-GF）
B6 自我平衡	A13 泰然处世	坦然面对：选择性在乎、得失随缘、承担责任 不管民警准备得再好，都要坦然面对该发生的事情，积极配合就好，不要去后悔（20210715YGJ）； 无论是工作、生活或是家庭，得之我命，失之我命，不要太计较个人职业发展上的得失（20210722-LSW）； 你在做，兄弟也在做，不把先进给兄弟，那给谁呢？原来每年我至少有几个先进，现在一个先进都没有，就无所谓了，我这个人也不是很想去争什么。我只能说人这一生都是磕磕碰碰，从不稳定到稳定，包括我的女儿今年考上了成都理工大学（20210726-YBF）； 她非常扯经（胡搅蛮缠），怎么给她解释是实习生操作失误，她都不愿意让我们给她改过来。反正我当时的意见是，即便是这个实习生有什么失误做错了，我是她的指导民警，这事情让我受处分也好，都无所谓（20210719-WX）

（续表）

范畴化	初始概念	代表性语句
B7 自我安慰	A14 说服自己	宽慰自己：接受现实、感受快乐、发发牢骚、努力就好、已经尽力、同事理解就好、退一步考虑 说简单点是自我心理安慰，怎么安慰自己呢？只要是自己尽力了，一个事情不顺的时候，我们就要去接受和面对它，有很多事情不能说，也不会因为自己的个人主观意志就改变的。已经定性的结果是无法改变的，只有去面对（20210722-LSW）； 有一句话很有哲理，"不是所有事情都要在乎，不是所有事情都不在乎。"遇到自己能力以外的事情就不要太在乎，感到自己懈怠时还是要在乎一些事情（20210804-LXF）； 我通过自己的努力而抓到人了之后，我觉得非常快乐，因为我对得起这身警服（20210728-ZJS）； 我想到那个人临死之前，看能否有机会去跟他接触一下，会不会让他说出来。如果我问出来了，心里面就坦然了，至少我努力了。这么多年来，我经手的故意杀人案，就只有这一个没破案（20210726-YBF）； 后面也没有什么了，我做了自己该做的事情，我已经尽力了，人家怎么看是人家的事情。只要我相信同事是知道的，能理解我，我就觉得付出还是有回报，要让所有人完全理解我是不可能的，工作中有理解我的，也有不理解我的（20210722-WJ）
B8 兴趣爱好	A15 自我调节	排解方式：钓鱼、阅读、看小说、购物、运动健身、打游戏、听歌、打麻将、陪伴家人、聚餐游玩、喜欢办案 如果我觉得心烦气躁，没事做的时候，就去钓鱼，我有两个手机，除了我兄弟知道我另一个手机之外，一般人不知道，他们出了什么事就给我打电话，我把手机放边上守着塘子钓鱼就感觉完全放松了身心（20210726-YBF）； 比如阅读一些自己喜欢的书，到处走一下、玩一下。我喜欢去逛超市，选吃的那种购物商场（20210719-HYZ）； 兴趣爱好都快被磨灭了，我以前喜欢打羽毛球，这几年都没时间了，没有心情，大部分时间都加班了（20210805-ZDY）； 以前，下班了没有事就打游戏，打单机游戏。其实在那边事情不是很多，因为山区那边基本上没什么事情，那时候也没有结婚。有些时候就听一下歌，现在岁数大了，只有听歌，没有什么别的兴趣啊，游戏也不想玩了。以前要点游戏，现在休假的时候就带孩子去了，没时间打游戏了（20210722-WJ）； 我喜欢吃零食，有时候也去健身房蹬会儿自行车（20210729-NQQ）； 喜欢打篮球类似的体育运动，也喜欢看小说，因为喜欢办案子，看小说可以积累比较多的经验（20210719-DCF）； 有时候跟朋友一起吃个饭，聚一下之类的消遣，周末去郊区那些地方玩一下之类的（20210721-WD）； 就只有运动，喜欢跑步，本来在这里上班就坐得久，有空就站起来活动活动（20210805-WP）

（续表）

范畴化	初始概念	代表性语句
B9 风险沟通	A16 交流风险信息	交流情报信息：交流现场情况、警示危险、汇报处置动态、商讨配合方式、询问家属、缺乏沟通 过了一会儿，他们也把车停到这个地方，因为只有这个地方能够停车。然后我就把情况给他们介绍了一下，他们就叫我快去医院医治（20210715-ZB）； 我是听见 ZY 在喊，哎哟、哎哟。然后我就看见这个人拿着棍子在打 ZY，我就喊 ZY，叫他把枪拿出来，赶快开枪！后来，我就立即给 110 指挥中心打电话报告，说有人袭警，我们这边就开枪了，现在袭警那个人在跑，我们正在追。然后，我又立马给所长打电话说了这边的情况（20210715-ZB）； 就是在这整个过程中，我们特巡警和治安在商量具体该怎么配合的问题（20210715-LZB）； 就是为了防止他是有暴力的精神病人，我还提前问了他的家属，家属却说他没有什么问题（20210722-WJ）； 他没看到我们的工作，接警、派警只是我们工作的一个方面，是最基础的工作，我们每天还有很多其他的事情要做（20210805-WP）
B10 风险评估	A17 形势研判	警情研判：预估事态、预估危险、错判案件属性、低估危险、低估嫌疑人、错判事态、应稳住嫌疑人情绪、难以控制事态 我们警察是有一定的威严和威信，采取一系列的措施应该能控制住事态（20210722-LSW）； 那个时候我就在回想，如果只身前往，一定会受伤（20210722-WJ）； 这种一去就有几十个人乃至上百个人把你围住，这种事情很难处理，稍微有一句话没说对，就可能把他们的火给惹起来了。2012 年，我们这里一个卖电器的老板，当时我们把他位置找出来了，当时我们带了 5 个人，我们都觉得不像是绑架案，就觉得只是个经济纠纷，所以我们 5 个人准备也就不充分，就只拿了警棍和枪（20210729-LH）； 平常看不出他有心理问题，他给我的感觉就是很偏执，但还没到精神疾病的程度。第二天早上我骑摩托车就去把人抓了，把他手铐上坐在摩托车上面。刚回到派出所，师傅就把我骂了一顿，他说我胆子太大了，万一让他跳车弄死弄伤了怎么办？当时我想的是"他觉得他自己犯的是轻罪，可能只判一年半，犯不着跳车逃跑"（20210726-YBF）； 我们当时只有一副手铐，给主要嫌疑人铐起来，当时没铐另外一个人，我们就只是对他进行语言控制，但是过了一会儿，就有人敲门，我们就觉得"来他家里的人，那肯定就是来买药（毒品）或者吃药的"，所以，当时我和那个支队的老革命三个人，他们年龄比较大，他们负责控人，门一开我就出去抓，当时第一个人刚进来，我就把他按在门外，就成"三控三"了，后面一直有人来，我就这样抓到第六个人的时候，房里人多了之后，慢慢地，就有点难控制场面了，但是还在可控范围内，然而，后面还是继续来人（20210802-YC）； 当时是先稳定对方情绪，就是不要让他情绪太过激。第一，不能去激化他，万一他情绪更激动了，伤害就会更大；第二，在言语上要去安抚他，怕他情绪激化过后再做出一些很出格的事情（20210719-HYZ）； 让基层民警带着一个辅警去处理这种打架斗殴，面对双方持械这种警情，我们要配枪，该怎么使用枪，我们心里就没有底了，对用枪的法律规定都不是很理解，枪配在身上有什么用？只是说用声音来控制其他人，像我们遇到五六个人打到一起的情况，都觉得控制不下来，当时我们就说这边需要支援，我的个人能力不够（20210727-LGL）

（续表）

范畴化	初始概念	代表性语句
B11 规则遵循	A18 依法执法	依法办案：依规请示、证据为基、办案接受审查、法定程序办案、严守工作秘密、限制较多 我们肯定要先汇报，必须要领导先同意了，我们才能离开。我们就一直打了一个小时，终于打通了电话（20210721-LT）； 确实，我们没有证据就没有底气，虽然我们凭借推理觉得这个人嫌疑很大，但是检察院和法院不认可，没有证据就没办法（20210728-ZJS）； 我们民警出警的时候，会遇到各种突发事件，遇到之后我可能不具备抢救的能力，但是别人事后可能把责任归咎于民警身上，我当时在应急的情况下，我不能想到那么周全，我都完了，你事后才开始挑刺，那我也没办法。事后就开始审查了，查我们当时出警的时候哪些不合适（20210728-ZX）； 根据现有的法律，他两年内有过容留卖淫的行为，再次容留卖淫的，可以对他进行刑事打击，但是因为法院审查证据的规定，现在这个案子都还没有按照正常程序办理（20210726-GF）； 很多东西，包括我们出警或者其他工作，人家回复一个基本满意，我们每个人都要被问责，为什么人家才是基本满意？为什么不是满意？这个不能做到100%满意，因为时间、地点、人物这些因素导致最后的结果不如意，不可能说这些因素就怪我（20210726-YBF）； 现在我们换句话来说，这个女的经常不回家，或者根本不回家，她自己租房子住或者别的情况。她基本上脱离那个家了，我们能做的只能这么多了，我们知道她之前和那个男的纠缠在一起（婚外情），也不可能跟她丈夫说真实情况，不管她丈夫怎么知道的，反正不能从我们公安这儿知道这些消息就行（20210726-YBF）； 随着法制越来越健全，像原来有个小瑕疵，自己内部处理了就行，像我们原来办案子，完全不用走网上平台，直接打印张文书就出去了。过了这么多年了，检察院就问为什么没走网上平台的程序，如果上纲上线，这就是一个问题，但是在当时都是这样办的（20210802-YC）； 条条框框太多了，有些不必要的要求也很多，事情忙开了难免就容易出错，人又不是机器，这方面是让基层民警在心理上普遍是很不愿意接受的（20210722-YW）； 他们技侦要求也比较严格，因为这个涉及个人隐私（20210805-WP）
		化解危机：提醒射击、战术性撤退、承受风险、请求支援、证据式审讯、做好办案材料、应激开枪、冷处理、安抚当事人情绪、果敢抓捕、灵机应变、分清轻重缓急 我一边追一边就喊ZY拿枪出来开枪，然后我就听见"嘣"的一声，但是他还没有停止打人的动作，可能过了大概几秒到十几秒，我又听见"嘣"的一声（20210715-ZB）； 所以，要么当你有警力优势、体力优势、装备优势，去压制一个危险的犯罪嫌疑人，要么你就只能跑开撤退（20210715-ZB）；

（续表）

范畴化	初始概念	代表性语句
B11 规则遵循	A18 依法执法	后来想起这事，才觉得害怕。当时很缺少防护服，当时想的是，实在没有就不穿防护服，戴着口罩，戴着手套进去。因为意外总是控制不了的，我们只能做好当下。如果非要把所有的意外都考虑进去，那我们可能就不能做事了。所以说，这个还是看民警如何去把控风险（20210715YGJ）； 我们需要请求所里增援，就打电话寻求同伴的支持，叫他们赶快过来（20210722-LSW）； 我们抓到这个人之后，他还不交代问题，我们最后也是经过几天几夜的审讯，这种人很顽固，他最后还是开口了。只要掌握了充足的证据，就有让他供述的底气，有这个底气以后，再加上审讯技巧，就能够把他的嘴给撬开（20210802-YC）； 我们很多时候对于法律的认知就只是刑法、刑事诉讼法这些，跟检察院相比，肯定是不对称的，会出现很多问题，所以一个案子就会花很多时间。一个案子我们出现场做卷宗可能只花了四分之一的时间，但是剩下四分之三的时间就要去和检察院弄这样那样的材料（20210728-ZX）； 查车时，我只听到嗡的一声发动机响，当时我是把枪抵着驾驶室的，我就侧身转过去，枪一下就响了，他就把我腿撞到了，然后我站起来对着车又开了一枪（20210729-LH）； 所以，这种事情真的是最恼火的事情，遇到这种情况只有冷处理，尽到责任，就不能去管他了（20210729-LH）； 他就站在那里说话，同时扬着手，说你要是敢扣我摩托车，我就要打你。我就觉得这个人可能精神有问题，在我们说话期间，他就这么直直地盯着我，与一般人跟我们耍赖是不一样的。后来我立马就向他们村上了解情况。他们说这个人在去年的时候发生过车祸，做了开颅手术，头发遮着看不见，平时不刺激他，跟他正常说话，他就是正常的，但是，只要刺激他，他就要开始发病，就跟正常人不一样了。然后，我马上就给他倒开水，让他喝水（20210726-GF）； 那个人经过我站那个路口时，看到我是看着他的，他可能有点察觉就想跑，我就给同事打电话说他来了，我就开车子去追，车子一停下，我立刻就从车子上面下来跑过去，就把车门打开一把就将他抓住（20210726-YBF）； 最开始报警的时候，那个男的说他们是正常交往，但是我们心知肚明，不愿意点破他们之间的不正当关系，免得激发不必要的麻烦（20210726-YBF）；

范畴化	初始 概念	代表性语句
B12 行 为抉择	A19 规避 风险	当时都有点躁动了，都在问我凭什么抓他们，我们就用语言跟他磨，在这种情况下不要去激怒他，如果有些人没有那么冲，就没有必要用语言激怒他，因为在吸毒人员心里，他想的是这次坏了，要么逃避，或者做出过激的反应，因为他是接触过警察的，当时气氛很凝重啊，在等到增援过来。当第七个人过来的时候，我都不想给他开门了，但是他一直敲门，只有开门出去把他抓了，我前面按了六个人了，其实我当时手上本来已经没劲了，有点软了。然后出去抓第七个人的时候才发现，他个子也大，开门又是下楼梯在四楼上，他一直在挣扎，我实在没劲了，就把他手膀子按倒，把他的手从他脖子上面勒过去，我在他身上压了五分钟，他说，"哥，你起来嘛，我不挣扎了。"然后，我就把他弄进房里去，我在下水管道找了根铁丝把他缠起来，因为他去了之后脑壳仰起，个子又比较高，又一直在那里闹，当时，我都感觉有点掌控不住了。因为我们语言控制有点没用了，那种情况只有根据他的性格来把控，所以，当时我无意之中跟他聊，问他以前是做什么的，他说，"我是当兵的。"我问他，"哪里当兵的？"他就说是陆战队的，当时说这句话显得很高傲，把头昂起来说，当时其他的人都在闹啊，起哄啊，感觉场面有点控制不住。我说你还好意思说自己是当兵出来的，我说我当兵出来在干啥，你当兵出来又在干啥，他问我在哪儿当兵，我就给他随便乱编一个，我其实没当过兵，然后他就老实一些了，我就给他摆条（胡编事实地聊天），就这样把他们稳住到支援来了。当时这个灵感我也是突然想到的，也是运气比较好（20210802-YC）； 什么事情来了就做什么事情，现在是事多人少，一个人都要负责很多事情，只能是最重要的先做，最紧急的先做，其他的就放在后面有时间的时候再做，现在底下（基层）工作都是这样的（20210722-WJ）； 他家人说把他关在家里面的，结果就在院子里面拿了一把刀站在那里，我赶快把门关上，如果我不关门，那一刀就插在我头上了，那个时候我还是反应快，然后，我们就冲过去把他按住了。那次我们去了两个人，他还不停反抗，还要咬人（20210805-WP）； 我们有个原则，不管什么事情，民警首先要到现场去，要去把情况给他说清楚，身上有执法记录仪，该告知的我会告知清楚，告知清楚该找哪些部门（20210805-WP）； 他们没有报上来，我怎么报，一直不停地在催这个问题。所以先把掌握的简要情况报上去，如果后面了解到新的情况，我们再续报上去，只能这样，因为想一次性把整个事情上报清楚是不可能的（20210805-WP）； 这个情形还是要先给派出所派警，看派出所能不能跟山上的人联系上，能不能先确定一下他有没有生命危险（20210805-WP）
B13 性格	A20 积极 乐观	个性：乐观、努力、积极学习 就比如我遇到的事情，哪怕再难，或者受再大的委屈，我都要往好的方向想，不要把事情都是往绝境去想（20210722-LSW）； 我现在手上有个二十年未侦破的案子，他是因为经济纠纷杀人，所以我们现在压力也大，也在努力找出这个人的信息，现在多少算是有一些线索了（20210728-ZJS）； 当时还是想试一下，能去学习一下是个好事情（20210728-XZ）

（续表）

范畴化	初始概念	代表性语句
B13性格	A21自信理智	理智：勇于直面问题、办案自信、有主见 无论出现什么事情，我们都要有能正确面对问题的魄力（20210722-LSW）； 在她没有交代之前，你会质疑自己这个事情是不是她干的。我们那么肯定是她，是因为在现场有那种此地无银三百两的痕迹和摩托车掉下去的痕迹（20210728-ZJS）； 因为行政案子比较多，反正我现在做那些卷宗已经做得很漂亮了，总结和结案那些事都处理都很不错。（20210719-DCF）； 这造就了我现在思想意识，我不喜欢让别人牵着鼻子走，自己知道自己该做什么（20210719-DCF）
B14经验习惯	A22经验总结	总结警务经验：自立安全规矩、注意观察现场、警惕报案人、呈请群众合理诉求、查验后处理、搜集证据、揣摩当事人心理、危险加一、尽力掌握情况 那次之后，我就给自己立了一个规矩，如果再遇到这样的情况，就果断地警告鸣枪，如果他危及我的生命了，就不管击伤还是击毙也好（20210715-ZB）； 不是去年有个事情，两兄弟把警察砍伤了。去了现场之后首要观察，看到情况不对，该退后就要退后，包括对于报案人，你也要有风险意识，报案人不一定没有危险，有可能他马上就转换为作案人（20210729-LH）； 去了群体性事件现场之后，一定要先问群众诉求，如果确实不合理，就可以给上级领导反映，这是我这几年做群体性事件工作的一点感悟（20210729-LH）； 确实，这种又不能完全依照法律处理，这种事情一定是少说多看多听，等他们说完之后再做处理（20210729-LH）； 最后，我们自我总结，我对这个人非常了解，因为我盯着他三年了，平时我不去找他，但是一旦找到证据证明是他作案的情况下，我就马上把他抓了（20210726-YBF）； 我们现在都是这样，制作了调解协议之后，还要当事人写个保证，这个保证就充分证明他们当时的心态是什么，他如果不愿意写的话，他心里面肯定还有意见（20210726-YBF）； 我从警这么多年，按照预想来发生的事情是很少的，基本上很多事情都是有意外发生的，特别是新警察是最容易出现问题，所以原来我们在警校培训的时候，有个老师讲课我非常喜欢，他说的"危险加一"意识，不管怎样都要有"危险加一"这种观念。有一年我在当副所长分管案侦的时候，出去抓个偷东西的人，感觉这个人唯唯诺诺比较害怕我们的模样，让人感觉很放心，我当时就喊了两个民警去他家里面搜查，因为他跟我说东西放在他屋头的。结果带到现场去，有两个老警察就没有紧迫感，就把他的手放开随他走动，那小伙子突然爬起来就跑了，然后我们就去追他（20210802-YC）； 像现在我问材料更多的就是费一些时间，问他家里的情况，遭遇啊，从这些方面再入手，就不像以前直接问了（20210802-YC）

（续表）

范畴化	初始概念	代表性语句
B14 经验习惯	A23 习惯养成	工作习惯：安全防范习惯、装备携带习惯 培训的时候考核还是做对了的，结果回去工作半个月就又忘完了，跟平时的处警习惯有关系（20210729-NQQ）； 如果他拿刀砍我身上的话，后果还是很严重的。当时我开车的时候，副驾也坐了一个警校毕业的，但是，我们都被突然砍过来的刀给吓到了，当时我们两在车上都不敢出去，因为那次没带枪（20210719-HYZ）； 那次之后，我就给自己立了一个规矩，只要我值班，我就必须带上单警装备。尤其是晚上值班，包括枪啊、手电筒啊、警棍啊、手铐这些都要备齐（20210715-ZB）； 在阿坝州工作的时候，我有一个习惯就是但凡出警都要带齐装备。那个时候他们还笑我。到后面省厅要求必须带的时候，他们还说我有远见，因为我们那个时候可以自己拿到枪，所以我每天都带着一杆新的枪，装满了弹夹的（20210715YGJ）
B15 风险感知力	A24 风险察觉	察觉危险：未察觉危险、发现危险、低估危险、发现异常 当时接到的报警内容是一个哥哥把他弟弟打了，要我们接到报警就去处理。然后我问了一下，发现这个当事人是我们派出所的一个老民警的亲侄儿，我想他是派出所干警的亲属，我去劝解一下，没准就可以了（20210715-ZB）； 在他冲出来的时候，我当时什么也没想，就条件反射地跟着我前面那个男的跑了，当时也没想到自己是警察，身上还带着枪，因为他提着一把大刀，他那个意思就是要砍死我（20210715-ZB）； 当时觉得就是一个常规打架，也没想那么多（20210715-ZB）； 我说我们处理可以，但首先要给我们防护服。只是下意识地去要防护服，还没想到要口罩这些东西，觉得戴一个一般的口罩就可以了，之后挺后怕的。当时就已经知道他们确诊了，而且我们已经做好了准备，一旦他不听劝，我们就要强制性地把他们给带走，当时他们两口子是我们这里唯一确诊的人（20210715YGJ）； 这个人的力气比较大，我一直抱着他，突然发现他身上是有刀还是怎么的，明晃晃的，当时不知道是什么东西，以为是金属的，然后就把它给抢过来，抢到手上才发现是一把螺丝刀（20210721-LT）； 最开始的时候，我们两个人抓一个人，但是那个人的反应就不是平时我们抓人的反应，他不是要反抗和要跑的样子，而是那种想要我的命的感觉（20210721-LT）； 当时我们去查了一个车子，把那个车带回派出所，我对当事人进行询问的时候，刚开始当事人对话是很正常的，然后说着说着就感觉不对劲，我就看到他眼睛在充血了。我就觉得不对，当时因为我办公室没监控，我就留了一个心眼，我马上把他带到户籍室，因为户籍室有监控（20210726-GF）； 当时我比较蒙，一般正常人是不会无缘无故打人的，而且我也没有说过激的言语刺激他，当时的情况他不是酒喝多了，就是精神病患者（20210805-WP）； 我们当时听到的电话录音，一直在喊"杀人了、杀人了……"我就感觉是很重大的警情，也不可能不处置（20210805-WP）

（续表）

范畴化	初始概念	代表性语句
B16 经验素养	A25 警务经验	风险应对经验：经历生命危险、首次遇险、处置醉酒警情、抓捕持枪逃犯、遭遇抢劫、遭遇泥石流、办理命案、处置群体性事件、亲历血腥场景 实习生也不知道怎么办，站在原地呆若木鸡，他也没遇到过这样的事，我当时从警三年，也是第一次遇到这样的事（20210715-ZB）； 这么多年来，我也见过不少生死，通常就在一瞬间一个人就死了，人命就像纸一样薄（20210715-ZB）； 比如，抗震救灾、疫情防控都还好办，应对方法也是常态化的，反正领导怎么安排下命令，我们就按照命令去执行，也没有什么太困难的地方。但是，我从警生涯中犯过两次险，可以说都是有生命危险的（20210715-ZB）； 让我最纠结烦心的一个警情就是醉酒者闹事，我经历了几次，我遇到一个酗酒者已经对酒有依赖，他一喝酒就会喝醉，由于性格缺陷，喝醉后就会情绪失控，失控过后就要生事……然后我们把他抓来后，他一直不醒酒，没法让家属立刻赶来制止，我觉得这个过程是最难的时候，他本来就有自伤自残的倾向，再加上他身体强壮，需要三个人才能控制住他，这种警情难度大，风险也大（20210722-LSW）； 还有其他的杀人案，之前交警那边也在找我们帮忙，去处理肇事致人死亡的那种案子（20210728-ZJS）； 在工作上还是遇到过一些特别害怕的事情，比如，一些喝醉酒的人，拿起刀来砍警察，这些警情还是很吓人的（20210719-HYZ）； 第一年是在巴中公安局，当时也在派出所。我从事的是案侦工作，那边的案侦工作基本上没有什么危险。只有一次危险经历就是抓捕一名从山东回来的逃犯，我们通过线人了解到，他有自制手枪，那次抓捕过程算是比较危险的一次（20210722-WJ）； "8·17"洪灾，当时政府的领导和我们都在一起，我们14个人，被泥石流冲走了2个人。由于是晚上发生泥石流，当时我们是要跑上山躲避，我们是跑对了方向的，但是，有两个人凭感觉跑，跑错方向就被泥石流给淹了（20210722-YW）； 2009年当交警的时候，那时我在下基层，我办的第一个案子就是命案（20210727-LGL）； 当时我还在派出所，那边有个村是属于集中安置区，因为那边闹群体性事件比较凶，当时，我算是第一次处理大型的群体性事件，我觉得还是有点紧张（20210728-XZ）； 我还是从警第一次见见杀死两个人这么大的警情，我们到现场发现，那是一个村的楼房里，我们从一楼上到二楼，刚刚到拐角处就看见地上全是血，当时那个血腥场景对自己心理也是一种冲击（20210805-WP）
		警情用枪经历：警情射击、用枪卡壳 紧不紧张，其实人在那种情况就像是"打了鸡血"一样，包括昨天晚上我们几个兄弟聊天，他们问我当警察这么多年有没有开枪打过人？我说打过的（20210729-LH）； 我从警到现在，差不多已经开了10枪了（20210719-DCF）； 当时我们这边是去了7个人，7个人抓1个人。带了3把枪，其实，有时候抓这种人是不能开枪的。那天晚上12点，我把枪给拿出来了，可能是因为太紧张了，结果，开了两枪就卡壳了（20210727-LGL）

（续表）

范畴化	初始概念	代表性语句
B16 经验素养	A26 警务技能	工作能力：射击精准、缉捕能力过硬、审讯技巧、做实证据 警察的职业技能，我觉得应该分为几个层次：第一个就是我们的警务技能；第二个就是我们的法律素养（20210722-LSW）； 在处理急难险重的问题和面对困难的时候，警务技能必须要精湛，必须要熟练（20210722-LSW）； 有好多次需要开枪的警情，他们都是叫我去的，大家比较信任我的射击水平，可能是因为之前我去市里比武拿过两次冠军（20210802-YB）； 现在很多时候抓有点危险的嫌疑人，派出所和禁毒他们都是找我们特巡警过去帮忙，弄得每次都是我们打主力了（20210802-LC）； 这个博士颠覆了我的审讯认知，那时我才晓得不是所有嫌疑人用所谓的审讯技巧都管用，遇到那些高智商的嫌疑人，不是一般的审讯技巧就能解决的，更多还得靠坐实证据才行（20210802-YC）
B17 警队保护因子	A27 团队协作	团队配合：上下齐心协力、协同抓捕 团队力量是我们当时的底气，不管是在阿坝州工作，还是这边工作，如果上面领导不支持我，我肯定放不开手脚，底下的兄弟不帮我，我一个人也做不完，任何人都没有本事单独把所有事情做完（20210715YGJ）； 所里面组织了两车警察过来帮忙，才把现场控制住（20210722-LSW）； 他继续开车，他就用嘴巴咬我，那会儿人流量大，又是上下班高峰期，这边老百姓都在说打架了，打架了……前前后后5分钟的时间，邻组的人员一过来，就把枪顶在他头上，把他从驾驶室拉下来之后，我们才把他按住了（20210726-YBF）； 我们4个人上去，两个人把他手铐上进行抓捕，基本上没有什么危险性，他当时是把枪放在裤子包包里面的。抓捕他的时候，他想用手去摸枪，我们先上去两个人就把他的手控制住，当时我负责控制他的右手，后面所领导和另外一个同志赶紧跟进来控制他身体（20210722-WJ）
	A28 部门协同	多部门协同：心理危机干预、部门配合 我们有一个专门的危机干预预案，包括像地震、开枪、民警家庭出现变故等情况，我们会进行心理危机干预（20210804-LXF）； 特别是情报工作，现在办很多案子，都需要情报和网安支持，经常要找什么情报，都不是只靠网络和监控就行了（20210726-GF）； 当时我们把这个案子移交给了刑警大队，因为当时我们这边的一个主要犯罪嫌疑人长期住在德阳（市），然后，我们就和刑大的队员一起过去抓人（20210726-YBF）； 当时也没有想到怎么调节紧张情绪，因为警力有限，当时对面那么多人，之前已经有民警在处理这个事情时候与对面发生了冲突而且受伤，但是，当时我们的同事领导都在，也就有了底气（20210728-XZ）； 遇到需要做定位的警情，只有通过技侦，就很麻烦，要走程序，写报告，要找局领导签批了才行（20210805-WP）

（续表）

范畴化	初始概念	代表性语句
B17 警队保护因子	A29 领导支持	单位领导理解与支持：领导开导与肯定、领导鼓气、领导宽容、领导理解、领导支持 我们把相关的执法录像交上去，以及一起详细叙述了当时干警受伤的情况，政委说，他把这个录像全部都看了，叫我们放心，我们处理的方式没有问题，当时的情况应该这样处理（20210715-ZB）； 领导过来吼一声"放了！"大家听到了，很快就把现场控制下来。很大一部分的基层民警都是这样，领导在现场发号施令，现场民、辅警的底气就更足一点儿（20210715-LZB）； 领导没有追究刚才那个事情，因为我认错态度好。批评了我，让我下次注意认真点（20210719-WX）； 当时，局长和那边的人谈话，就说这是一个回形针，还比较好排出来，先看看能不能排出来，排不出来再商量如何处理这个事（20210719-HYZ）； 我们所里面还是很理解，后面也觉得没有什么，毕竟领导在上面顶着的，他也许会觉得那些人上去找他们闹，会要求我负责，其他也没什么感觉，做警察谁不受点委屈，受点小委屈不算什么（20210722-WJ）； 我们把情况给局里领导汇报了，因为涉嫌违法，局里就派警察过来抓了几个人，局里统一进行处理（20210722-YW）； 后面没办法，只有给局领导打电话，通过技侦帮忙，把这个女的找到了（20210805-WP）
B18 家庭保护因子	A30 家人理解与支持	家人支持：配偶支持、老人支持、陪别孩子、家人理解 我爱人还是很支持我的工作，我爱人就在七中上班，我们家还是算比较近（20210726-GF）； 孩子是丈母娘在帮我们带，我们这个工作，没有办法带娃娃，一般都是让丈母娘带得多一些，自己有时间还是要回去照顾一下家庭（20210722-WJ）； 干我们这行的，哪有不亏欠家人的，幸好家人都是很理解我们公安的，经常休息时被叫回去加班，老婆有时候就要抱怨一下，但是，她也说这是你的职责，该回去还是得回去（20210723-GQ）
B19 社区保护因子	A31 村社支持	社区理解和支持：群众信任、证人支持、村干部支持、村民支持 当时没有什么多余的想法，我还是能明显感觉到老百姓对警察有信心（20210721-LT）； 虽然是逻辑推理才怀疑他的，但是，当时也有目击证人给我们提供了线索（20210728-ZJS）； 我们通过政府以及村书记、村干部，发现他的一些行为，我们就要马上到位，目前为止，虽然他是公安机关所掌握的重点监控人员，但是，其实我们也不太清楚他的情况，都只能是村里给我们提供情报（20210726-YBF）； 等他情绪稳定过后，他旁边也有很多亲人，还有一些村民和他的熟人朋友之类的，通过这些人安抚他的情绪，等他情绪平和之后，我们就很快地把他的刀给夺过来了（20210719-HYZ）

（续表）

范畴化	初始概念	代表性语句
B20 情绪体验	A32 紧张害怕	负面情绪：怨气、害怕、烦躁、煎熬、烦恼、恐慌、焦急 我想我今天出警也没说错什么话，没做错什么事，比如，我们两个人正在说话，然后，另外有人突然出来把我打了，我肯定不服气啊（20210715-ZB）； 我当时没穿防弹服，也没有带枪，仅仅有的只是一个手铐和一个手电筒，我感觉要去逮捕毒贩，心里想一个人冲上去，但又不敢上去（20210722-LSW）； 说实话，遇到这些事情心里面还是很烦躁（20210726-GF）； 当时有个群众喝醉酒了，直接是拿起菜刀来砍我，当时那个菜刀还是有点吓人，我就很害怕那个菜刀砍在自己身上（20210719-HYZ）； 知道他有抑郁和自杀倾向，对我们来说是一种煎熬，但是，我们也得保护好他的人身安全，这就是一种担心（20210722-WJ）； 主要是事情太多了，不好处理，我现在基本上除了社区那部分的工作，其他所有工作都要做，令人烦恼郁闷的事情很多（20210722-WJ）； 当时很紧张，因为必须要抓现行，他刚拿起来我就把他抓了（20210729-NQQ）； 我们去现场的时候，手足无措，比较畏惧害怕（20210727-LGL）； 有一次在农村，有个老头喝农药自杀了，本来就散发着一股农药气味，他们就全部出去了，就我一个人对着他照相，一个人面对着尸体，心里面很紧张，有点恐慌（20210805-WP）； 贩毒可能身上带刀和枪，什么东西都有可能，我的精神确实就很紧张（20210805-WP）； 要等到他们出警的单位把情况了解清楚之后，给我们报了书面的内容，我们才能书面报给上级，如果时间超了，又有上面部门使劲催我们，确实让自己很烦躁（20210805-WP）； 这种没有办法，只有用技侦手段，这一晚上，我心里面就很焦急，根本就没有办法，一直在想这个事情，必须把这个事情处理好了，才能松一口气（20210805-WP）
B21 逆境感受	A33 负面感受	感受不佳：顿感不妙、自感无力、难以预料、透支精力、心凉、害怕感染病毒、担心击中嫌疑人、遗憾、后怕、没有办法、颠覆认知、茫然失措、当事人误解、备受折磨、精力不够、难以突破 我边往后退边警告他，但是他依然不为所动，我就猜测这个嫌疑人要么是脑袋有问题，要么就是喝了酒。因为正常人也不可能无缘无故地打我，我既没有跟他说话，也没有表现出敌意。当时，我就在想，怎么这么倒霉，又遇到这种事情（20210715-ZB）； 当时，我看到那个东西，是想着把它抢过来。然后，折腾半天，我好不容易才想方设法把螺丝刀给抢了。刚开始的时候还是有点那种无力感，除此之外，当时也没有别的感觉（20210721-LT）； 当你发现他的防卫动作开始变化时，你的心态才会随之发生变化，不是一开始就能先准备好的。这种人的防卫动作是发生变化的，我有点控制不住。我那个时候30岁左右，那东西是一直被我拿在手上，我们是把想把它往下按，明显是按不下去（20210721-LT）；

（续表）

范畴化	初始概念	代表性语句
B21 逆境感受	A33 负面感受	我觉得在看管情绪极度失控的人，安全责任比较大，耗费的时间比较长，一般工作精力都会透支（20210722-LSW）； 回来之后，我们很多人都同时感觉心凉了大半截（20210728-ZJS）； 特别慌张的就是在新冠疫情期间，处理一个非正常死亡的案子，我们当时也听说这个死者是从武汉那边过来的，当时我们也感觉心慌，我们就怕这个人是得了新冠死的（20210728-ZJS）； 当时我们把这个人质解救了，我们在前面还有个点，我们赶过去，我下车第一个事情就是去看车子上有没有人，我到处找，看到车上有个弹孔，当时的第一反应是紧张。说实话那是第一次对着人开枪，因为平时我们都是鸣枪，实际上对着人、车射击是相当少（20210729-LH）； 把他弄到值班室的椅子上，他又是哭又是闹，还到处碰撞，负责这种事情真的是最恼火的事情（20210729-LH）； 这个事情让我比较后怕，因为如果他在派出所死了或者伤了，这种情况都是没办法说清楚的（20210726-GF）； 这件事情已经压在我心里很多年了，我1998年参加工作之后的将近两年时间，要让我去破这个大案，肯定是不行，我唯一遗憾的就是这个（20210726-YBF）； 当时我们去勘查现场，看到了一摊大便，我们提取了DNA，恰好比中了一个犯罪嫌疑人，后面在北川把这个嫌疑人抓了，通过这个涉案人员，我们又问出来了14个人，我们派出所只有3个人，我当时都不知道该怎么处理了（20210726-YBF）； 当时也没有什么过多的想法，就是想把他抓回归案，因为如果不抓他，他会到处偷东西。当时就是这个心态，至少我抓住他就是完成目标任务，老百姓不会说我不对（20210726-YBF）； JY市大桥垮了的事，那个案子是我办的，当时我刚好走过那个桥，可能走了没十几分钟桥就垮了。那个案子没什么特别的，主要是通过职务犯罪，是桥梁设计方面出了问题。因为一般我问材料都是我问一句，他们就按照我问的跟着回答。但是，当时我问那个人，他跟我说了一个小时，我就安安静静地听他说了一个多小时，他是个博士，他给我说的不是案件上面的，是一些其他的事。当时，他给我的感觉就是他很骄傲，但是，不是那种有钱或者有人脉那种骄傲，而是一种知识上的骄傲，他说的每句话和每个东西都让我觉得不能反驳他。给我的感觉就是，当时的讯问技巧很难达到他那种高度，当然我现在也没有达到，他那种力量是知识带给他的，这是给我讯问上面带来很大冲击的事情。我原来讯问可能更多的是一种技巧性的和威慑性的，但是，他给我的感觉就是知识上的力量（20210802-YC）； 现在想起他拿刀砍警车的引擎盖，还是有点后怕。当时还是有点茫然失措的感觉，因为我从未遇到过这种情况（20210719-HYZ）； 当初还是有点后怕，幸好不是遇到那个站在门口就开砍的人，那样我都反应不过来（20210722-WJ）；

（续表）

范畴化	初始概念	代表性语句
B21 逆境感受	A33 负面感受	那些人不愿意，就来公安局闹事了，把我骂了一顿，问我怎么做的工作。我觉得我是在做实际工作，当时我心里也不是很舒服（20210722-WJ）； 这个老头出院了，我后面去做了劝解，工作也没有什么，只是当时那一瞬间心里很难受，我觉得本身就是为了尽量减轻他的经济负担，他家里面就很困难，也垫不起钱。结果，我这样做还不被他理解（20210722-WJ）； 我有一次处理一个案件，在过年的时候值班，他跑过来把我骂了一顿，我说："谁把你惹到了？"他说："屋里面的人把我惹到了。"弄得我哭笑不得（20210722-WJ）； 说实话，公安工作特别是办那些案子就很折磨人，还有这些纠纷也是真的太折磨人了（20210719-DCF）； 再这样弄下去，真的是不想干了，还要写心得体会，还要开会，6月初的时候，天天都在开会，上午一个会，下午一个会，晚上一个会，真的很麻烦（20210719-DCF）； 当时，我感觉是最惊险的，政府那个主任和我们在一起，就短短半分钟到一分钟的时间里，那个主任就没了，还有一个女职工也没了（20210722-YW）； 当警察也辛苦，主要就是做一般的事情，做那些基本的活，都比刑侦大队累很多。而且经常感觉我们的获得感、成就感和归属感太低了，现在有时招民警都招不齐（20210722-YW）； 当时处警的量大，从早上8∶30接班到晚上12∶30，没有一点休息时间，反复出警。当时都想着放弃了，因为这个职业真的是太累了，然后，投诉信也很多（20210727-LGL）； 我觉得我现在就处在人生比较艰难的阶段，因为我是20世纪80年代初的人，我现在正处于上有老，下有小的阶段。现在父母年龄比较大了，我又是独生子女，不过我们家里面条件也还算是不错的。我有两个孩子，现在他们处于幼儿园准备读小学。我现在从事的工作让我觉得精力和时间有点受牵扯，年轻的时候有很多机会可以去学习，但是，现在也找不到更多的突破口（20210728-XZ）
B22 应激反应	A34 经受刺激	遭受冲击：想保命、失眠、呕吐厌食、心跳加速、目睹死亡 当时，我的第一反应就是保命。因为作为人的第一反应肯定是想到要活着，这个说出来也不怕丢脸，因为这是人之常情（20210715-ZB）； 当时，我开了枪的第一个反应就是"糟了！"不要把人打死了（20210729-LH）； 老民警把整个流程弄完之后，就通知家属，通知殡仪馆把尸体运走，全部流程都在我面前完成之后，第一天晚上我就睡不着了（20210727-LGL）； 我勘查完现场，晚饭都没吃，看到现场就吐了，心理上的冲击确实很大（20210805-WP）； 出警比较多的话，是比较影响睡眠，比如晚上十一二点出警，一般都是出完警就睡不着，可能就在床上一直躺着，五六点钟才睡着，到八点又要起来上班了（20210805-WP）； 第一次接触的话，心理上肯定有点紧张，比如第一次遇见尸体，心跳都要加速（20210805-WP）； 当时，他说："你去把那个人给拖出来。"我们是6个民警，那个人最开始还没有断气，一直在那里呻吟，现场很惨烈。然后，我们也想办法救，当时就眼睁睁地看着他死了，心理上还是有点接受不了（20210727-LGL）

（二）主轴编码

主轴编码是指在开放编码结果的基础上，进一步分析各个范畴之间的隐藏联系，挖掘范畴间潜在的相互关系和逻辑次序，进一步归纳出主范畴[①]。主轴编码旨在开放式编码结果的基础上，挖掘各个范畴之间的隐藏联系，理清范畴间存在的逻辑关系，进而归纳出主范畴。经过再次检视开放式编码结果和仔细阅读原始资料，对22个初始范畴进行细致分析与比较。寻找初始范畴之间是否存在因果、语义、情境、相似、差异、类型、结构、功能、过程等关系[②]，将具有聚合价值的初始范畴进行聚类，整合成为主范畴。最终形成认知、自我调适、风险应对、性格习惯、警务素质、外部保护因素和情绪反应7个主范畴，主范畴及对应范畴的内涵如表2-4所示。

表2-4　警察抗逆力结构主轴编码

主范畴	初始范畴	范畴内涵
C1 认知	B1 风险认知	个体对客观风险因素的类型和特性等的主观感受与直观判断
	B2 职业认知	个体对职业本身的价值意义和素养要求等的认识、理解和评价
	B3 自我认知	个体对自身的价值感受、感知体验和自我效能等的认识和评价
	B4 归因	个体对事件或行为结果的引发因素做出归纳和解释的过程
C2 自我调适	B5 换位思考	个体通过他人的角度，推己及人地为他人着想和解释他人行为
	B6 自我平衡	不过多在乎得失与成败，随缘而定，做到拿得起放得下
	B7 自我安慰	个体通过弱化消极情绪的严重性和对自身的影响，降低对自身与外界期望，以此改善情绪
	B8 兴趣爱好	个体对特定行为与事物，形成具有偏向性的态度和喜欢的念头

[①] 韦斯林，王巧丽，贾远娥，等. 教师学科教学能力模型的建构——基于扎根理论的10位特级教师的深度访谈[J]. 教师教育研究，2017，29（4）：84-91.

[②] OSBORNE, RADNOR, STROKOSCH. Co-Production and the Co-Creation of Value in Public Services: A suitable case for treatment?[J]. *Public Management Review*，2016，18（5）：639-653.

（续表）

主范畴	初始范畴	范畴内涵
C3 风险应对	B9 风险沟通	为了更好地理解风险，以便进行依据充分的决策，利益相关方互相交流风险情报信息的过程
	B10 风险评估	采取专业工具与实用经验，对风险的可能性、严重性、可控性等进行测评的过程
	B11 规则遵循	决策和执行过程中，遵循规则的倾向，使行为情境与法律规则相符合的过程
	B12 行为抉择	在特定认知指导和目标引导下，对客观事物、价值观念、应对方案等进行判断和选择的活动
C4 性格习惯	B13 性格	个体基于现实的态度和相应的行为方式，形成比较稳定的心理特征
	B14 经验习惯	个体倾向于自觉积累和总结经验的程度，是一种能够自发重复行为的内在机制
C5 警务素质良好	B15 风险感知力	个体根据自己的感观、知识、经验，察觉风险信息，对风险做出准确判断的能力
	B16 警务经验技能	通过警务实践和执行警务活动，所具备的经验、方法、技术和能力
C6 外部保护因素	B17 警队保护因子	对个体进行风险应对形成积极影响的警队因素，可与风险因素相互作用，以降低或消除消极影响
	B18 家庭保护因子情感关怀	对个体进行风险应对形成积极影响的家庭因素，可与风险因素相互作用，以降低或消除消极影响
	B19 社区保护因子	对个体进行风险应对形成积极影响的社区因素，可与风险因素相互作用，以降低或消除消极影响
C7 情绪反应	A20 情绪体验	个体对自身情绪的认识、反应、表达的过程
	A21 风险逆境感受	个体遭遇挫折、危险、逆境等风险因素冲击后产生的心理活动
	A22 应激反应	个体面对突发或不可控情境时，经认知作用后即时作出的一系列生理和行为反应

（三）选择性编码

选择性编码是指选择核心范畴，将其系统地和其他范畴建立联系，验证其相互间关系，把尚未发展完备的范畴补充完整，并以"故事线"的形式将支离破碎的概念重新聚拢在一起的过程①。其实质便是一个更加聚焦的编码过程，旨在筛选一个或多个核心范畴，以此整合其他概念范畴，最终形成理论框架。围绕警察抗逆力结构这个核心问题的"故事线"为：遭受职业风险冲击后，心态失衡的警察需要客观认识处境，整合内外部优势资源，调整适应逆境以便恢复心态平衡，有效应对职业风险，逆境适应状态与风险应对效果会相互影响。聚焦警察抗逆力结构因子及其作用关系，反复分析 7 个主范畴及其所属概念范畴，找出在原始资料中反复出现且比较稳定的主范畴，在此范围中筛出具有较强概括性与关联度的主范畴，将其作为核心范畴，最终筛选出风险应对、认知和自我调适 3 个核心范畴。再次分析原始资料，反复梳理核心范畴之间、核心范畴与其他主范畴呈现的逻辑关系（见表 2-5）。

表 2-5　警察抗逆力结构选择性编码路径关系

范畴路径	结构关系	关系路径的内涵
风险应对→抗逆力	因果关系	风险应对行为直接影响警察抗逆力重构的过程和结果
（认知—自我调适）→抗逆力	因果关系	认知和自我调节相互作用的结果直接影响警察抗逆力重构的过程和结果
认知←→自我调适	因果关系	认知与自我调节相互影响，最终会形成自悯状态
（认知—自我调适）←→风险应对	因果关系	认知和自我调节形成的自悯状态，同风险应对的履职状态相互影响
性格习惯→（认知—自我调适）	调节关系	性格习惯会影响认知和自我调适，进而形成不同的自悯状态
情绪反应→（认知—自我调适）	干扰关系	多为消极状态的情绪反应会干扰认知和自我调适，将导致不同的负向自悯状态
警务素质良好→（认知—自我调适）	支持关系	良好的警务素质会利于认知和自我调适，进而形成不同的自悯状态

① FRANCIS J J, JOHNSTON M, ROBERTSON C, et al. What is an adequate sample size? Operationalising data saturation for theory-based interview studies. [J]. *Psychology & Health*, 2010, 25（10）：1229-1245.

（续表）

范畴路径	结构关系	关系路径的内涵
外部保护因素→（认知—自我调适）	支持关系	外部保护因素会改善认知和自我调适，进而形成不同的自悯状态
警务素养良好→风险应对	支持关系	良好的警务素质有利于个体应对风险
外部保护因素→风险应对	支持关系	外部保护因素支持或帮助个体应对风险，以利于其摆脱困境

（四）理论饱和度检验

两轮编码前后相距 4 个月且均为独立编码，在第一轮编码第 16 份原始资料和第二轮编码第 15 份原始资料之后，便未发现新主题、新范畴和新关系。通常，当原始资料不能再提供新的范畴和关系时，则表示研究所得到的理论达到饱和 [①]。据此，判定两次编码均达到了理论饱和。

第二节 模型建构与机理阐释

一、警察抗逆力结构模型建构

根据核心范畴之间及核心范畴与其他主范畴之间的关系，建构出警察抗逆力的结构模型，如图 2-1 所示。风险应对、认知和自我调适作为警察抗逆力的直接影响因素，具有因果关系，认知与自我调适交互作用共同影响风险应对，进而共同构成抗逆力。其中，风险应对主要包括风险沟通、

---

① 郭玉霞，刘世闵，王为国，等.质性研究资料分析：Nvivo8 活用宝典 [M].中国台北：高等教育文化事业有限公司，2009：231-232.

风险评估、规则遵守和行为抉择等因素，认知主要体现在风险认知、职业认知、自我认知、归因等方面，自我调适主要包括换位思考、得失随缘、自我安慰、兴趣爱好等方式。性格习惯、警务素质良好、情绪反应和外部保护因素主要通过认知与自我调适的中介关系，间接影响警察抗逆力；另外，警务素质良好和外部保护因素也会通过风险应对的中介关系，间接影响警察抗逆力。

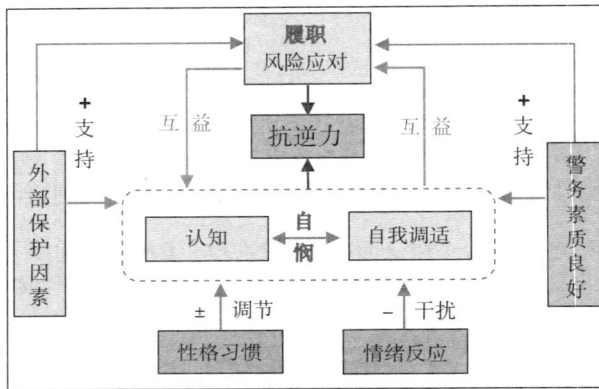

图 2-1　警察抗逆力结构模型

二、警察抗逆力结构模型机理阐释

警察抗逆力主要由具有直接影响的决定性结构因子和具有间接影响的限制性结构因子构成，决定性结构因子之间存在特质自悯与行为履职两条关系路径，限制性结构因子主要包括特质型关系路径和行为型关系路径，警务素质良好和外部保护因素同时作用于特质型关系路径和行为型关系路径。

（一）决定性结构因子：交互助益

决定性结构因子主要包括认知、自我调适和风险应对，认知与自我调适共同形塑警察抗逆力的特质型关系路径，风险应对塑造了警察抗逆力的行为型关系路径，两条关系路径存在交互助益现象。

认知与自我调适交互作用实现特质自悯。"风险认知准确、职业认知尊崇、自我认知客观、归因综合"与"惯于换位思考、安于得失随缘、善于自我安慰、乐于兴趣爱好"交互影响，促进警察遭受风险冲击后，从心境紊乱的失衡状态调整至有序的平衡状态，即认知与自我调适交互助益实现自悯。自悯是指个体在面对失败、不足或遭受苦难时，自己向自己表达同情或怜悯的能力；从作用机制看，自悯还可能通过调节个体压力反应的生理指标来维持自身内稳态，促进适应[1]。自悯允许个体将自身与他人的经验联系起来，明白自己所认知的不幸或遭遇是全人类共有的体验，因而个体不仅不会苛责自己，反而更勇于承认自己的错误与缺陷，进而修正自己至适应不良的行为模式并接受新的挑战[2]。自悯能促进警察调节压力反应以维持身心平衡，使心境失衡的警察恢复心境平衡，促进警察良性适应逆境。自悯对周围的环境非常敏感，在和环境的交互中比较容易改变，当人们对生活中的难题感到无力应对时，提高自悯能有效提升人们适应环境的水平[3]，即通过认知与自我调适的均衡作用促进警察角色和谐，可缓解职业风险的

① 金国敏，刘啸莳，李丹. 何不宽以待己？自悯的作用机制及干预 [J]. 心理科学进展，2020，28（5）：824-832.

② NEFF K D. The Role of Self-Compassion in Development: A Healthier Way to Relate to Oneself[J]. *Human Development*. 2009，52（4）：211-214.

③ 张耀华，刘聪慧，董研. 自我观的新形式：有关自悯的研究论述 [J]. 心理科学进展，2010，18（12）：1872-1881.

冲击，促进警察接受与适应逆境。角色内在和谐就是通过角色的自我认知与自我调适等角色道德实践，达到角色主体从身体到心理，从个体角色到家庭角色再到社会角色的整体和谐①。

由于具有暴力倾向的精神病人极具危险性，这类精神病人打人闹事是让警察最忌惮与烦心的警情之一。诚如 WJ 所言："他人不坏，他只想伤害自己，不想伤害我们。虽然他可能自残的行为让我们感到担惊受怕。但是，想到如果他是我的家人，我会怎么办，加之我是警察，有警察的责任感，想对他的安全负责，只能多花点儿精力防止他出事（20210716-WJ）。"WJ 判定该精神病人对他人人身安全风险低，对自身安全风险高，细心守护便可控风险；WJ 对自身警察身份认知客观，对防止该精神病人自残具有职责感。尽管守护工作令其情绪体验不佳，但其能通过换位思考与自我安慰让自己心境恢复平衡。

特质自悯与行为履职交互助益。认知与自我调适在达成自悯的过程中，二者与风险应对存在交互助益效应。自悯作为一种特质，能对个体的心理和行为产生影响②。自悯可以防止产生过度消极的认知、情绪和行为，降低个体极度消极糟糕的感受，在一定程度上缓解个体感受到的重压③。警察在趋向自悯的过程中释压后，有利于其积极应对风险；同时，当警察付诸积极风险应对行为后，会缓解风险冲击造成的负面影响而趋于自悯；最终，认知与自我调适达成自悯而适应逆境；与此同时，有效应对风险并实现履

① 张振鹏. 角色伦理调控功能论析 [J]. 道德与文明，2012（4）：122-125.
② 张耀华，刘聪慧，董研. 自我观的新形式：有关自悯的研究论述 [J]. 心理科学进展，2010，18（12）：1872-1881.
③ 葛静静，郑涌，蒋光玉，等. 正念对时间洞察力的影响：自悯与时间压力的链式中介作用 [J]. 西南大学学报（自然科学版），2019，41（12）：93-100.

职尽责目标。特质自悯与行为履职交互助益的过程与结果，实为"认知重建的过程中将'行为'的自我调适加入其中，以实现知行合一①"的过程与结果。自悯与履职交互助益关系路径通常为：第一步，"风险类型认知、风险特性认知"同"风险沟通、风险评估"交互影响，警察根据自身风险认知，结合获取的风险信息，促其准确判断风险因素；第二步，自我调适同"职业认知、自我认知"交互影响，便于警察平息紊乱的心绪；第三步，"规则遵循、行为抉择"同"职业认知、自我认知"交互影响，根据风险判断情况，遵循法律法规等要求，理性选择"接受风险、规避风险、消除风险"等举措履职尽责；第四步，认知与自我调适交互影响，主要通过归因总结风险应对过程和效果，更新风险认知、职业认知和自我认知，促进失衡的心理趋于新的平衡状态。

在 ZB 夜晚处置精神病人袭警涉险事件后，连续遭遇风险冲击。ZB 与同事在处置过程中，遭遇精神病人突然袭警，被迫开枪击中其腿部后，精神病人的哥哥多次到公安局纠缠并讨要赔偿，ZB 多次重申："我们警告了几次，开始口头警告，然后鸣枪警告，第 3 次才对你弟弟的下肢开枪。"但是对方依旧不依不饶，让 ZB 不胜其烦。"他缠着我们索要赔偿，我说如果公安有错，我们会赔偿，你觉得我们处理失当，可以到检察院，到纪委去举报我们，结果他真去举报了（20210715-ZB）。"为此，检察院等多个单位成立了联合办案组，专门审查 ZB 和同事开枪的处置情况是否符合法定程序。"那天我把执法录像交上去后，一整晚都没睡，就一直查资料翻文件，包括《中华人民共和国人民武装警察法》和《中华人民共和国人民警察使用警械

---

① 彭彦琴，沈建丹. 自悯与佛教慈悲观的自我构念差异 [J]. 心理科学进展，2012，20（9）：1479-1486.

和武器条例》。之后反复被叫去做笔录,过程十分烦琐。ZJ 躺在病床上也问我会不会遭处理,我给他说应该没什么问题,是我叫你开枪的,就算有问题也是我来负责。后来,我把详细情况告诉政委,政委说他看了全部录像,我们的处理没有问题,叫我们放心。听到政委这么说,我想即使有错,问题也不会太严重。最终办案组认定我们开枪是正当的,幸好我们处置合法,不然就要受伤和受处分了(20210715-ZB)。"纵观此次事件始末,ZB 根据以前处置精神病人打人警情的经验,在接警后向当事人哥哥询问情况进行风险沟通时,当事人哥哥隐瞒其弟具有人身攻击性,致 ZB 等人低估该精神病人的人身安全风险,遭袭击后被迫开枪击中其腿部才消除危险,让 ZB 深刻认识到处警中的人身安全风险。其后的风险应对过程可以分为以下两个阶段。在第一阶段中,源于其执法风险认知与对自身执法自信,依法告知当事人哥哥可通过举报维权,以此消除了纠缠与烦恼,恢复了自身心境平衡。在第二个阶段中,办案组反复调查让其身涉执法风险,使其从自信"我们处理得没问题"疑惑为"应该没什么问题",通过整夜查资料和咨询政委进行风险沟通,评估此次"开枪没有问题",积极配合调查消除执法风险;ZB 将依法平息"渎职风波",归因于自己和办案组执法公正,最终完全恢复心境平衡并坚信"秉公执法方为正道"。

(二)限制性结构因子:护扰调节

1. 特质关系路径

特质关系路径主要是性格习惯、情绪反应、警务素质良好、外部保护因素通过自悯(认知和自我调适)的中介关系,间接影响抗逆力。性格习惯主要包括性格、经验总结和习惯养成,当警察性格为积极乐观和自信理智、善于经验总结、习惯养成良好，则会对认知与自我调适产生正向调节关系，反之则为负向调节关系。性格习惯等个体特质良好对自我认知、自我体验、自我调适等具有重要作用，也有利于减缓个体焦虑、自卑、烦闷等负面情绪[①]。自信的个体更不容易受外界信息的影响，其可以对获得风险信息后改变原有风险认识产生重要影响[②]。良好的性格习惯会促使警察进行正向认知与自我调适，尽力维持心态平衡。恰如普通员工面对风险会慌乱失措，而核心员工在风险应对过程中更加自信、稳重，能够保持沉稳心态和理性态度制定风险应对策略，进而有效规避风险[③]。

警察遭受风险冲击后的情绪反应多在情绪体验、逆境感受、应激反应等方面表现不佳，甚至会形成负性情绪反应，通常会对认知与自我调适产生负向干扰影响。情绪反应以一种适应性方式调动个体对利害评估的应对，尽可能趋利避害[④]。自悯与正性情绪呈正相关，与负性情绪呈负相关[⑤]。负性情绪能够整合于认知控制过程[⑥]，换言之，负性情绪影响冲突适应过程可能是普遍现象，在不同类型的冲突任务中都存在[⑦]。尽管负性情绪反应会掣肘

① 罗仲尤，邹德萍.论思想政治教育的公共属性 [J].思想教育研究，2017（9）：13-17.

② 张湖波，刘铁忠，张湖源，等.冲突信息条件下的风险沟通建模与仿真 [J].管理学报，2019，16（7）：1054-1062.

③ 陈永强.核心下属关键时刻"掉链子"的风险及预防策略 [J].领导科学，2020（21）：102-104.

④ SMITH C，LAZARUS R S. Appraisal components，core relational themes，and the emotions[J]. *Cognition and Emotion*，1993，7（3）：233-269.

⑤ NEFF K D，KIRKPATRICK K L，RUDE S S. Self-compassion and adaptive psychological functioning[J]. *Journal of Research in Personality*，2007，41（1）：139–154.

⑥ DREISBACH G，REINDL A L，FISCHER R. Conflict and disfluency as aversive signals：context-specific processing adjustments are modulated by affective location associations. [J]. *Psychological Research*，2018，82（2）：324-336.

⑦ 马建苓，刘畅，符明秋.情绪影响冲突加工的认知神经机制 [J].心理科学进展，2017，25（1）：49-58.

警察逆境适应，但是适度的负性情绪反应也许会促进警察逆境适应。因为已有研究为负性情绪促进冲突适应提供了初步的实证证据①。

在特质关系路径中，外部保护因素主要来自警队和亲友，表现为警队和亲友在警察所处逆境给予情感上、方法上、物质上等方面的支持，故而外部保护因素同认知与自我调适主要呈现支持关系。警队保护因子主要来自领导支持、部门协同和团队协作，警察身处职业风险情境时，获得警队支持对其心境平衡影响颇大。"组织支持"和"支持利用"更有助于保持良好的心境，维护日常心理健康，"主观支持"则更有助于在压力状态下的心理保健②。此外，来自亲友的理解与帮助也影响其逆境适应力。来自朋友和家庭的社会支持程度越高，适应新环境的困难就越少③。

警务素质良好主要体现为感知力强、经验丰富和技能过硬，会改善警察风险认知与自我认知，提振风险应对自信，促进自我调适至心境平衡，因而警务素质良好同认知与自我调适通常呈现支持关系。警察在遭受风险冲击而经历痛苦或挫败时，把自己的经验作为更大的人类经验的一部分进行感知，对痛苦的思想和感觉保持平衡的正念觉察④，加之，自悯作为一种个体的特质，不可避免会受到个体经验的影响，小到早期的成长经历，大

① 杨倩.负性情绪在冲突适应中的作用机制：分离与整合视角 [J].心理科学进展，2022，30（8）：1844-1855.

② 张建卫，刘玉新.高层管理者的工作压力、社会支持与心理健康的关系 [J].经济管理，2005（13）：61-65.

③ BARONE C，AGUIRRE-DEANDREIS A I，TRICKETT E J. Means-ends problem-solving skills, life stress, and social support as mediators of adjustment in the normative transition to high school[J]. *American Journal of Community Psychology*，1991，19（2）：207-225.

④ KRISTIN D N. Self-compassion：An alternative conceptualization of a healthy attitude toward oneself [J]. *Self and Identity*，2003，2（2）：85-101.

到所处的社会文化系统①。再者，警察适应逆境过程的"本质是组织对变化环境的适应过程，组织学习能力影响着组织对环境的适应性②。"从自身角度而言，归根结底，警察的逆境适应性主要受制于自身的感知力、经验和技能。

2020 年"新冠"肺炎疫情引起公众恐慌时，ZJS 在解剖非正常死亡的尸体的过程中，担心感染病毒而产生的情绪体验为特别心慌，其后综合自身解剖技能经验、防护措施、团队协作进行自我调适，理性对待尸体的传染风险。正如 ZJS 所说："当时听说这个死者是从武汉那边送来的，我们特别心慌。以为他是回武汉后去世的，害怕他是感染了病毒死的。所以解剖尸体的时候，都担心被传染。一开始都小心翼翼的，解剖特别慢，后来又想到这么多年解剖了好多类似的尸体都没事，而且相信自己的水平。我们相互配合与彼此提醒，加上穿了防护服和戴了双层手套，慢慢地觉得小心点就没事了（20210715-ZJS）。"

2. 行为关系路径

行为关系路径主要是警务素质良好、外部保护因素通过风险应对行为的中介作用，间接影响抗逆力，二者与风险应对呈现支持关系。警务素质良好主要包括风险感知力强、处警经验丰富和警务技能过硬，当警察及早察觉紧急危险类风险因素时，会凭借丰富的风险应对经验和优秀的警务技能，即时做出积极风险应对行为，有效遏制风险恶化，故而警务素质良好

---

① 张耀华，刘聪慧，董研. 自我观的新形式：有关自悯的研究论述 [J]. 心理科学进展，2010，18（12）：1872-1881.

② 李勖，汪应洛，孙林岩. 组织的环境适应性及生存战略——基于知识供应链的分析 [J]. 南开管理评论，2003（4）：61-65.

与风险应对呈现支持关系。犹如个体风险感知影响其应对行为[①]，当警察察觉风险后，会"本能"整合自身优势——警务经验与技能，快速抉择积极风险应对方式。具言之，社会支持、自我灵活性、责任心、任务经历是影响应对方式的正性因素；其中，支持利用度、经验和谐度、自信心程度、逃生知识掌握程度对不同应对行为的影响比较普遍[②]。

外部保护因素主要来自警队保护因子和社区保护因子。警队保护因子影响风险应对的主要路径为：警察遭遇急难险重警情类风险因素冲击后，通常会立即寻求警队支援，警队保护因子的团队协作、部门协调、领导理解与支持等因子，会直接介入风险应对过程中，帮助其准确研判、及时规避、有效化解风险，为此，外部保护因素与风险应对具有支持关系。通常而言，个人应对压力的方式不仅取决于其自身能力，而且与能否获得外界帮助和支持息息相关[③]。换言之，组织支持使得员工有更多组织资源应对工作中的挑战，正向调节挑战性压力源与工作绩效的关系[④]。在风险应对关键时刻，团队协作和部门协同至关重要，通常获得这些支持离不开警队领导的支持。领导的支持行为能为员工提供情感、动机和资源从而帮助他们更好地应对

① 王欣，肖春曲，朱虹. 新型冠状病毒肺炎疫情期间民众恐慌情绪对其应对方式的影响 [J]. 中国健康心理学杂志，2021，29（10）：1445-1449.
② 卞永桥，熊鸿燕，许汝福，等. 突发事件特勤应急部队人群的应对方式及其影响因素研究 [J]. 中国循证医学杂志，2009，9（7）：748-753.
③ CULBER TSON S S, HUFFMAN A H, ANDERSON R A.Leader-member exchange and work-family interactions: the mediating role of self-reported challenge-and hindrance-related stress[J].*The Journal of Psychology*，2010，144（1）：15-36.
④ WALLACE J C, EDWARDS B D, ARNOLD T, et al. Work stressors, role-based performance, and the moderating influence of organizational support[J]. *Journal of Applied Psychology*，2009，94（1）：254-262.

压力源[1]。

　　社区保护因子主要表现为村社干部等为警察提供情报信息（案件线索）和处置帮助等形式。依靠群众，走群众路线，这是抵御和消除风险的社会基础[2]。个体网络互动及其获得的关于信息、情感、友伴等维度的网络社会支持感知，影响了现实生活中应对困境和压力的能力和行为，网络互动、网络社会支持均正向影响个体抗逆力水平[3]。形成策略应对压力：寻求领导支持、获取家人理解、请求同事帮助、自我情感调节、采取直接行动、依靠政策法规、运用技术技巧等，可以尝试的策略方案[4]。个体网络互动及其获得的关于信息、情感、友伴等维度的网络社会支持感知，影响了现实生活中应对困境和压力的能力和行为[5]。

　　WP曾经在刑警大队工作时，尽管曾经抓捕过砍人的犯罪嫌疑人，但是当他被叫去增援禁毒大队抓捕毒贩时，依然害怕毒贩身上带有枪支之类的杀伤性武器，最担心毒贩会拼命反抗和引爆身上的炸弹。于是，当时制订的抓捕计划要求民警必须先控制住毒贩的手，否则危险性会大增。然而，在WP第一次抓捕毒贩的过程中便遭遇毒贩强烈反抗，正是在团队配合下

① LEPINE M A，ZHANG Y，CRAWFORD E R，et al. Turning their pain to gain：charismatic leader influence on follower stress appraisal and job performance[J]. *Academy of Management Journal*，2016，59（3）：1036-1059.

② 邓学义. 邓小平的改革风险观[J]. 湖湘论坛，1997（4）：12-13.

③ 刘冬."互联网＋"时代网络互动对大学生抗逆力的影响：网络支持的中介作用[J]. 黑龙江高教研究，2017（12）：96-99.

④ 田国秀，李冬卉. 教师抗逆力研究的三个模型：比较与借鉴[J]. 比较教育研究，2017，39（8）：78-85.

⑤ 刘冬."互联网＋"时代网络互动对大学生抗逆力的影响：网络支持的中介作用[J]. 黑龙江高教研究，2017（12）：96-99.

才安全抓住毒贩并消除危险。"到了现场看到他身上背了个包，不清楚里面装的是什么，瞬间感到紧张了。当时刘队多次提醒注意他包里可能有危险物品，抓捕动作要小点，千万要先控制住他的手。我们冲上去拿枪顶着他的时候，他依旧拼命挣扎，当时我想可能会遭到危险，幸好刘队一下子扣住他的手，我们就赶紧把他铐住了（20210715-WP）。"

三、结论与实践启示

（一）结论

以 AN 县公安局执法一线科所队负责人和普通警察为访谈对象，遵循扎根理论的质性研究法则，采用关键事件访谈法，搜集警察风险应对与逆境适应的原始资料，借助 NVivo12Plus 对原始资料依次进行程序化三级编码，对职业风险情境下的警察抗逆力进行扎根分析，主要得出以下研究结论。

一是厘定了警察抗逆力的结构模型。警察抗逆力结构是通过特质关系路径和行为关系路径，联结决定性结构因子和限制性结构因子构成，其中，决定性结构因子包括风险应对、认知、自我调适，限制性结构因子包括性格习惯、情绪反应、警务素质良好、外部保护因素。一则决定性结构因子交互助益共同决定抗逆力水平。认知与自我调适交互实为适应逆境的特质自悯过程，风险应对实属行为履职过程，特质自悯与行为履职呈现交互助益效应，警察的抗逆力即是特质自悯与行为履职交互助益的过程和结果。

这同主张认知与行为互相作用的认知行为理论[①]有一定的相似性，认知行为理论强调认知在行为问题中的作用，注重采用认知矫正技术改善不良认知与行为，显而易见，抗逆力理论与认知行为理论存在一定关联；认知行为理论强调认知对不良情绪与问题行为的矫正作用，加之，近年已有应用认知行为理论培养抗逆力的实践[②]，显然，认知行为理论为优化抗逆力结构因子提供了实践路向。二则依托特质关系路径和行为关系路径，限制性结构因子通过决定性结构因子间接影响抗逆力水平；与此同时，决定性结构因子也会影响限制性结构因子。身处职业风险情境中的警察恢复平衡心境后，其负向情绪便会因自悯与有效应对风险而消解。与此同理，自悯与风险应对对性格习惯、警务素质良好、外部保护因素具有优化作用。

二是作为行为属性的风险应对是警察抗逆力结构因子，符合抗逆力过程论的观点，也同前文文献概述中沈之菲、许书萍和张梦竹、时勘分别将"问题解决""行为""理性应对"作为抗逆力结构因子的观点一致。外部保护因素同决定性结构因子之间的关系路径符合关系论观点，这更新了抗逆力结构因子囿于特质论和结果论的"静态"观，这为抗逆力过程论和关系论进行量化研究提供了概念化操作路向。于此，笔者认为，抗逆力是指身处逆境的个体，统筹优势资源适应逆境与应对风险，达成心境平衡的过程和结果。为此，警察抗逆力是集个体特质、积极行为、支持性关系于一体的。

三是抗逆力在风险应对过程中呈现波动起伏状态，主要体现在两个方

---

① 郑建君.青年群体政策参与认知、态度与行为关系研究 [J].青年研究，2014（6）：20-28.

② 叶明明，张薇，周兰妹.家庭抗逆力实践干预项目的研究进展及启示 [J].护理学杂志，2020，35（18）：110-113.

面：一方面是从单次抗逆力重构角度看，个体遭受风险冲击，经情绪反应和性格习惯的负向作用，心境失衡致其抗逆力下跌，当支持性结构因子介入，使其心境达成新平衡的过程中，其抗逆力水平便逐步上升；另一方面是从警察职业生涯周期观之，通常新任警察在首次应对重大逆境时，其风险应对效果不佳，伴随其警务素养更佳和经验增多，其风险应对效果更佳，抗逆力呈现逐渐上升趋势。

（二）实践启示

在风险社会中，诸如新型冠状病毒感染疫情等非常规突发事件高发，警察职业风险类型多样，对警察的冲击往往防不胜防。遭遇职业风险冲击后，警察形成负向情绪反应和不佳性格习惯，也是人之常情，尤其对于职业精神尚未筑牢、风险应对经历较少、负向情绪管理能力与警务素质偏弱的新任警察极易侵蚀其他结构因子形成互蚀效应。当前警察教育训练项目，多侧重于提升警察各类技能等硬实力，少有针对改善抗逆力等软实力的项目。

为此，要促进警察高效应对风险挑战与身心健康，应探索实践优化警察心理健康的韧性培育项目，据此，发挥抗逆力结构因子交互助益效应、加强警队联结程度与提升风险应对能力。

1. 发挥交互助益效应

充分发挥自悯与风险应对的交互助益效应，促进结构因子形成良性循环状态；谨防负向认知与自我调适，避免付诸消极风险应对方式，防止陷入交互侵蚀效应。重点疏通结构因子之间的行为履职关系路径和特质自悯关系路径；着重防止情绪反应长时间处于负性消极状态，这种持续性负性情绪反应会给个体的生理、心理和行为带来消极影响[1]。为规避负性情绪反应侵蚀其他结构因子，要让个体更快地调动必要的心理资源去减少情绪反应的消极影响，提高个体的情绪调节能力[2]；提升自我情绪管理能力，以此减少负性情绪反应对警察自悯的影响。将压力事件下行为主体消极情绪反应和自我情绪管理[3]，引入结构因子交互助益的良性循环中。

2. 探索韧性培育项目

依托"全警实战大练兵"等战训模式，探索实施警察韧性培育项目，提高警察的抗逆力，促其"习得性"积极风险应对方式。可借鉴军人综合健康计划[4]，大力支持旨在改善组织能力的韧性计划[5]。可在传统的心理危机干预和健康服务项目中，融入主动预防抗逆力培育项目，推进实施警察职业健康计划，打造优化抗逆力结构因子及其关系的警察韧性培育项目。从建立和完善警察职业健康的制度设置、加强职业安全评估、完善职业健康管理模式、建立警察职业健康支持体系等方面，增进警察职业健康[6]。因此，可从抗逆力测试、抗逆力培育手册、培养训练课程、职业健康保障等方面，

① 钱铭怡，王慈欣，刘兴华. 社交焦虑个体对于不同威胁信息的注意偏向 [J]. 心理科学，2006（6）：1296-1299.

② TEPER R，SEGAL Z V，INZLICHT M. Inside the mindful mind：how mindfulness enhances emotion regulation through improvements in executive control ［J］. *Current Directions in Psychological Science*，2013，22（6）：449-454.

③ 李家俊，李晏墅，秦伟平，等. 团队结构约束对员工创造力的影响：基于情绪理论视角 [J]. 江苏社会科学，2017（1）：46-52.

④ 王芙蓉，陈林. 美国陆军心理韧性培育——军人综合健康计划研究综述 [J]. 中国临床心理学杂志，2014，22（3）：568-570.

⑤ IAN H，JONATHAN I，JONATHAN S. Keeping the Peelian Spirit：Resilience and Spirituality in Policing[J]. *The Police Journal*，2014，87（3）：154-166.

⑥ 王殿玺. 工作满意度、生活幸福感与警察职业健康——基于有序多分类 Logistic 回归模型 [J]. 调研世界，2019（2）：43-48.

塑造警察韧性培育项目。

3. 加强警队联结程度

重点从筑牢警察职业精神、优化警队结构形态、提升情报沟通效能等途径加强警队联结程度，以此提升警察之间及警队间团结协作效能。首先，可通过警察仪式教育等方式筑牢警察职业精神。可依托政治、使命、战斗力、纪律作风、身体等锻造形式，锻造具有强烈职业价值追求和职业道德责任的警察职业精神[①]。另外，要借助打造精干高效的处警单元和健全警察协同支援机制等途径，优化警队结构形态，提升应急警情处置与警力支援效能。情报沟通是一个环环相扣的过程，要厘清情报沟通在"准备""传递""调整"与"反馈"各项环节所面临的挑战，有针对性地优化沟通路径，使原始数据或信息在沟通中转化为真正有用的情报[②]。因此，应采取拓宽警务情报沟通渠道、精进警务情报沟通环节、创新警务情报沟通方式等举措，全过程为一线处警单元提供强力的情报支撑。

4. 提升风险应对能力

根据警察风险应对经历，针对性提升新任警察风险应对能力。处警时警察务须及时洞悉潜在风险，诸如，执法对象可能要伤害警察，处警的环境可能对警察造成危险，警察必须对可能面对的危险做出风险评估。风险评估不是一个漫长的过程，通常有实战经验的警察可以在极短暂的时间内

---

① 赵颖.仪式锻造警察职业精神的可能与维度 [J].中国人民公安大学学报（社会科学版），2017，33（2）：103-109.

② 连婉延，张力伟，赵吉.情报沟通研究进展及其对风险决策的启示 [J].情报杂志，2021，40（6）：52-58.

完成分析评估①。缺乏实战经验的年轻警察，尤其新任警察的风险感知、风险评估、行为抉择能力较弱。如何平衡职责范围内外的管理与服务任务，警察时常陷入抉择的困境，这种困境本质上是能力有限与职责泛化之间的张力所致②。要提升警察风险应对效能，应促进警察不断强化自身对于风险的感知和应对能力，对可能产生的潜在风险要有清晰的认知和判断③，当遭遇风险冲击身处逆境时，能在即时快速进行风险沟通与风险评估的基础上，选择恰当的积极风险应对方式，依法依规付诸风险应对行为。

（三）局限

尽管在深度访谈之前，笔者均向访谈对象描述了挫折逆境的范畴包括生活和工作中遇到的各类风险因素，但是令大部分访谈对象印象深刻的挫折逆境，是产生于工作中遭遇的急难险重等突发警情，为此，外部保护因素中的警队保护因子对其风险应对影响颇甚。该模型中的风险应对、警务素质良好、警队保护因子等行业特点鲜明的结构因子，同其他结构因子的关系路径，能否推广至警察遭遇的生活类挫折逆境，乃至能否适用于其他职业群体尚需进一步探讨。

基于职业生涯周期观之，警察在不同职业阶段，其特质变化较大，尤其新任警察初次遭遇重大风险冲击时，其抗逆力结构因子间的关系路径是

---

① 尹伟，潘彤.论警察执法的现场控制 [J].中国人民公安大学学报（社会科学版），2005（5）：77-81.
② 李小波，郝泽一.警察执法道德困境：一个可能的解释框架 [J].北京联合大学学报（人文社会科学版），2020，18（4）：88-95.
③ 曹惠民.治理现代化视角下的城市公共安全风险治理研究 [J].湖北大学学报（哲学社会科学版），2020，47（1）：146-157.

否存在其他情况，尚需细致梳理。此外，笔者主要以警察个体为分析单位，研究个体抗逆力的结构模型，并未细究团体组织层面的抗逆力结构，通过前文分析可知，个体抗逆力与警队保护因子互为因果支持关系，组织层面的警队抗逆力结构显然值得深究，这也是今后需要努力的方向。

第三章　警察抗逆力的重构过程与类型

第一节　重构过程与类型模型建构

在风险社会中，警察不限于单一职能和角色，而是扩展至社会管理以及维持社会秩序的方方面面，警察不再局限于打击犯罪[①]，更是"创造维持社会秩序的诸多前提条件[②]"。例如，在新型冠状病毒感染疫情中，警察同医护人员共同"逆行"，奋战在艰险的疫情防控一线。警察的工作压力大、责任重、职业风险高，在履行职责的过程中会遭遇诸多风险挑战和挫折逆境，对其身心健康冲击极大。"几乎是时时在流血、天天有牺牲[③]"的警察，缘何能百折不挠且勇毅前行？警察面临着太多遭受挫折的机会[④]，每个警察都会经历挫折和面临各种压力与冲突，会导致其产生焦虑、紧张、丧失信

① 何艳玲，宋锴业.社会治理的国家逻辑：基于警务改革史的分析 [J].社会学研究，2021，36（4）：86-108.

② 唐皇凤.社区警察的行为特征及其影响变量：以 A 市 Y 区社区警察为研究个案 [J].社会科学研究，2016（2）：52-60.

③ 习近平在会见全国公安系统英雄模范立功集体表彰大会代表时强调 始终坚持人民公安为人民 做到对党忠诚服务人民执法公正纪律严明 [J].党建，2017（6）：4.

④ 刘昂.遏制理论视野下的刑讯逼供成因及对策 [J].法学杂志，2010，31（11）：122-125.

心等负性情绪。警务工作的特殊性决定了警察必须具有良好的坚韧品质，随着警务人员违法犯罪、自杀比例的上升，积极塑造警察的坚韧耐挫的心理品质势在必行[①]。为促进警察身心健康发展和警务工作高效开展，亟须提升警察承受挫折和压力的能力[②]。

一、文献概述与问题提出

抗逆力（resilience），也称心理弹性、韧性、复原力[③]。学界关于抗逆力的概念，主要形成了特质（能力）论、过程论、关系论、结果论等观点。特质论者将抗逆力界定为克服逆境和适应良好的特质或能力[④]，但难以考察生命历程和情境变化的动态状况。为克服特质论缺陷，过程论提出抗逆力是组织优势资源应对风险并调整适应的过程[⑤]。但难以测度动态变化的过程论抗逆力，其后，关系论坚信支持性关系是抗逆力最重要组成部分[⑥]。结果论旨在描绘成功应对风险后的状态，即克服逆境后在价值观念、关系质量、

① 郑立勇，孔燕 . 个体与团队心理资本优化开发策略研究——以警察职业为例 [J]. 华东经济管理，2016，30（4）：178-184.

② 李儒林 . 警察职业倦怠研究 [J]. 中国健康心理学杂志，2009，17（11）：1319-1321.

③ 席居哲，桑标，左志宏 . 心理弹性（Resilience）研究的回顾与展望 [J]. 心理科学，2008（4）：995-998.

④ CAROLYN S H, AMANDA S M, AMANDA W H. Family Resilience：Moving into the Third Wave[J]. *Family Relations*，2015，64（1）：22-43.

⑤ JEROME G-LE, HELENE L, DENISE M.Family Resilience Following a Physical Trauma and Efficient Support Interventions：A Critical Literature Review[J]. *Journal of Rehabilitation*，2015，81（3）：34-42.

⑥ WALSH F. Family Resilience：A Framework for Clinical Practice[J]. *Fam Process*，2003，42（1）：1-18.

特质能力等方面的强化状况 [①]。

因过程论和关系论极难进行概念化操作，大部分抗逆力结构研究是基于特质论和结果论进行的量化研究，先根据经验判断和文献梳理确定结构因子范畴，再对结构因子的结合方式进行线性分析，进而确定静态抗逆力结构。基于生命历程视角，风险因素和特质关系等时常处于变化状态，仅进行"静态"研究，是难以揭示抗逆力的情境化状态和非线性变化。此外，当前抗逆力结构的研究对象主要是普通职业人群，少有关注特殊职业人群，经常遭受风险因素冲击的特殊职业人群则是付之阙如。作为屡遭风险因素冲击的警察，其抗逆力重构过程有何逻辑？其抗逆力演进类型有哪些？

于此，笔者将以警察个体为研究对象，力图基于扎根理论，揭示警察抗逆力的重构过程及其演进类型。首先，采用关键事件访谈法，搜集警察遭遇风险因素冲击后"风险应对—逆境适应"过程的抗逆力资料；其次，借助 NVivo12Pro 对访谈获得的原始资料进行程序化编码，从中厘定抗逆力重构过程所呈现的逻辑关系，进而厘清警察抗逆力演进类型。

二、研究设计

（一）研究方法

量化研究专注于分析特定时间点的"静态"数据，对特定时间段内的"动态"资料则力有不逮。扎根理论擅长对人类行为和事物发展过程进行分析。扎根理论的优势在于能够对很长时期内的文本内容进行处理和分

---

① SEIEUN O，SUN J C.Concept Analysis：Family Resilience[J]. *Open Journal of Nursing*，2014，4（13）：980-990.

析，将文本内容转化为量化、可视的表现形式，以此反映研究对象在较长时期内的发展过程和趋势[①]。扎根理论更大的用武之地是对社会过程的分析，也就是"对现实存在但不易察觉的行为模式进行概念化"[②]，它更能够捕捉行动发生过程中的各种力量关系，而不局限于对一般行为和现象的类属分析[③]。基于扎根理论收集警察抗逆力的原始资料，对其进行扎根分析，能够充分描绘警察应对风险和适应逆境的过程，比较适宜构思抗逆力的结构模型。

　　扎根理论主张从经验资料中提取概念并构建理论，是一种归纳式的自下而上的研究过程[④]。扎根理论开展研究的核心思路与方法是对原始资料进行逐级编码，主要采取"开放式编码—主轴编码—选择性编码"式研究过程，通过持续分析和比较原始资料，从中提炼概念与归纳范畴，借助验证性原始资料对范畴进一步挖掘和比较，直至达到理论饱和与形成理论模型。从方法论观之，扎根理论研究主要依托质性资料进行研究，借助该方法论进行抗逆力研究具有以下优势：其一，能够在梳理研究对象风险应对过程的基础上，厘清过程属性之抗逆力的结构因子演化状况，突破量化研究难以解析抗逆力过程属性的局限；其二，遵循"自下而上"的扎根原则，按照"先以事实为据、再以文献为佐"的研究顺序，能较好地从事实资料演

① 王长征，彭小兵，彭洋.地方政府大数据治理政策的注意力变迁——基于政策文本的扎根理论与社会网络分析 [J].情报杂志，2020，39（12）：111-118.
② 贾旭东，谭新辉.经典扎根理论及其精神对中国管理研究的现实价值 [J].管理学报，2010，7（5）：656-665.
③ 樊友猛，谢彦君.旅游体验研究的具身范式 [J].旅游学刊，2019，34（11）：17-28.
④ GLASER B，STRAUSS A. The Discovery of Grounded Theory：Strategy for Qualitative Research[J]. *Nursing Reseach*，1968，17（4）：377-380.

绎至理论模型，可以避免受相关研究文献"先入为主"的影响，有利于扎根警察风险应对事实，厘定警察抗逆力结构模型。

（二）数据选取

采取分层抽样，分别在 AN 县公安局交警大队、禁毒大队、刑侦大队、治安大队、政保大队、特警大队、指挥中心、情报合成作战中心等专业警种和 8 个城乡派出所，至少选择负责人和普通民警各 1 名，共计抽取 40 名警察，涵盖所有一线科所队。整个访谈过程是 2021 年 7—8 月笔者在 AN 县公安局锻炼期间进行，通过政治处与抽样选定的受访者预约访谈时间。采取关键事件访谈法，引导访谈对象回忆并描述 3 件印象最深刻的急难险重等逆境经历，对每名警察进行时长为 90—120 分钟的访谈。经受访者同意，采取录音和速记笔记等方式进行记录，将全部录音资料逐字逐句转录成文字资料，共计转录 27 万余字原始资料。

在仔细研读 40 名警察的访谈原始资料的基础上，对这些资料进行相互比选，从中选择风险应对经历丰富且抗逆力重构次数较多的前 21 名警察，将其访谈资料用于抗逆力的重构过程及类型分析，其访谈原始资料共计近 14 万字，受访者基本情况如表 3-1 所示。

表 3-1　警察抗逆力重构访谈对象基本情况

编号	性别	年龄	警龄	领导职务	工作警种部门履历
20210722-WJ	男	36 岁	13 年	副所长	派出所—派出所—派出所
20210723-GQ	男	37 岁	14 年	副所长	派出所—派出所—派出所
20210726-GF	男	35 岁	12 年	所长	派出所—督察—派出所
20210726-YBF	男	48 岁	25 年	教导员	派出所—治安—派出所
20210721-LT	男	50 岁	28 年	教导员	派出所—刑侦—派出所—派出所
20210715-ZB	男	38 岁	14 年	副大队长	派出所—派出所—政保
20210802-YC	男	37 岁	14 年	副大队长	派出所—禁毒—禁毒
20210722-LSW	男	53 岁	30 年	所长	派出所—刑侦—特警—派出所
20210805-ZDY	男	36 岁	14 年	主任	派出所—合成作战中心
20210728-ZJS	男	35 岁	12 年	无	派出所—刑侦大队
20210729-NQQ	女	33 岁	10 年	无	派出所—特警
20210715YGJ	男	35 岁	11 年	无	派出所—特警—特警
20210805-WP	男	37 岁	14 年	无	派出所—派出所—指挥中心
20210727-LGL	男	32 岁	9 年	无	派出所—交警
20210725-GB	男	28 岁	5 年	无	派出所
20210721-WZY	男	31 岁	7 年	无	派出所
20210719-LXH	女	33 岁	10 年	无	派出所—治安
20210719-HYZ	男	30 岁	7 年	无	派出所
20210721-LCY	男	35 岁	11 年	无	派出所—派出所
20210804-HXH	女	32 岁	9 年	无	特警—派出所
20210719-WX	女	33 岁	10 年	无	派出所—派出所

三、数据分析

按照多案例研究思路，首先选择风险应对经历丰富和资料掌握最全的个案访谈对象 WJ 进行详细的单案例分析，初步推演出理论模型，其后，对其余访谈对象的访谈原始资料进行逐级编码，以便于持续修正与优单案例分析获得的理论模型。

（一）单案例分析

1. 开放式编码

按照"粘贴标签—提炼概念—归纳范畴"的开放式编码程序：首先，通过逐行逐句阅读、理解、分析原始资料，在具有内容代表性的语句贴上标签；其次，在梳理与比较原始话语的基础上，按照语义将其概括为具有内容指向性的原始概念；再次，相互比较各个初始概念，舍弃频率低于2次的初始概念，在提炼出35个初始概念后选取部分代表性原语句；最后，根据初始概念的类属关系，合并同类概念后将初始概念归纳为范畴，最终获得22个初始范畴，单案例开放性编码部分示例如表3-2所示。

表3-2 警察抗逆力重构开放性编码部分示例

范畴化	初始概念	代表性语句
B1 风险认知	A1 风险类型认知	执法风险 管与不管决定了我是否渎职（20210715-ZB）； 那就不是脱警服的问题，那肯定是要追究我的法律责任，我还要被送进监狱（20210722-WJ） 安全风险 我遇到过的生命危险，特别是在派出所面对未知危险时，自己并不知道危险临近，但危险随时都可能发生（20210715-ZB）； 在日常接处警时，一定不要认为报案人就不是嫌疑人，一定要把他也当成一个有危险的人，否则就可能出事（20210729-LH） 调处纠纷 纠纷是最难处理的（20210726-GF）； 我认为最恼火的警情就是处理群体性事件（20210726-YBF）； 这种婚姻纠纷最难处理，特别是涉及很多家庭矛盾的情形，因为一点小事，当事人都要闹事（20210722-WJ）
	A2 风险特性认知	风险可能性 所以，现在我们公安面临的问题很多，随时都可能发生危险（20210726-YBF）； 也不是说不存在风险，只是相较于一线来说，风险概率要小得多（20210805-ZDY）； 那几年的民用爆炸物管理情况很严峻，很多项目都是批了炸药之后，就直接把炸药放在工地上，安全风险很高（20210722-WJ）

（续表）

范畴化	初始概念	代表性语句
B1 风险认知	A2 风险特性认知	**风险严重性** 要是说危险，如果遇到抢劫、杀人，确实就比较危险（20210721-LT）； 只要炸药炸响了，是要死人的，所以，管理民用爆炸物的精神压力大（20210722-WJ）
		风险可控性 当时，都带齐了单警装备和武器的，为什么还是那么多人受伤？说明这个是没有办法防治的事情（20210715-YGJ）； 想100%地控制危险是不可能的，公安不可能完全预防得了（20210805-ZDY）
B2 职业认知	A3 职业价值观	**职业精神** 如果我们的警察没有奉献精神、没有吃苦耐劳的精神、没有热情工作的精神、职业精神不强、没有职业操守，这就是一个问题（20210722-LSW）； 虽然有些民警嘴上说工作很累，但是，政治上都很合格的，都是听党的话，一有警情，睡得再晚，都是打一个电话，该回来就回来，该起床就起床。虽然苦、虽然累，但该上就上，奉献确实多（20210721-LT）
		职责感 在群众危险的时候，该我上的时候，我就必须要把他拿下（20210729-LH）； 出了各种各样的问题，肯定是我去承担责任，不可能把锅甩给人家，所领导能担着就把责任承担了（20210726-GF）； 当时对面那么多人，之前已经有民警在处理这个事情的时候，与对面发生了冲突而且受伤。但是，因为职责所在，没有哪个人说要去后面躲起来（20210728-XZ）； 我们穿了这身衣服，肯定要有一种责任感（20210722-WJ）
	A4 职业素养认知	**警务素养** 但在这个团队里面，大家要齐心协力。我觉得做基层工作，要学会和群众打交道，要深入实际实地了解民情社情，能解决实际问题。当你解决不了，可以通过另外一个渠道来解决这个事情，我觉得这是最好的。作为公安干警，所有不可逆的因素都存在，都需要去考虑。我们现在都是这样，制作了调解协议之后，还要当事人写个保证，这个保证就充分地证明当事人的心态是什么，如果他不愿意写的话，他心里面肯定还有矛盾。问材料这个事真的很能体现一个人的能力，经验丰富之后，一开始我就把这个事情问清楚，后面就可以省很多事（20210726-YBF）； 这需要声音大，声音必须大，不然根本就不行。临场处置果敢，首先，声音语言要能控制住现场；其次，要果断，该出手时就出手（20210727-LGL）
		法律素养 其实法律知识也很重要（20210727-LGL）； 一定要很清楚这些法律的界定，对一个案件的把握确实很重要，例如，你负责的案件是违法还是犯罪，要有一个初步判断，在一个案件性质的基础上进行初步判断，然后根据案情才能采取正确的处理措施，不然的话，自己也是模糊的，那你的行为必然是主次不清，畏首畏尾或者是瞻前顾后（20210722LSW）

范畴化	初始概念	代表性语句
B2 职业认知	A4 职业素养认知	社会阅历 对于一个警察来说，面对这种极难的处境，自己要有一个准确的判断能力，得有一个丰富的社会阅历。作为警察必须要有人格魅力，且生活知识、社会阅历一定要丰富（20210715-ZB）； 作为警察必须要有人格魅力，且生活知识、社会阅历一定要丰富（20210722LSW）
	A5 警种岗位认知	专业警种特点 当你干过治安工作，可能人会变得细致一点；干过刑侦工作，可能身上有种气质在里面。但是，做了治安后你要学会怎么婉转去协调处理事情，更多的时候面临的是各方面复杂的关系。治安和刑侦的民警遇到有些情况可能不敢上，但是你做禁毒的就必须上。你在刑侦上待久了，那就是见多了杀人案和抢劫案，你的心理准备是你去了就这个人，我身上有枪，我就是要去逮捕他。但是，禁毒民警不一样，很多时候是在没有准备的情况下逮捕人（20210802-YC）； 我觉得在巡特警就是身体上累，精神上不累（20210729-NQQ）； 虽然在指挥中心面对的事情要单纯一些，但是工作量确实也很大，因为现在有指令系统，有很多指令要与相关部门对接，人员核查也是要积极反馈的。我们指挥中心就是属于夹在中间，一边要对领导，一边要对技侦，我们在中间起中枢联结作用（20210805-WP）
		公安派出所特点 公安派出所不能那么死板地去解决问题，面对不同的人、不同的事、不同的地点，民警也要想出不同的解决方案。我觉得一个派出所就应该有一个派出所的凝聚力。（20210726-YBF）； 派出所比较辛苦，特别是在办案子的过程中（20210803-WZL）
B3 自我认知	A6 职业价值感	职业成就感 把"5·12"这个案子破了，党委政府对我们非常喜欢，对我们的评价非常高。当了20多年警察也累了些，苦了些，但也有欢笑。我就是觉得每一件案子处理完，心里面就很舒服，有一种成就感（20210726-YBF）； 实际上侦破每一个案子我们也是重要的参与者，我们都是出了力的（20210728-XZ）
	A7 感知体验	工作感受 也不麻烦，主要是感兴趣的话，我喜欢办案子，喜欢做侦查，而写东西就像闭门造车很苦恼，其实走出去更好。要多到基层去体验一下，这种体验很重要，真正自己去体验过几次就感受到了（20210805-ZDY）； 因为警察肯定是要冒这种风险的，只能看自己是运气好坏了（20210722-YW）

（续表）

范畴化	初始概念	代表性语句
B3 自我认知	A8 自我效能	工作的希望 面对这个二十多年的命案，我们心里面肯定是想把他找到，但是，时间太久远了，也只有慢慢寻求突破，这些年的技术越来越先进，现在看到有一点破案希望了（20210728-ZJS）； 现在的人都有一个共性，就是人都喜欢干一些觉得有价值有意义的工作，有追求的工作，现在有时候感觉前路渺茫（20210805-ZDY）
B4 归因	A9 外部归因	外界原因 我一直在想是为什么让群众这么相信和支持我们，其实也就是因为我们是跟着政府，当时好多事情还是找警察处理，但是安置群众还是政府的事情（20210721-LT）； 其实很多时候，之所以能把一些事情处理好，都是多亏村社干部和热心群众帮忙（20210722-WJ）
	A10 内部归因	自身原因 那个螺丝刀是在我使劲用力的过程中才发现的，是我自己先前的认知不足（20210721-LT）； 当时出于一种判定的错误，才导致和民警发生了肢体冲突（20210722-LSW）； 这主要是意识方面的欠缺，现在派出所出警为什么会有那么多伤亡，其实还是处警民警安全意识太弱了（20210729-NQQ）
	A11 综合归因	主客观原因 尽量地去考虑安全问题，千万不能莽撞去做。如果你不考虑，那一定是失职。你考虑了但没考虑到位，那是训练不足，经验不足。我觉得这也是很正常的，因为很多新的情况会发生，我们的应对方法永远是滞后的。必须承认这个客观现实，当你不承认客观现实的时候，那就无计可施了（20210715-YGJ）； 有些工作不是你做不好，是你没办法去做好，一个人只有那么多精力，你只能做到一种程度，要尽量保护好自己，就只能尽量按照规定采取措施，其他的就只有凭运气了，因为你不可能一个人去管好很多事情，不能时时刻刻都去管理每件事情（20210722-WJ）
B5 换位思考	A12 转变思维	替人着想 当自己后悔的时候就要去想，我哪儿还没有做好，要去复盘以提供更多的处理办法，这是我的一个观点（20210715-YGJ）； 我跟他们说想个办法处理这个事情，假如你的家人被打成轻伤了，大半年的时间都得不到解决，赔不了钱，伤人之人也没有被处理，你会怎么想？我就只有这么劝解人家，只能安抚他们（20210726-GF）
B6 得失随缘	A13 看淡得失	泰然处世 不管民警准备得再好，都要坦然面对该发生的事情，积极配合就好，不要去后悔（20210715-YGJ）； 无论是工作、生活或是家庭，得之我命，失之我命，不要太计较个人职业发展上的得失（20210722-LSW）

范畴化	初始概念	代表性语句
B7 自我安慰	A14 自我暗示	说服自己 简单点是自我心理安慰，怎么安慰自己呢？只要是自己尽力了，一个事情不顺的时候，我们就要去接受和面对它，有很多事情不能说，也不会因为自己的个人主观意志就改变的。已经定性的结果是无法改变的，只有去面对（20210722-LSW）； "不是所有事情都要在乎，不是所有事情都不在乎。"遇到自己能力以外的事情就不要太在乎，感到自己懈怠时还是要在乎一些事情（20210804-LXF）； 我通过自己的努力而抓到人了之后，我觉得非常快乐，因为我对得起这身警服（20210722-WJ）
B8 兴趣爱好	A15 排解烦恼	游玩消遣 如果我觉得心烦气躁，没事做的时候，就去钓鱼（20210726-YBF）； 比如，阅读一些自己喜欢的书，到处走一下、玩一下。我喜欢去逛超市，选吃的那种购物商场（20210719-HYZ）； 以前，下班了没有事就打游戏，打单机游戏（20210722-WJ）； 我喜欢吃零食，有时候也去健身房蹬会儿自行车（20210729-NQQ）； 喜欢打篮球类似的体育运动，也喜欢看小说，因为喜欢办案子，看小说可以积累比较多的经验（20210726-DCF）； 我就跟朋友一起吃饭，聚一下之类的消遣（秀水-WY）； 就只有运动，喜欢跑步（20210805-WP）
B9 风险沟通	A16 情报交流	交流风险信息 我是听见 ZY 在喊，哎哟、哎哟。然后我就看见这个人拿着棍子在打 ZY 我就喊 ZY，叫他把枪拿出来，赶快开枪！后来，我就立即给 110 指挥中心打电话报告，说有人袭警，我们这边就开枪了，现在袭警那个人在跑，我们正在追。然后，我又立马给所长打电话说了这边的情况（20210715-ZB）； 为了防止他是有暴力的精神病人，我还提前问了他的家属，家属却说他没有什么问题（20210722-WJ）
B10 风险评估	A17 判定风险	处置形势估算 这种事情很难处理，稍微有一句话没说对，就可能把他们的火给惹起来了。（20210729-LH）； 让基层民警带着一个辅警去处理这种打群架，面对双方持械这种警情，我们要配枪，该怎么使用枪，我们心里就没有底了，对用枪的法律规定都不是很理解，枪配在身上有什么用？只是说用声音来控制其他人，像我们遇到五六个人打到一起的情况，都觉得控制不下来，当时我们就说这边需要支援（20210727-LGL）
B11 规则遵循	A18 依法履职	遵守法律程序 我们肯定要先汇报，必须要领导先同意了，我们才能离开。我们就一直打了一个小时，终于打通了电话（20210721-LT）； 我们没有证据就没有底气，虽然我们凭借推理觉得这个人嫌疑很大，但是检察院和法院不认可，没有证据就没办法（20210728-ZJS）； 他们技侦要求也比较严格，因为这个涉及个人隐私（20210805-WP）

范畴化	初始概念	代表性语句
B12 行为抉择	A19 避险抉择	规避风险 当时有个群众喝醉酒了，直接拿起菜刀来砍我，当时那个菜刀还是有点吓人，我就很害怕那个菜刀砍在自己身上（20210715-ZB）； 当时是先稳定对方情绪，就是不要让他情绪太过激。第一，不能去激化他，万一他情绪更激动了，伤害会就更大；第二，在言语上要去安抚他，怕他情绪激化过后再做出一些很出格的事情（20210719-HYZ）； 后来想起这事，才觉得害怕。当时很缺少防护服，当时想的是，实在没有就不穿防护服，戴着口罩、戴着手套进去。因为意外总是控制不了的，我们只能做好当下。如果非要把所有的意外都考虑进去，那我们可能就不能做事了。所以，还是看民警如何去控风险（20210715-YGJ）
B13 性格	A20 积极乐观	就比如我遇到的事情，哪怕再难，或者受再大的委屈，我都要往好的方向想，不要把事情都往绝境去想（20210722-LSW）； 我现在手上有个二十年未侦破的案子，他是因为经济纠纷杀人，所以我们现在压力也大，也在努力找出这个人的信息，现在多少算是有一些线索了（20210728-ZJS）； 当时还是想试一下，能去学习一下是个好事情（20210728-XZ）
	A21 自信理智	无论出现什么事情，我们都要有能正确面对问题的魄力（20210722-LSW）； 在她没有交代之前，你会质疑自己这个事情是不是她干的。我们那么肯定是她，是因为在现场有那种此地无银三百两的痕迹和摩托车掉下去的痕迹（20210728-ZJS）； 因为行政案子比较多，反正我现在做那些卷宗已经做得很漂亮了，总结和结案那些事都处理都很不错（20210726-DCF）
B14 经验总结习惯	A22 经验总结	去了现场之后首先要观察，看到情况不对，该退后了就要退后，包括对于报案人，你也要有风险意识，报案人不一定没有危险，有可能他马上就转换为作案人（20210729-LH）； 现在就是拿好装备，及时与报警者联系，要询问好具体情况，要有准备，还要预判，经历过这种情况会好一点（20210719-HYZ）
	A23 习惯养成	那次之后，我就给自己立了一个规矩，只要我值班，我就必须带上单警装备。尤其晚上值班，包括枪、手电筒、警棍、手铐这些都要备齐（20210715-ZB）； 在阿坝州工作的时候，我有一个习惯就是但凡出警都要带齐装备。那个时候他们还笑我。到后面省厅要求必须带的时候，他们还说我有远见，因为我们那个时候可以自己拿到枪，所以我每天都带着一杆新的枪，装满了弹夹的（20210715-YGJ）
B15 风险感知力	A24 风险察觉	他提着一把大刀，感觉他要砍死我（20210715-ZB）； 最开始的时候，我们两个人抓一个人，但是那个人的反应就不是平时我们抓人的反应，他不是要反抗和要跑的样子，而是那种想要我的命的感觉（20210721-LT）； 我对当事人进行询问的时候，刚开始当事人对话是很正常的，然后说着说着就感觉不对劲，我就看到他眼睛在充血了（20210726-GF）

范畴化	初始概念	代表性语句
B16 警务经验技能	A25 警务经验	风险应对经验 我从警生涯中犯过两次险，可以说都是有生命危险的（20210715-ZB）； 杀死两个人这么大的警情，我们到现场发现，那是一个村的楼房里，我们从一楼上到二楼，刚刚到拐角处就看见地上全是血，当时那个血腥场景对自己心理也是一种冲击（20210805-WP）； 当时我还在派出所，那边有个村是属于集中安置区，因为那边闹群体性事件比较凶，当时，我算是第一次处理大型的群体性事件，我觉得还是有点紧张（20210728-XZ）
	A26 警情用枪经验	紧不紧张，其实人在那种情况就像"打了鸡血"一样，包括昨天晚上我们几个兄弟聊天，他们问我当警察这么多年有没有开枪打过人？我说打过的（20210729-LH）； 我从警到现在，差不多已经开了10枪了（20210726-DCF）； 当时我们这边是去了7个人，7个人抓1个人。带了3把枪，其实，有时候抓这种人是不能开枪的。那天晚上12点，我把枪给拿出来了，可能是因为太紧张了，结果，开了两枪就卡壳了（20210802-YC）
	A27 警务技能	警察的职业技能，我觉得应该分为几个层次：第一个就是我们的警务技能；第二个就是我们的法律素养（20210722-LSW）； 在处理急难险重的问题和面对困难的时候，警务技能必须要精湛，必须要熟练（20210722-LT）
B17 警队保护因子	A28 团队协作	团队力量是我们当时的底气，不管是在阿坝州工作，还是这边工作，如果上面领导不支持我，我肯定放不开手脚，底下的兄弟不帮我，我一个人也做不完，任何人都没有本事单独把所有事情做完（20210715-YGJ）； 他当时是把枪放在裤子包包里面的。抓捕他的时候，他想用手去摸枪，我们先上去两个人把他的手控制住，当时我负责控制他的右手，后面所领导和另外一个同志赶紧跟进来控制他身体（20210722-WJ）
	A29 部门协调	特别是情报工作，现在办很多案子，都需要情报和网安支持，经常要找什么情报，都不是只靠网络和监控就行了（20210726-GF）； 遇到需要做定位的警情，只有通过技侦，就很麻烦，要走程序，写报告，要找局领导签批了才行。有时候晚上还不一定有人在局里，如果再叫别人赶过来的话，又耽误了时间，那也是没办法的事情，当时只能同刑侦和派出所这些处警部门一起赶紧处理了（20210805-WP）
	A30 领导理解与支持	当时，局长和那边的人谈话，说这是一个回形针，还比较好排出来，先看看能不能排出来，排不出来再商量如何处理这个事（20210719-HYZ）； 我们把相关的执法录像交上去，以及一起详细叙述了当时干警受伤的情况，政委说，他把这个录像全部都看了，叫我们放心，我们处理的方式没有问题，当时的情况应该这样处理（20210715-ZB）； 我们把情况给局里领导汇报了，因为涉嫌违法，局里就派警察过来抓了几个人，局里统一进行处理（20210722-YW）

（续表）

范畴化	初始概念	代表性语句
B18 家庭保护因子	A31 家人支持	我爱人还是很支持我的工作，我爱人就在七中上班，我们家还是算比较近（20210726-GF）； 孩子是丈母娘在帮我们带，我们这个工作，没有办法带娃娃，一般都是让丈母娘带得多一些，自己有时间还是要回去照顾一下家庭（20210722-WJ）； 值班 24 小时确实很恼火，家人也晓得我累，我就觉得很好，干这个工作最大的好处就是值班后可以回到家休息，可以好好陪孩子玩（20210805-WP）
B19 社区保护因子	A32 村社支持	我们通过政府以及村支书、村干部，发现他的一些行为，我们就要马上到位，目前为止，虽然他是公安机关所掌握的重点监控人员，但是，其实我们也不太清楚他的情况，都只能是村里给我们提供情报（20210726-YBF）； 等他情绪稳定过后，他旁边也有很多亲人，还有一些村民和他的熟人朋友之类的，通过这些人安抚他的情绪，等他情绪平和之后，我们就很快地把他刀给夺过来了（20210719-HYZ）； 当时没有什么多余的想法，我还是能明显感觉到老百姓对警察有信心（20210721-LT）
B20 情绪体验	A33 负面情绪	我当时没穿防弹服，也没有带枪，仅仅有的只是一个手铐和一个手电筒，我感觉要去逮捕毒贩，心里想一个人冲上去，但又不敢上去（20210722-LSW）； 这种没有办法，只有用技侦手段，这一晚上，我心里面就很焦急，心里就一直在想这个事情，必须把这个事情处理好了，才能松一口气（20210805-WP）； 有一次在农村，有个老头喝农药自杀了，本来就散发着一股农药气味，他们就全部出去了，就我一个人对着他照相，一个人面对着尸体，心里面也是很紧张，有点恐慌（20210728-ZX）
B21 逆境感受	A34 风险情境见闻	当时，我感觉是最惊险的，政府那个主任和我们在一起，就短短半分钟到一分钟的时间里，那个主任就没了，还有一个女职工也没了（20210722-YW）； 当时，他说："你去把那个人给拖出来。"我们是 6 个民警，那个人最开始还没有断气，一直在那里呻吟，现场很惨烈。然后，我们也想办法救，当时就眼睁睁地看着他死了，心理上还是有点接受不了（20210727-LGL）； 再这样弄下去，真的是不想干了，还要写心得体会，还要开会，6 月初的时候，天天都在开会，上午一个会，下午一个会，晚上一个会，真的很麻烦（20210726-DCF）
B22 应激反应	A35 躯体反应	老民警把整个流程弄完之后，就通知家属，通知殡仪馆把尸体运走，全部流程都在我面前完成之后，第一天晚上我就睡不着了（20210727-LGL）； 当时，出警比较多的话，是比较影响睡眠，比如晚上十一二点出警，一般都是出完警就睡不着，可能就在床上一直躺着，五六点钟才睡着，到八点又要起来上班了（20210805-WP）； 我勘查完现场，晚饭都没吃，看到现场就吐了，心理上的冲击确实很大（20210728-ZX）

2. 主轴编码

主轴编码是指通过比较和分类的方法，发现和建立概念与范畴、范畴与范畴之间的各种联系[①]。于此，按照"条件—现象—流程—互动—结果"的分析与归纳次序，结合原始资料，多轮分析开放式编码结果，对 22 个初始范畴进行反复分析和比较，将具有聚合价值的初始范畴有机整合在一起，整合成为主范畴，最终形成风险属性、认知、调适、风险应对、性格习惯、警务素质、警队联结和情绪反应 8 个主范畴，主范畴及对应范畴的内涵如表 3-3 所示。

表 3-3 警察抗逆力重构单案例主轴编码

主范畴	初始范畴	范畴内涵
C1 风险属性	B1 风险类型	根据警察风险应对经验和风险表现形式，将风险因素分为常规风险和非常规风险
	B2 风险难度	主要从紧急性、危险性和突发性等维度，判定风险因素的应对难度
	B3 风险危害	风险因素冲击个体造成的负面影响
C2 认知	B4 风险认知	个体对客观风险因素的主观感受与直观判断
	B5 职业认知	个体对自身职业的价值与要求等的认识与评价
	B6 自我认知	个体对自身的价值感受、感知体验和自我效能等的认识与评价
	B7 归因	个体归纳和解释事件或行为结果的过程
C3 调适	B8 换位思考	个体通过他人的角度，替他人着想和解释他人行为
	B9 得失随缘	不过多在乎个人得失，做到拿得起放得下
	B7 自我安慰	个体通过自我暗示等方法，降低紊乱心境对自身的影响
	B8 兴趣爱好	个体对特定行为与事物，形成具有偏向性的态度和喜欢的念头
C4 风险应对	B9 风险沟通	为掌握风险情况，更好进行决策，利益相关方交流风险信息的过程
	B10 风险评估	对风险发生的可能性、严重性、可控性等进行评估的过程
	B11 规则遵循	使行为情境与法律规则相符合的过程
	B12 行为抉择	根据风险评估结果，对风险应对方案进行判断和选择的活动

———————————
① 陈向明. 质的研究方法与社会科学研究 [M]. 北京：教育科学出版社，2000：125.

主范畴	初始范畴	范畴内涵
C5 性格习惯	B13 性格	个体基于现实的态度和相应的行为方式，形成比较稳定的心理特征
	B14 习惯	个体倾向于积累和总结经验，能自发重复行为的内在机制
C6 警务素质	B15 风险感知	个体察觉风险发生可能性及其危害的能力
	B16 经验技能	通过警务实践活动，所积累的经验、方法、技术和能力
C7 警队联结	B17 团队协作	执行警务活动的团队成员相互配合与支持
	B18 部门协同	执行警务活动的警种部门之间配合与支持
	B19 领导理解与支持	领导对自身警务工作出现失误、困难等给予的理解和帮助
C8 情绪反应	B20 情绪体验	个体对自身情绪的认识、反应、表达的过程
	B21 逆境感受	个体深处逆境时产生的心理活动
	B22 应激反应	个体面对突发或不可控情境时，即时做出的生理和行为反应

3. 选择性编码

选择性编码是对所有已发现的概念类属通过系统分析来选择一个"核心类属"，将分析集中到那些与该核心类属有关的观点上面[①]。选择性编码本质是更加聚焦编码过程，旨在从主范畴中找出核心范畴，分析并优化核心范畴之间及同其他范畴和概念之间的逻辑关系，探寻贴切的"故事线"将行为事件等现象串联起来，进而形成具有一定解释张力的理论框架。本书聚焦警察抗逆力重构，因而将抗逆力的重构过程与趋向影响因素及其关系作为核心问题，多次分析范畴及其所属概念范畴，找出在原始资料中反复出现且比较稳定的 8 个主范畴，在此范围内筛出具有较强概括性与关联度高的风险属性、风险应对、认知和自我调适 4 个核心范畴。通过反复分析原始资料，梳理各个范畴之间呈现的逻辑关系如表 3-4 所示。

---

① 凯瑟琳·M. 埃森哈特，梅丽莎·E. 格瑞布纳，张丽华，等.由案例构建理论的机会与挑战[J].管理世界，2010（4）：125-130.

表 3-4 警察抗逆力重构单案例选择性编码路径关系

重构步骤	范畴路径	结构关系	关系路径的内涵
步骤一	风险因素→（认知更新—调适）	冲击关系	风险因素冲击认知与调适，致二者从自恰的平衡状态被打破，形成紊乱的失衡
步骤二	性格习惯/情绪反应→（认知更新—自我调适）	调节/干扰关系	性格习惯和情绪反应分别通过"认知与调适"的中介作用影响抗逆力，性格习惯主要产生调节作用，多为消极状态的情绪反应会产生干扰作用
步骤二	警务素质/警队联结→（认知更新—自我调适）	支持关系	警务素质和警队联结分别通过"认知与调适"的中介作用影响抗逆力，二者分别支持"认知与调适"
步骤二	警务素养/警队联结→风险应对	支持保障关系	警务素质和警队联结分别通过风险应对的中介作用影响抗逆力，二者分别支持保障风险应对
步骤三	[（认知—调适）←→风险应对]→抗逆力重构	因果关系	认知与调适相互作用的自恰状态，同风险应对履职效果相互作用，共同直接影响抗逆力重构状态
步骤四	重构后抗逆力→（认知更新—自我调适）	反馈关系	重构后的抗逆力会对"认知与调适"产生反作用，致二者更新
步骤四	重构后抗逆力→风险应对	反馈关系	重构后的抗逆力会对风险应对产生反作用，致其调整行为
步骤四	（认知更新—调适更新）→性格习惯/情绪反应	反馈关系	更新后的认知与调适会分别对性格习惯和情绪反应产生反作用，致二者变化与波动
步骤四	（认知更新—自我调适）→警务素质/警队联结	反馈关系	更新后的认知与调适会分别对性格习惯和情绪反应产生反作用，致二者变化
步骤四	风险应对→警务素质/警队联结	反馈关系	调整后的风险应对行为会分别对警务素质和警队联结产生反作用，致二者变化

4. 模型建构

以警察在单次抗逆力重构始末为分析单位，归纳 8 个主范畴之间相互关系，发现警察抗逆力主要沿着"风险冲击—'逆境适应—风险应对'—抗逆力反馈"的重构轨迹，于是，初步构建出 WJ 抗逆力重构基本模型（见图 3-1）。

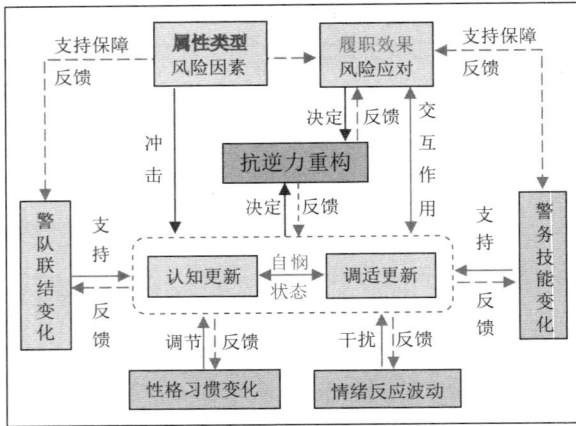

图 3-1　**WJ 抗逆力重构基本模型**

（二）多案例选择性编码关系路径

　　笔者在完成 WJ 个案三级编码和归纳分析的基础上，最终获得了描述警察抗逆力重构过程基本模型（见图 3-1）。由于该模型仅源于一例个案研究所得，获得的概念和范畴较为有限，加之该概念范畴间关系较为单一，故该理论模型尚未达到理论饱和且缺乏普适性；因此，继续对其他 19 名警察的个案进行分析。其余 19 名警察个案研究依旧根据"开放式编码—主轴编码—选择性编码"的编码与分析思路，在依次归纳初始范畴、主范畴、核心范畴的基础上，梳理核心范畴及主范畴之间的关系。在后续研究中，不断比较分析其余个案原始资料，对照前面个案研究中形成的概念和范畴，当发现有新的概念和范畴时，将其同前面案例分析结果进行比较分析，持续完善概念和范畴，进而比较分析与梳理精炼主范畴及其相互关系。当对后续原始资料编码与归纳至第 13 例个案时，不再出现新主题、新范畴和新关系。通常，当原始资料基本不能再提供新的范畴和关系时，则表示研究所得到的理论达到饱和①。据此，可以判定进行多案例研究达到了理论饱和。修正与整合所有原始资料所得到的范畴及其关系后，得到表 3-5 所示的选择性编码关系路径。

表 3-5 警察抗逆力重构选择性编码关系路径

范畴路径	结构关系	关系路径的内涵
风险因素→（认知更新—调适）	冲击关系	风险因素冲击认知与调适，致二者从自恰的平衡状态被打破，形成紊乱的失衡
认知←→调适	因果关系	认知与调适互为因果相互影响，最终会形成介于积极与消极之间的自恰状态
（认知—调适）←→抗逆力变化	因果关系	认知与调适相互作用的结果直接影响抗逆力重构状态，抗逆力重构后会对认知和调适产生影响
风险应对←→抗逆力变化	因果关系	风险应对行为与结果直接影响抗逆力重构水平，抗逆力重构后会对风险应对产生影响
（认知—调适）←→风险应对	因果关系	认知和调适形成的自恰状态，同风险应对的履职状态相互影响
性格习惯/情绪反应/警务素质/警队联结←→（认知—调适）	调节关系	性格习惯/情绪反应/警务素质/警队联结通过认知与调适的中介作用影响抗逆力，性格习惯良好，则正向影响认知与调适，反之则负向影响，认知与调适对性格习惯/情绪反应/警务素质/警队联结的影响同理
警务素养/警队联结←→风险应对	调节关系	警务素质/警队联结均是分别通过风险应对的中介作用影响抗逆力，警务素质/警队联结良好，则正向影响风险应对，反之则负向影响，负向应对警务素质/警队联结的影响同理

根据核心范畴之间及其与其他主范畴之间的关系，建构出图 3-2 改进后的警察抗逆力的演变过程模型。其中，风险属性是抗逆力重构的触发情境，风险应对、认知和调适作为警察抗逆力重构的直接影响因素，具有因果关系，认知与调适交互作用共同影响风险应对，进而共同决定抗逆力的重构趋向。风险应对主要包括风险沟通、风险评估、规则遵守和行为抉择等因素，认知更新主要体现在风险认知、职业认知、自我认知、归因等方

① FRANCIS J. J, JOHNSTON M, ROBERTSON C, et al. What is an adequate sample size? Operationalising data saturation for theory-based interview studies. [J]. *Psychology & Health*, 2010, 25（10）: 1229-1245.

面的变化，调适主要包括换位思考、得失随缘、自我安慰、兴趣爱好等方式。性格习惯、警务素质、情绪反应和警队联结，主要通过认知与调适的中介作用，同警察抗逆力重构形成间接影响关系。

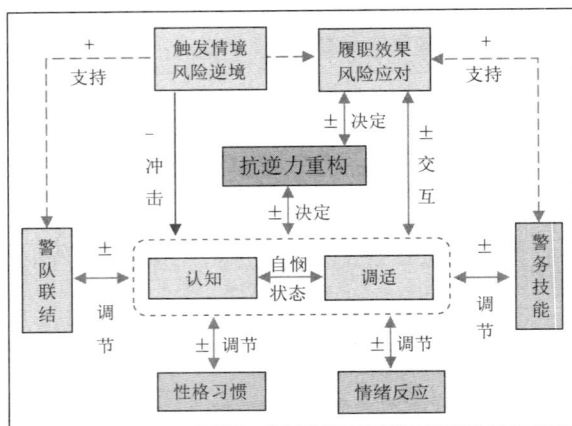

图 3-2　警察抗逆力重构模型

第二节　重构过程与类型的机理阐释

一、重构过程：因子交互

（一）风险因素冲击

风险因素冲击警察是触发抗逆力重构的动因。遭受风险因素冲击，会导致警察抗逆力结构因子关系状态失衡，进而触发抗逆力结构因子相互影响。因而，来自各种挑战或压力源的刺激，使其内部的平衡状态被打破，从而促发抗逆力显现[①]；抗逆力重构源自风险因素冲击，冲击程度取决于风险属性，风险属性主要由风险类型、风险难度、风险危害共同决定。警察职业风险类型、职业风险应对难度、警察职业风险特性、警察职业风险危害等多种因素共同决定了警察职业风险对警察的冲击力。其中，风险类型主要包括常规突发事件和非常规突发事件，由于非常规突发事件是指社会没有或极少经历过的、缺乏对其演化规律的认知和处置经验的突发事件，非常规突发事件通常兼具耦合性、衍生性、破坏性等重大影响特征[②]。恰如HYZ 所言，"当时的情况挺危险的，我是第一次遇到这种情况。之前遇到类似的情况都是有事先准备和支援的，这一次事发突然，既没有支援也没有事前准备（20210720-HYZ）"。因而，首次遭遇急难险重类非常规突发事件，其应对难度和风险危害较常规突发事件更大。基于警察职业生涯，绝大部分警察在首次遭遇从未经历过的风险类型时，其风险冲击力较大，根据警察风险应对经历，主要经历了抗震救灾、抗洪抢险、疫情防控，以及传染病患者和暴力精神病人处置等非常规突发事件风险。

警察在执法办案中，当事人患有艾滋病等传染性疾病，尤其事先未获得风险信息，处置过程中才得知时，会对其造成较大心理压力。ZJS 首次勘验患艾滋病的尸体，发现自己身上沾有艾滋病患者血液，形成触发其抗逆力重构的风险因素，由此可见，压力事件是激活抗逆力的起点[③]。"勘验的过程中到处是血，我们去死者住的那一层勘查，发现他死之前吃的药是抗艾

① 杨彩云 . 社区服刑人员抗逆力的结构、机制与培育 [J]. 理论月刊，2014（12）：88-91.

② DENIEL L. North Carolina division of emergency management[J]. *Local Hazard Mitigation Plan*, 1988（2）：28-32.

③ 田国秀，邱文静，张妮 . 当代西方五种抗逆力模型比较研究 [J]. 华东理工大学学报（社会科学版），2011，26（4）：9-19.

滋病的药，这些情况，家属不会告诉你，等我们把死者勘验完才发现他是个艾滋病患者，我们身上也是血，脚上也是血，后面就是长时间地担心自己是否被传染（20210725-ZJS）"。

1. 职业风险类型

警察主要面临常规突发事件风险和非常规突发事件风险。其中，常规突发事件风险主要指与警察专业性高度关联的各类风险，非常规突发事件风险主要指与警察专业性关联度不高，但是由警察维护安全稳定职责所派生的各类风险，诸如，抗震救灾和抗洪抢险等自然灾害带来的突发事件，以及重大疾病传染风险。警察对各类风险的熟悉程度，直接关系到警察风险应对效果，进而影响到这些风险对警察的冲击力。当警察遇到熟悉的风险类型，应对效果通常较好，反之，当警察遭遇陌生的风险冲击，其应对效果则可能不佳。处置有暴力倾向的精神病人的风险长期冲击着一线警察，尤其夜晚处置的风险更甚，诚如 ZB 和 YW 等多人坦言，最怕的就是夜晚处置暴力性精神病人。纵观警察职业生涯，风险类型具有相对性，通常首次遇到陌生风险时较难应对，例如，2020 年暴发新型冠状病毒感染疫情后，警察参与疫情防控之初，囿于对新冠病毒的传染性与致死率的未知，导致诸多参与疫情防控的警察饱受风险冲击，ZJS 做法医工作长期面临尸检感染传染病和现勘鉴定等职业风险。

最怕在晚上处置精神病人，他把自己关在黑暗的屋子里，像这种情况十分麻烦，进去找他时不能开灯，有时病人会在里面砸东西。而警察又不可能在屋外守到天亮。所以作为警察的职责，必须冒着风险进去。即使遇到危险，也是不可避免的。这种心理压力是长期的，心情也非常压抑，凡是遇到这种情况，大家的情绪状态都不佳；包括领导遇到这种情况也会感到恼火（20210722-YW）。

法医岗位有一定的职业风险。一是有人身安全风险；二是通过现场勘验，需要把事件的来龙去脉梳理清楚，勘查出人真正的死因；三是与家属沟通情况，有时家属不能接受，便会产生矛盾。除此之外，还有法医鉴定风险，虽然结果鉴定出来了，但是需要将结果拿到华西，经过那里的专家再审查，鉴定报告肯定不是分毫不差的。如果我们鉴定错误，经检察院复审以后，他们对鉴定结果产生疑问，仍然判定为结果错误，最后只能由国家赔偿，所以法医的职业风险和承担的责任很大。在新型冠状病毒感染疫情初期，我处理了一个非正常死亡的案子，当听说这个死者生前是从武汉市过来的，当时我们也感觉心慌，我们担心这个人的死因是新冠病毒感染。当时我们分析完这个情况之后，在共同努力下依然对尸体进行了检查。因为平时不知道出警时会遇到什么情况，心里难免会感到紧张，特别是做尸检时。所以防护措施一定要做好，如果没戴眼镜，把尸水弄到眼睛或者嘴巴里，都是常有的事情。如遇到这种情况，之后也会很担心自己的健康（20210728-ZJS）。

2. 风险应对难度

风险应对难度具有相对性，主要取决于风险自身属性和警察应对资源条件。面对类型繁多且演化复杂的风险，在受到资源条件限制时，便会增加风险应对难度。面对潜在风险的未知和已知风险规律及后果的难以预料，诸如网络风险、突发事件风险等，传统的风险认知和应对在新的突发风险面前可能发挥不了应有的作用，进而增加了风险应对的难度①。梳理案例 3-1 中警察对风险应对难度的感受，主要有"不可预知、时间限制、没有办过的案件、突破认知、没有办法、管不了、难办、任务量繁重、容易操作失误、陌生复杂、重刑犯、设法自残、很难办、很急、矛盾迷茫"，等等。综合而言，具备征兆隐蔽、时间紧急、极度危险、陌生复杂、防不胜防等属性的职业风险应对难度偏大。此外，根据 GF 和 YBF 所言，遇到法律规定存有漏洞且超出能力之外的案件，会让警察极难处理且极易挫伤警察工作积极性。

案例 3-1　警察风险应对难度感受示例

我们在现场勘查，会遇到很多不可预知的因素。比如，勘查完现场，才知道这个人有艾滋病。有次火灾现场的勘查，当时现场有桶汽油而且盖子已经是拧开的状态。还有高坠事故现场，一般都是普通人上不去的地方，在没有无人机的时候，只能由警察自己爬过去做现勘。在办案过程中，存在时间限制。比如，我们要出鉴定报告，需要其他机关部门的辅助，但是他们的速度达不到我们的要求，这对我们办案形成负担。对没有处理过的案件，这种情况极其让人恼火，这种事情带来的影响是不可估量的。如果有些案件一开始我们就知道是命案，那我们绝对不会在拍照和勘验之后就把现场处理了，不过现在确实有很多新型案件，已经突破了我们勘验的认知。（20210728-ZX）

根据法医鉴定的结果，我们应该立案，但是立案之后，法院和检察院没有办法正常移送起诉。这个案子民事部分无法调解，又没有办法刑事移

---

① 胡尚全 . 新兴风险下的城市社区公共安全治理研究 [J]. 探索，2019（2）：126-133.

送起诉。现在最害怕处理类似无法进行民事转刑事的案件。（20210719-GF）

这个事情最终的目的，是怕从民事案件转为刑事案件，因为没办法分辨农村这种情况的对与错。但是，按照风俗习惯，男方已经有这个意思（离婚）了。最后，还是只能通过一定的渠道离婚。我们也管不了别人离婚的事。实际工作中，我们公安干警处于两难的境地，无论如何处理，都很难办。（20210726-YBF）

我对她说："不好意思，我们所里这个妹妹是才来实习，她不小心操作错误了，按理来说，你是不能迁到村上来的，你这个户口是我给你迁到社区，还是给你恢复原状？"她不同意，她就要保持这个违规操作的结果。那怎么可能呢？我不可能违规操作。然后，我向县里和市里汇报，因为她是ST县的，给她恢复原状，结果ST县户籍地派出所又不干了。（20210719-WX）

虽然工作方向不一样，但是性质和手段都是差不多的。肯定更有难度，相对来说，就是更烦琐一些。我们都是慢慢总结，吸取教训，总结经验技巧，干活多了，就有经验了，按照以前的方法，排查一千多个人，都需要一个一个去找，我们全部人员去找也无法在有限的时间内找完。（20210805-ZDY）

还有一个事情，就是抓强奸犯罪嫌疑人。我们追逃的时候，我们是在西宁（市）把他抓住的。我们过去逮捕他的时候，发现他有抑郁症状，有自杀倾向。我们和他一起待在车子后面就需要随时看着他。那时候交通没有现在这么方便，从西宁坐车回来，要两天多的时间。但是，之前不知道这个人有病，我们就只去了两个人，我们两天两夜都没休息，坐到广元

（市）后，当时没有高速，又坐五六个小时的班车回来。因为强奸算是重罪，他一路上都在寻死，我们两个人都不敢睡觉。从带出来开始，他老是用头撞车里的窗子。（20210722-WJ）

人手少的时候，又遇到陌生的环境，在比较复杂的情况下抓人，确实是很危险，特别是面对重刑犯，情况就比较难处理。另外，最怕的就是那种晚上遇到精神病人，他把自己关在屋子里面，进去找他又没有灯，那种情形就比较麻烦。他在里面不停砸东西，我们又不可能在外面一直守着他到天亮，毕竟这样也不现实。（20210722-YW）

首先，我们要把人找到，而且这些想要自杀的人，他又不会告诉我们他在什么地方，由于我们不能定位，只能通过电话慢慢劝导他，看能不能搞清楚他的位置。如果他不说地方的话，就很难办，如果我们想走技侦，需要走程序，这样就要耽误很多时间。有一次，有个女的打电话，她不说她所在的地方，只说"杀人了，杀人了"，不知道她是不是不小心挂了电话，我们再打过去，就打不通了。我们也不知道打给哪个派出所，不知道派给哪个派出所，这个警情就很急。（20210805-WP）

像这种轻伤案件，现在要把整个县局所有这类案件进行统计，（一方面）有些没有立案的，是什么情况？想办法把这一部分案件给消化了；（另一方面）想办法把一部分立了案的给撤案，是存疑不诉还是怎么办？总要有一个办法，整个县局都要解决这个问题。其实我现在都没搞懂什么叫无效警情，该怎么定义这个无效警情？（20210726-GF）

公安机关是具有强制性的，但这个服务职能又该怎么履行呢？服务职能会导致一个结果，就是社会评价令人恼火。举个简单的例子，我们调解婚姻纠纷，公安机关要么两方都要得罪，只要有一方不满意，肯定就容易出事情。有时，调解之后，最坏的结果就是当事人是不满意的，两方都会挑毛病，质疑调解是否公平。这种情况下，当事人会很满意吗？这是很不好处理的，又不敢急着处理，又不敢放弃，放弃了就是失职。按照法律条款来说，这种道德行为我们能怎么处理？最多是让他们到法院去，让法院处理离婚的案件，目前没有比这更有效的办法了。（20210726-YBF）

有时我感觉，有矛盾，有迷茫，那种期盼总是遥遥无期。总之，是不轻松的，总觉得就像做生意一样，生意越好越累。但是，如果生意不好，则会不开心。（20210805-ZDY）

3. 警察职业风险特性

警察职业风险主要具有高发性、复杂性和危害性等特性。警察职责任务主要是维护社会安全稳定和保护人民生命财产安全，警察职业属性决定了职业风险繁多高发。警察执法办案过程中，由于警察面临的风险领域广泛、风险环节繁多、风险演化多变，使得警察职业风险具有复杂性，警察面临的职业风险通常呈现多类多个风险交织叠加之状。警察职业风险通常会危害警察的身心健康、人身安全、执法安全。

一是危害警察身心健康。诚如，LSW觉得面对情绪失控的当事人便觉得心烦，警察在工作中遇到精神病人和醉酒闹事者等极度难缠的人，极为损耗警察心力。尽管警察遭遇各类血腥场面是常有之事，但是作为血肉之躯的WP首次目睹这类场面时，难免对其心理产生极大冲击。面对突如其来的大火、砍杀或爆炸，慌乱的场面、满身是血的受害者、狼藉的现场都会给目击者和其他人造成心理创伤①。

当你遇到那种情绪极度失控的人，确实无所适从（20210722-LSW）。当时现场非常血腥，离门最近的是一位老太太，被砍了一刀倒在地上，当场去世。还有一位女士躺在靠窗户的位置，整个脖子都砍断了，颈椎都砍断了。地面上全部都是血，不仅有喷溅式血迹，还有流淌式血迹，这个场景确实给我心里带来冲击。检察院的同事可能是第一次见到这么血腥的场面，看到就吐了。还有很多尸体腐烂的现场，还没有走近就闻到一股臭味，更何况需要到现场拍照（20210805-WP）。

二是危害警察人身安全。警察遭到暴力抗法或袭警造成伤亡的案件数量呈现"居高不下"的态势。警察履职过程中，面对形形色色的当事人和嫌疑人，随时都有遭受人身伤害的风险。ZB 遇到极端的当事人和 WJ 抓捕携带枪支弹药的嫌疑人，足见警察职业风险的人身危害性。

有一年他外出打工，和工友们住在一个工棚里面。有个工友只是说他钱丢了，并没有指明是谁偷的。但是，这位极端的当事人就直接提了把菜刀把自己小手指剁了，当时也是喝了酒，然后就说："我没有偷。"这种人如果触及他的利益，没准对别人也是如此之狠。没人说他是小偷，他为了证明自己没有偷钱，便砍了自己的小指（20210715-ZB）。他跑回来身上带了一把自制手枪和两发子弹，根据线人给我们提供消息，他回来只是看一下情况就要走，基本上都在人群密集的地方（20210722-WJ）。

三是危害警察执法安全。警察务须秉公执法办案，然而，警察执法办案时有诸多无奈和防不胜防的情形，难免会出现纰漏，如若不完善履职尽

---

① 魏淑艳，李富余. 网络治理理论视角下我国社会泄愤类极端事件的治理对策——以公交车纵火案为例 [J]. 北京行政学院学报，2016（4）：85-92.

责的规范，则可能衍生渎职风险。HYZ看守嫌疑人时便需要对嫌疑人的人身安全负责，然而，吞食刀片的惯犯则会给警察增加看护不力的过失。"我刚参加工作的时候，有一个人吞刀子。当时对他搜完身后，便把他放在那里，他要吃饭就给他吃饭，他要喝水就给他喝水，也没有人专门守着他，他就趁我们不注意的时候吞了一个刀片（20210719-HYZ）"。

4. 警察职业风险危害

警察长期遭受职业风险冲击，屡屡危及警察身心健康和人身安全。一线警察工作非常繁忙，经常"五加二（一周工作七天）"和"白加黑（白班加夜班）"，长期值班熬夜，加之目标考核任务繁重，轻则致使警察身心俱疲，重则导致警察涉险负伤。分析案例3-2中警察职业风险危害感受，主要有"疲惫不堪、压力太大、忙不过来、经常加班、工作量大、缺乏睡眠、睡不着觉、怕出问题、让人头痛、精神比较差"。这些危害主要是长期高强度的工作负荷对警察身心造成伤害，使其精神压力较大。诚如，DCF所言自身便有中度抑郁症，更有甚者，DCF所在派出所一名警察因为重度抑郁而办理停职手续。另外，像YC抓捕毒贩和ZB处置精神病人遭受生命安全危险的情形，对于一线警察也是"习以为常"。

案例 3-2　警察职业风险危害感受示例

我们这里是两班倒，周而复始，确实是很疲惫，法医工作主要就是搞鉴定和勘查现场等工作。（20210725-ZJS）

当时我们的压力很大，但同时也存在一个问题，就是我们政治工作这块没人落实，像我们派出所就只有三个人。有很多工作没办法去做，每一天的工作都得思虑再三。如何才能促使自己放松心态？换句话说，我根本没时间来干这些政治工作。2018 年 1 月份，涉及人事变动时，局长亲自给我打电话，他问我怎么办，我就说不想当所长了，现在公安工作的压力太大，所长的压力不亚于一个乡镇党委书记。（20210726-YBF）

虽然两个地方的工作都差不多，但是，刚调过来的一两年里还是不习惯，因为环境不一样了，领导的要求也不一样。头一两年感觉事情还是有点多，感觉压力大，忙不过来。可能大环境都这个样子，大家压力都很大。（20210719-WX）

紧张的时候居多，办案的时候随时都紧张，因为办案子在取证的时候都是自己一个人，案子大了之后，基层压力自然就大了，所以，在取证过程中，难免有各种因素约束，不可能做得十全十美，有些时候把时间写错了，漏掉什么东西，压力自然就来了。就像我们当时有个案子，必须要两个民警在场，当时就只有一个人在那里，如果当时的物证被调包，会影响整个案子的走向，就让人很着急。我们四个人，每年行政拘留数量都是两百多个，这种工作量基本上都是靠周末加班干出来的。当时我们除了办黄赌毒案件，还要办维权和领导交办的案件。将近五年的拖欠农民工工资案件都是我在办，还有每年都在搞信访案件。经常都是睡觉的时间都不够，哪里还有时间打篮球，就想好好睡一下。（20210802-YC）

流调的时候找人，那会儿是疫情比较严重的时候，人流量大的时候几乎天天都加班。举个例子，我负责重点人员管控工作，市级管控的就有 20 多个人，工作分得非常细，我一个人就要对接他们 20 多个人，对我来说，这只是我工作中的一小部分，我还有其他对接的工作，因此承担较大的风险。因为现在公安的人事变动也大，稍不注意，我换了工作岗位就可能忘了这项工作，再过多少年，一查就发现有问题，所以，基层压力很大。现在是不怕没事情做，是怕出问题。这几年工作量进行对比，去年一年相当于以前三年的工作量。（20210805-ZDY）

比如，2019年太多加班了，一周一周地加班，看不到孩子。每天就是巡逻盘查，有时候单位还要组织训练。有一次因为有个比武，我们四点钟起来，五点钟就开始训练了。但是，现在我基本上不再去比武了，因为加班太多了，有时候特巡警比派出所还累。（20210729-NQQ）

我觉得还是需要让心理医生来疏导一下，一些在一线的民警真的就是想工作上的事情，想得睡觉都睡不着，每天的精神都比较差。整天就一直想着怎么抓犯人，怎么完结案子之类的事情。（20210719-DCF）

我现在管理内勤，有时还要出警。我们原来还有女民警，后来都调走了，现在只有女辅警了。好像只要有女民警的派出所，都是女警在管户籍，让我这个男民警去干内勤工作，真的是有点头痛啊。还有报账和报表，这两个工作都让我头痛。我最大的感受就是一线派出所确实太累了。（20210721-WD）

最怕类似这种因公牺牲的。上个月我还听说过ZT县那个大队长，就是为了完成目标任务，从陕西省把人抓回来连夜审讯又没休息好，突然就猝死了。这个只是说看自己是运气差，还是运气好，这种猝死对我们是一种长期的心理压力，让人感觉很不好。看到这样的报道就感觉比较恼火，大家都挺不开心的，弄得我们心理负担好大。（20210722-YW）

这边抓得比较紧，强度要更大一些，那边主要就是一般的接处警工作，这边就要严格一些，还有考评。虽然在指挥中心面对的事情要单纯一些，但是工作量确实也很大，因为现在有指令系统，有很多指令都要同相关部门对接，如果超时反馈，也是要扣分的，压力确实很大。每次上班的时候，我就希望没有什么大事情。每次上班都需要全神贯注，一旦出错，就不得了（特别麻烦）。（20210805-WP）

（二）结构因子作用

当警察遭受风险冲击后，抗逆力主要由具有直接影响的决定性结构因子和具有间接影响的限制性结构因子构成，在结构因子重构过程中，决定性结构因子之间存在特质自悯与行为履职两条交互影响的关系路径，限制性结构因子交互影响主要包括特质型关系路径和行为型关系路径，其中，警务素质和警队联结具有特质型关系路径和行为型关系路径两条交互影响关系路径。于此，主要以案例3-3ZB首次处置精神病人打闹警情为例，将其分为三个阶段，解析抗逆力重构中结构因子作用过程。

1.案例介绍

案例 3-3 ZB 首次夜晚处置精神病人打闹警情

一开始，想到自己没处理过精神病人闹事的警情，我就叫那个老干警陪我一起去，他说这是个小事情，让我去劝一下就行了。那时我刚入警不久，做事也有些粗心，想到他都说只是小事情，我就只带了一个实习生赶去了。当时天已经黑了，我们到了村上的一个空地，那里灯光很暗，就看到很多人围在那里，我就直接走上去问情况了。我正在问话的时候，突然有人从背后袭击我，"咣咣咣"地砸我脑袋。我回头看见一个小伙子边打我边叫嚣说，"我弄死你"。我问："你要把谁弄死？"然后，我就把手电筒打开，照着这个小伙子。他却说："我不管你是哪个（谁），老子就要弄死你。"听见周围有人在叫骂，我当时挨了打，心里怒火中烧，想要打回来，我就用警用手电筒对着他的胸口戳了一下。

这些村民立马就把我拉开，并说："你是警察，你怎么能打人，他犯了错，我们教育他就行了。"村民就把我往后面拖，实习生也不知道怎么办，就站在原地呆若木鸡。他也没遇到过这样的事，我当时从警才三年，也没遇到过这样的事。当时我也血气方刚的，想要打回来，他这些亲戚就说他犯了什么错，他们教育就行了。然后，把我按在地上，那个人就对我拳打脚踢。直到那个人打累了，加上喝了酒，就躺在地上。我当时想：我今天出警也没说错什么话，也没做错什么事，这个人出来打了我，我肯定不服气啊。然后，我就给派出所打电话说有人袭警，叫他们快点过来，副所长和那个老民警就赶过来。但是，那个村子离派出所很远，他们需要很长一段时间才能赶过来。

他的那些亲戚看见他打了警察、惹了事，就想把他送走。我就叫他们就待在那里，不准动，不可能打了人就这么算了。后来，他爬起来第一句话就说："老子砍死你！"他跑到厨房提了一把菜刀就冲出来了，当时院子里的人全部撒腿就跑了。他冲出来的时候，我当时什么也没想，就条件反射地跑了，出去以后伸手不见五指。他一直边追边喊，"老子砍死你"，跑了大概一百多米，因为农村的路坑坑洼洼，地上又堆着砖头这些东西，我一不小心就踩着砖头摔倒了。我听到自己脚踝关节"咔嚓"响了一声，我的第一反应是"糟了，断了"。我就只能踮着脚走，后面，我找了一棵树靠着，又把枪拿出来上膛，等着他过来。

我想，如果这时候他再来，我就只能把他打死了。因为我离他的距离可能只有100米左右，但是我也看不见他，他也看不见我。我就听见他一直在那里吼"老子砍死你"，当时我走也走不动，跑也跑不动，没有别的办法，我就只能坐在那里。我也没有其他单警装备，我只带了一把枪和一个手电筒，他提了一把刀，又是个青壮年小伙子。我坐在那里想当时的情形，感觉有点丢脸，第一，作为人民警察，在那么多群众的面前被人提着一把菜刀追着跑。第二，如果这个时候他再来，我就只能把他打死了，因为我也没有其他东西可以防身。我等了会儿发现他没过来，等我确认了安全之后，我就站起来，一手拿着手枪，一手拿着手电筒找警车在哪里，找了很久才找到警车，然后我就坐在车上了，一直给值班的副所长打电话，催他们快来，我说我的腿有可能断了，现在也没找到实习生，我就在车上等他们，因为我现在也没办法出去找实习生。等到他们到了，我就给他们说了具体情况，后面我就去医院了，他们去处理剩下的事。

我坐在轮椅上，脚肿得跟个猪蹄一样。他们从板黄楼赶过来跟我道歉，持刀的小伙子的妈妈说："过来给警察跪下！"我说："莫跪（不用跪），莫跪，莫跪。"我们所长就问我："你想怎么处理都可以。"当时我想到，毕竟他是警队兄弟的亲侄子，而且他是精神病人，他道个歉，我就说算了。因为那次之后三个月我的脚不能正常走路，比较麻烦。那时候，虽然发了单警装备，但是，大家一般都是赤手空拳地去出警，虽然会带枪，因为是交枪规定了你移交给我，我移交给你才算是规范程序，基本上都不带其他的警械。那次之后，我就给自己立了规矩：第一，只要我值班，我就必须带齐单警装备；第二，如果再遇到这样的情况，就果断鸣枪警告，如果他危及我的生命了，就不管击伤还是击毙。那时，我就是这样想的。(20210715-ZB)

2.限制性结构因子影响

限制性结构因子主要包括性格习惯、情绪反应、警务素质、警队联结。限制性结构因子，主要是通过认知、调适和风险应对的作用，间接影响抗逆力重构："性格习惯、情绪反应、警务素质、警队联结"同"认知、调适"呈现介于负向与正向之间的影响。警务素质和警队联结也可通过风险应对的中介作用，间接影响抗逆力重构，二者同风险应对的影响主要介于无影响与正向影响之间。

就如 ZB 处理精神病人打闹的警情的第一个阶段中，由于粗心大意的性格、不带齐单警装备的习惯、缺乏警务经验的情况下，晚上在现场与人谈话时，缺乏安全防范意识，对精神病人打闹风险存在认知偏差，遭遇偷袭而被激怒，血气方刚地用手电筒戳对方，实属缺乏正向认知与调适情境下的消极风险应对方式。其后，对方亲戚把 ZB 拉住，使其无法反抗，同行的实习生无法为其提供有效支援，派出所支援也无法及时到达，只能任由精神病人击打。在此过程中，性格习惯和情绪反应对决定性结构因子主要产生负向影响，警务素质和警队联结对决定性结构因子未产生正向影响。

3.决定性结构因子影响

决定性结构因子主要包括认知、调适和风险应对，认知与调适共同形塑了警察适应逆境的特质自悯关系路径，主要呈现介于消极与积极之间的状态；风险应对塑造了警察行为履职关系路径，主要呈现介于无效与有效之间的效果；两条关系路径存在介于负向互蚀与正向互益之间的交互影响，最终促使心境失衡趋于自悯状态。自悯主要是指个体通过自我体验、自我感悟、自我安慰、自我协调等认知与调适活动，实现从心境失衡到心境平衡，类似"自我合理化"的过程和结果。自我合理化是指维护自尊而对自己的行为进行合理化的倾向，目的是保护良好的自我感觉，维护自我意识的稳定性[①]。自我合理化作为一种认知调适机制，其本质是通过重构自身行为的道德内涵以使其获得主观可接受性，从而减少认知失调所带来的心理压力[②]。最终，认知与调适达成自悯状态后，同风险应对的履职行为交互影响，达成自悯与履职互构的趋向新平衡状态。

在 ZB 处理精神病人打闹的警情的第二个阶段中，精神病人持刀追砍导致 ZB 人身安全风险升级，面对精神病人提刀追砍的突发风险，在害怕应激反应影响下，无奈选择战术性撤退时却扭伤脚。ZB 在被精神病人追砍过程中，增援依旧无法及时到达，明显感知生命受到严重威胁，自身除了枪械别无防护装备，筋疲力竭也无防护能力。此间，尽管自感作为警察带着枪却撤退是挺丢人的，但是选择了"没得办法"进行自我安慰。为消除生命危险，选择再次请求增援和持枪上膛，并决定如若再遭砍杀则射击对方，以此消除恐惧感。所幸，未被精神病人找到，待增援到达后替其消除危险。在担惊受怕的期间，认知与调适交互作用后促其接受并适应危险情境，选择催促支援和持枪上膛应对危险的行为。

---

① 埃里奥特·阿伦森，蒂莫西·威尔逊，罗宾·艾伦. 社会心理学 [M]. 侯玉波，译. 北京：中国轻工业出版社，2007：164.

② 洪汛. 甘于被围猎：一种新型腐败心理及其成因分析 [J]. 广州大学学报（社会科学版），2022，21（2）：69-79.

4. 抗逆力之反馈

当警察心境逐步趋于平衡的过程中，抗逆力会根据其重构关系路径，分别对其决定性结构因子产生反馈作用，进而影响限制性结构因子。根据抗逆力重构后状态，其对认知、调适、风险应对产生不同作用：相较抗逆力初始状态，当重构后总体属于优化状态时，主要产生正向作用，劣化则主要产生负向作用。决定性结构因子对限制性结构因子的反馈作用，则主要取决于重构后自悯与履职状态：积极自悯则对性格习惯、情绪反应、警队联结和警务素质产生正向作用，消极自悯则产生负向作用；有效履职对警队联结和警务素质产生较大正向作用，无效履职则对警队联结和警务素质几无影响。总体观之，由于情绪反应是抗逆力结构因子中最易波动的，因此抗逆力对情绪反应的反馈效果最快。与低抗逆力者相比，高抗逆力者在严重压力或逆境面前，并非必然表现为负性情绪水平更低，而是表现为更高水平的正性情绪激活、更长时间的正性情绪保持，以及更快从负性情绪谷底弹回[①]。

在 ZB 处理精神病人打闹的警情的第三个阶段中，在 ZB 养伤的过程中，此次处警受伤致其生活极为不便，身体倍受苦痛，对袭击者心存怨言，由于同事说情而未追究袭击者责任。经过休假调养和同事开导，慢慢对此创伤经历释怀，心境达致新平衡。其后，从此次处警中总结并吸取经验教训：一是自立规矩，值班期间必须带齐单警装备；二是如果再次遇袭遭遇生命威胁，务必及时果断鸣枪警告。在此阶段中，抗逆力重构后，对认知等结构因子产生反馈影响：对精神病人打闹警情的风险认知更加深刻，应

---

① 席居哲，宋兰君，余壮，等. 抗逆力视角的重大突发公共卫生事件心理服务理论模型与实践模式——以新冠肺炎疫情为例 [J]. 首都师范大学学报（社会科学版），2020（3）：11-25.

对流程更为清晰，也促其换位思考进行自我调适；习得更加细心稳重的品质，养成带齐单警装备的习惯；安全防范意识更为牢固，处警先观察现场防备潜在危险；所长理解与支持其善后抉择，增强了其与警队联结。

二、重构类型：演进趋向

抗逆力重构后决定性结构因子会呈现不同状况，行为履职效果主要表现出介于无效应对风险与有效应对风险之间，特质自悯状态会表现为介于积极自悯与消极自悯之间，根据二者互构状态，可将抗逆力重构类型粗略归为积极有效、积极无效、消极有效、消极无效四型。根据警察职业生涯总体发展规律，综合抗逆力重构类型，警察抗逆力演进趋向主要是四型抗逆力组合的结果，总体呈现稳步优化、循环优化、循环劣化、持续劣化四类。

（一）积极有效型

积极有效型表现为逆境适应积极且风险应对有效，是抗逆力重构后的理想状态。尽管此型大部分结构因子会出现优化现象，即好于重构前初始状态而使结构因子总体状态良好；但是存在部分结构因子重构后在某些维度可能出现劣化现象，即差于重构初始状态。劣化现象主要表现在认知和性格习惯这些变化相对缓慢的结构因子，其过程较为微观迟缓且不易即时察觉。警察成功应对风险后，容易形成将风险应对有效进行自利归因倾向，忽视或弱化警队支持在风险应对中发挥的效用。自利归因者会把成功视为自己的功劳，而将失败怪罪于自己的搭档；自利归因意味着将成功归结为由内部原因引起的一种稳定、可控的现象，而对失败的归因则恰好与之相

反 [①]。警察成功应对风险后，对自身成功应对风险的方式方法可能会出现风险认知与自我认知偏差现象，高估自身应对风险的警务素质，低估风险可能性与严重性，进而潜移默化地形成安全意识松懈习惯。警察在应对风险过程中，会极力克制工作中的负面情绪和不良脾气，如果长时间无处释放，将其在生活场景中释放的可能性增大，脾气性格则易因人而异与因时而变。尤其首次遭遇较为血腥警情，会对个体造成形成持续性失眠"惯性"反应。

在 2020 年新冠疫情暴发之初，受制于缺乏对病毒的传染性和致死率科学客观认识，社会上弥散着恐慌情绪，案例 3-4YGJ 参与新冠疫情隔离任务时，对其而言是极具危险性。然则，YGJ 因职责所系和履职经验，很快便接受了执行隔离任务潜在的危险，表现出良好的风险适应性。另外，在卫生局提供防护服和疾控中心的配合下，加之其负责的特巡警中队民警的执行，最终安全有效地执行了隔离任务。综上所述，YGJ 经过此次隔离任务，其积累了疫情隔离经验，对其抗逆力进行了积极有效重构。

案例 3-4　YGJ 参与新冠疫情隔离任务

那天是我在值班，突然接到一个电话，说有新冠感染者在我们辖区确诊了，要送到市里医院去隔离，市里会进行专门地救治。我接了这个电话之后，就对队友们说，没法进行准确的危险评估，因为当时我们并不了解疫情的信息，我们还没有防护服。他们要求我去找卫生局联系，当时我带一位兄弟丢王局长那儿说这个事情，包括找他们当时成立的医疗队伍。我说："我们可以去处理，但首先必须要给我们防护服。"当时也只是下意识地

---

① 刘肖岑，桑标，窦东徽.人际/非人际情境下青少年外显与内隐的自我提升[J].心理学报，2011，43（11）：1293-1307.

要防护服。还没有想到要口罩这些东西，就觉得戴一个一般的口罩就可以了，后来还是挺后怕的。当时就已经知道患者确诊了，而且我们已经做好准备，一旦他不听劝，我们就要把他给强制带走。

当时他们两口子是我们县里最早确诊的两个人。我是正月初一下午接到指令，要求我们先将确诊人员带到泰丰园酒店设立的隔离点。最开始只有一栋楼，一栋楼的隔离者都是那两口子的密切接触者，包括他们的孩子和父母。那时他们住三楼，我们住二楼。当时也觉得那个防护措施不太行，住了大概四五天的样子，他就换到了整栋楼都是隔离点的地方，我们就到另外的地方去住。柳书记对我说，这期间要建立制度。当时成立了一个党支部，制定了隔离点的安保工作方案、隔离点的出入登记制度、包括消毒的记录、物品摆放要求、突发事件的处置预案，还有管理制度，这些都是我一手弄起来的。最开始，我认为不是很慌，因为只有两个人，我就只负责看守，还有疾控中心的人一起做好了准备，心里面就有底了。包括后面一直在统计，外地回来的人、国外回来的人，一共100多个人，我们这里还不算多。然后，在这方面慢慢地进入角色。当我在负责的时候，就要考虑方方面面的情况。第一点我们还是考虑安全问题，之后才考虑管理的问题。这两方面做好了，基本上是没什么问题。如果这两方面出一点儿问题，感觉任务都没法完成。

所以，团队力量肯定是我们的底气，不管我是在阿坝州工作，还是回来工作，如果上面领导不支持，我肯定放不开手脚；底下的兄弟不给我帮忙，我一个人也做不完工作。任何人都无法独自把所有事情做完。我们出警的时候，老乡也认为警察应该什么事都管。我就给他们说："你说错了，警察的职责是法律来赋予和圈定的。例如，你看病不可能来找我吧？你存钱也不能存在我们这儿吧？社会分工是明确的。"对于这一点，有些人理解，有些人不理解。

我们有心理建设，学会用团队力量。遇到这种突发事件，比如，像参与新冠疫情隔离任务让我选人的时候，我也是让他们自己选择。愿意跟我的人就踏前一步，有顾虑的人也没什么影响。但是，我肯定会高看一眼那些向前一步的人，因为到正月初一的时候感觉就很严重、很突然，当时有很多人家里有孩子，害怕感染新型冠状病毒，我们也能理解。我想的是，在关键的时候能够站出来的人应该是团队的核心力量。所以，我觉得一个团队力量的强与弱、好与坏，不仅要看带头人，还是要看团队文化。（20210715—YGJ）

（二）积极无效型

积极无效型表现为逆境适应积极但风险应对无效。尽管此型大部分结构因子会出现优化现象，即好于重构前初始状态而使结构因子总体状态良好；但是存在部分结构因子重构后可能出现劣化现象，即差于重构初始状态。劣化现象主要表现在认知、性格习惯、情绪反应：将风险应对有效进行自利化归因，脾气性格因人而异与因时而变，潜移默化中养成安全意识松懈习惯，形成持续性失眠"惯性"反应。

案例3-5，ZJS长期负责一个与其年龄相近的未破命案，由于年代久远，缺乏足够线索侦破案件，在教育整顿期间，该案再次被公安部督查组提及，一时间让ZJS倍感烦闷，然而，乐观且职责感强烈的ZJS并未消极对待该案，尽管一时半会难有重大突破，但其始终想方设法寻找案件线索，该案使得 ZJS 抗逆力重构呈现积极无效状态。

案例 3-5　ZJS 负责 30 余年未破命案

破不了案子的时候肯定会感到很烦闷，比如，我们有那种十几、二十年都没有侦破的案件。一个 1988 年的案子，可能是一个丈夫把他妻子给杀了，还到自己工作的工厂把公款偷走了，之后就逃窜了。到今天，我们还是没有抓到这个人。虽然到现在我们也收集了一些证据，也在想办法侦破这个案子，但是，时间确实过得很久远了，加上当时也是因为处警不及时，导致嫌疑人还能够回工厂去偷钱。想侦破这案子还是很有难度的，因为我们现在也没办法去判定这个犯罪嫌疑人是生是死，时间过了很久，证据也遗失了很多，我们现在就是尽量去做，可能是有一点侦破这个案子的希望，但是，最关键的还是要找到这个犯罪嫌疑人。(20210728-ZJS)

（三）消极有效型

消极有效型主要表现是个体消极适应逆境但是应对风险有效。此重构情形貌似矛盾，实则多是警察个体遭受风险冲击后，警队等外部支持力量介入助其有效应对风险，故而就警察个人而言，其抗逆力重构呈现逆境适应消极但风险应对有效状态。一线警察长期值班熬夜，对其睡眠影响极大，失眠便是一线警察普遍存在的"生理创伤"。持续性心理生理失眠常常发生于受到长时间精神压迫的人，对受干扰睡眠的生理性不适产生条件反射的人，对行为习惯的不良性适应的人 ① 影响颇大。

案例 3-6，在 WZY 处置屠狗警情引发网络舆情事件中，WZY 原本按照法定规程处置网友所指屠狗警情，然而，在处置过程中，受制于缺乏应对引发网络舆情的经验，任由网友拍摄相关视频并"别有用心"地剪辑上传网络，给公安机关处置屠夫施压。于是，WZY 便处于舆情漩涡之中，使其饱受网友非议抨击，致其在整个事件中心理负担极大，引发涉警网络舆情后，幸得市局积极介入并妥善处置。

案例 3-6　WZY 处置屠狗警情引发网络舆情事件

上个月，我处警遇到个事情，不知道是哪个志愿者把当时现场的视频发到网上去了，那些爱狗志愿者发现我们这边有个村民张某某家有几十只狗，怀疑他是个狗肉贩子，到处去弄些狗回来杀了卖肉。爱狗志愿者说他的狗来历不明，就报警让我们去调查，当时是我当班，所以就是我去处理的。我到了现场看到好多爱狗志愿者在那里，他们叫嚷着这个张某某没有工商营业执照、检疫合格证明这些证照和手续，叫我把他给抓起来。当时我想的是，我才刚赶到现场，都还没弄清楚是什么情况，怎么可能就直接把人抓走，所以，我就去了解具体什么情况。这个过程中就有爱狗志愿者拍视频，后来才发现他们是把这些视频发到网上了，引起了全国各地好多爱狗人士的声援。他们就质问我们公安机关，大概意思就是，张某某都说不清这些狗的合法来源，你们警察是想包庇他吗？为什么不赶快处理他。

这个事情闹得沸沸扬扬的，后来上级领导也知道了，局里也比较重视，就怕被人炒作整成重大负面舆情。那些爱狗人士非要讨一个说法，那段时

---

① 张作生. 睡眠发生和维持性紊乱 [J]. 生物学杂志，1990（5）：7-12.

间也有很多人在网上骂我,批评我,局里也找我去谈了几次话,就是看我当时是不是处理得有问题。当时以为局里为了平息舆情,我回忆过好多次,我整个处理得都没有问题,但是网络的舆论弄得我心理负担很大,睡觉都睡不着。后来由局里处理这个事,通知了动检、市场管理这些部门上门检查,并把这些狗全部拉到绵阳市去让爱狗志愿者看养。局里也组织了专门警力调查这些狗的来源,调查到底是张某某买来的,还是偷的,要弄清楚后,给他们一个说法,不然那么多人都盯着公安。

这个事情到目前为止,基本上算是告一段落了,局领导也说了我当时做法是对的,只是当时面对他们录像的时候,没有重视和正确引导,不然也不会发酵引起舆情了。这个事情前前后后,我配合调查好多次了,很让人苦恼,我现在都还没恢复,睡眠太受影响了,经常都是整晚整晚地睡不着。现在自媒体太发达了,遇到那些胡搅蛮缠的人你也只能忍气吞声,你也无法处理他们。现在处警好多时候不怕来自违法犯罪分子的危险,更怕的是来自群众和媒体的舆论压力(20210721-WZY)。

(四)消极无效型

消极无效型表现为逆境适应消极且风险应对无效,是抗逆力重构后最差的状态。消极无效型通常是警察遭受让其无力应对的风险冲击后,悲观情绪弥散,受制于自身能力和资源条件限制,使其对风险应对结果感到无望,呈现消极适应图式和无效应对状态。最为严重的状况是受各个因素影响,使得个别警察在某个时刻的自我效能感为绝望状态。绝望是指一种面向未来的消极认知图式,个体在获得图式后,会对某一个目标期望值降低,同时对取得成功的信念感减少①。如若警察长期存在绝望之感，将极不利于其身心健康发展和开展公安工作。

GF 和 YBF 在办案过程中遇见超出能力范围的案件时，其无力感和挫败感较为强烈，抗逆力重构便属消极无效型。案例 3-7，GF 在办理容留卖淫案时，由于一名女性拒不承认卖淫，致使无法将容留卖淫的老板入刑，加之案件特殊难以再次取证，导致该案无法正常移送起诉。GF 求助县局无果，找不到办案努力的方向，顿感无奈，悲观地预见将来只能担责了事。

案例 3-7　GF 办理容留卖淫案不顺的感触

我们这儿前期刚好办了一个卖淫嫖娼的案子，当时抓了两对卖淫嫖娼的人，只要构成两对，这个老板便构成容留卖淫罪。但是，这两对中有一个女的被我们打击过多次，这个女的就没有承认自己卖淫。容留卖淫的老板就是因为这个，导致这个案子没有办法正常起诉，这是其中的一个原因。第二个原因是他的爱人当时也在场，本来想打击处理这个拒不认罪的女性的，就因为他爱人也没有指认他们，所以就不能处理她。

我们在之前对他容留卖淫进行过一次治安处罚，根据现有的法律，他两年内再次容留卖淫，可以对他进行刑事打击，但是，因为法院的规定，现在这个案子没办法按照正常程序走。比如，像我们之前调查卖淫的这些情况，有些东西都是过了之后就没办法再去取证的，导致这个案子现在没有办法正常移送起诉，就有一种很强的无力感。这种情况无法说清楚是谁的问题，而且也不是谁的问题，因为这不是法院和检察院的问题，也不是

---

① 王英，陈屹. 自杀及其干预的认知取向相关研究进展 [J]. 中国健康心理学杂志，2020，28（7）：1105-1112.

法律规定的问题，现实就是这么一回事。只要他不想认，他怎么也不会认，我们使用了各种方法，他也不认罪，想作为一个刑事案件处理，就是没有办法。

现在这个人办理了取保候审，后续取保候审期间满了之后又该怎么处理呢？而且法院要求现在要立为刑事案件，那就要继续侦查，没有办法正常地移送起诉，需要说清楚。这个案子就没办法，很无奈，结果也就只能这样了。（20210706-GF）

案例3-8，YBF参加公安工作前两年的时候，参与侦查抢劫杀人案，由于现场并未遗留物证，加之当时的主办民警均已退休，致使该案20余年依旧未能侦破，是YBF参加公安工作以来唯一未侦破的命案，成为他多年的心结。当前，YBF认为受制于当时缺乏技术条件和物证，无法侦破该案，只能将最后的希望放在其怀疑对象在弥留之际说出真相。面对此心结，YBF通过"要让我去破这个大案肯定不行"的消极自我安慰保持心境平衡，其各种破案努力均属无效。

案例3-8　YBF未侦破命案的心理负担

这么多年来，2000年的一个故意杀人案一直困扰我，我办这么多案子，也就只有这一个没破案。这么多年过去了，一点线索也没有，我有一个怀疑的对象，我感觉没别的办法了。我想可能要等到那个人临死之前，能否有机会我去跟他接触一下，会不会让他说出来？如果我问出来了，心里面就能坦然了，至少我努力了。

我1998年参加工作，那时候我对公安工作不是很熟悉，当时在一个晚上八点左右，我们接到一个报警说有人抢劫把人捅伤了，派出所所有人都去了。发现受害人躺在那儿，马上安排进行抢救，抢救者还在路途中就死了。因为有个大动脉被捅了一刀，那是根本没有办法救的。然后通知刑警大队，刑警大队就让我们过去。在那里研究了很久，最后这个案子还是没有破。

受害人是从家里出来，准备到街上去接他老婆，他老婆当时是村干部，是个妇女主任，村里安排也到外面去学习。当天晚上他们计划在街上吃饭，他跟他老婆打了电话，他老婆让他来接她回家，他就骑个摩托车去接的。在那时候，没有多少人能骑上摩托车。就在一个拐弯处发生了抢劫，他老婆等了很久都没等到人，想着怎么还没来。她就坐了个三轮车往回走，在路上看见了他，然后才报的警，那时候受害人已经不行了。我唯一失望的就是这个案子没有破，这是因为那会儿的侦查手段、方式、方法不完善，以及监控录像那些都没有。

对于这个案子，我心中有个犯罪嫌疑人，就是怀疑对象，但是没有任何证据。不知道这个人离世之前会不会说出来，因为我对这个人非常熟悉，这个人就是干过盗窃加入室抢劫，为什么我一直处处针对他？我一直盯着他的，他只要一犯法我就会收拾他。但是，现在针对这个案子没有任何证据，第一个原因是时间太久了；第二个原因是现场没有遗留的物证，实在没办法，当时掌握的情况是反映出来两个人，确实也是那两个人有可能性，但是没有证据证明。其实这件事情已经压在我心里很多年了，我1998年参加工作之后接近两年时间，要让我去破这个大案肯定不行。

没有任何证据，我就没办法，如果今天你不问我，我都不想说这个问题。为什么我一直不说这个问题，因为说到这个问题上，就会想到当时我

123

就是一个新警察，没有自己的主见。当时的主办民警基本上都退休了，我的心结没办法打开，可能到那个人临死之前，有机会我会跟他接触一下，看会不会让他说出来？如果我问出来了，心里面就坦然了，至少我努力了，用尽所有办法了，我也只能这么想了，这个客观事实必须得认。这么多年来，我经手的故意杀人案，就只有这个没破案。（20210726-YBF）

　　尽管警察个体单次抗逆力重构可能出现积极有效和消极无效两个极端，但是，根据其职业生涯发展轨迹观之，其逆境适应能力和风险应对能力会呈现不同发展脉络，多数警察的抗逆力演进趋向于稳步优化和循环优化，其中以循环优化居多。极个别警察的抗逆力演进趋向于循环劣化和持续劣化，主要表现为某些抗逆力结构因子的某个指标劣化，并非抗逆力总体趋于劣化，尤以性格习惯和情绪反应趋于劣化较为明显。案例3-9，GF从督察大队到派出所任所长后，在派出所工作时常遇到令其十分烦躁的警情，因为工作需要耐心地对待当事人，GF长期压制自己的脾气，且缺乏发泄途径，导致其性格趋于恶化。尽管GF抗逆力总体趋于优化，但是其性格情绪呈现多向变化，即在不同场景中脾气变化迥异——在工作场景中极力克制能好言好语对待群众，但是在家庭生活场景中，面对自己亲人时却没有耐心表现易怒。由此可见，警察个体抗逆力演化趋向并非线性单一的，可能会呈现非线性多元演化的趋向。

案例3-9 GF的性格脾气变化状况

遇到这些事情心里面还是很烦躁，不只是遇到这些事情，只要看到这些事情心里都很烦，但是再烦也要克制自己，然后依理、依法处理。如果相关人员能听劝还是比较好处理的，最不好处理的是他不听劝，他还要跟你说其他的事情，不过完全按照他的道理以他的方式处理是很难的，所以说调解就是要双方满意，大家都认可的一个点上，把它磨平就好了。像我们警察，把自己的脾气一直压抑着，感觉把自己最好的脾气都给群众了，回到家之后，特别是对自己的亲属却没有耐心，我就有这个感触，因为我毕竟在机关待过，要稍微好一点儿，回家之后，更多的时候还是比较和谐的。近几年，来派出所工作之后，我就明显感觉到自己特别没有耐心，特别是对自己的爱人和孩子，我自己能明显感觉到没有发泄途径。

我以前管孩子管得多，现在不行了。我的孩子4岁以前，我管得比较多，我还是比较庆幸的，也不觉得错过了他的成长。像之前"七一"，我好像有15天左右没有见过他。我老婆还好，她现在说我不回家她还清净一些。（20210726-GF）

三、结论与讨论

（一）抗逆力重构源自风险冲击

风险因素冲击是触发警察抗逆力重构的根本动因。遭受风险因素冲击，会导致警察抗逆力结构因子关系状态失衡，进而触发抗逆力结构因子相互影响。抗逆力是在压力的激发下形成的，抗逆力的层次与压力的程度相关①。诚然，风险因素冲击性具有相对性特征，即因警察个体抗逆力差异，同类风险因素对不同警察个体的冲击性存在较大差异。例如，挑战型事件基于个体的差异性判断，有些事件对一部分人构成挑战，对另一部分人却不构成挑战②。于是，只有在风险因素冲击对警察个体造成影响，使其失去既有平衡状态的情境下，才会触发警察抗逆力结构要素重构。

（二）抗逆力重构实为交互过程

警察抗逆力重构过程实为自悯与履职交互作用的过程。在风险因素冲击下，警察个体遭受风险因素冲击致心境失衡后，此间，抗逆力结构要素中的决定性结构因子会在限制性结构因子影响下打破原有平衡，警察会组织保护因素应对风险和适应逆境而恢复心境平衡，当警察心境逐步趋于平衡的过程中，抗逆力会根据其重构关系路径，分别对其决定性结构因子产生反馈作用，进而影响限制性结构因子。抗逆力重构过程通常是抗逆力结构因子连续多轮交互的过程。其各因素交互作用共同缓冲风险因素的冲击，其中，"坚韧抵抗能力"和"忍受消极情绪"主要功能是韧性的抗逆力，前者是一种"坚韧性"，它主要是承受压力，后者是一种"忍耐性"③；抗逆力结构要素重构达成新的平衡状态的过程，也是警察忍受风险冲击造成痛苦的过程。

---

① 田国秀，李宏鹤. 中学生抗逆力表现的过渡层次及其分析——基于问卷与访谈的混合研究 [J]. 中国青年研究，2013（6）：72-76.

② 田国秀，邱文静，张妮. 当代西方五种抗逆力模型比较研究 [J]. 华东理工大学学报（社会科学版），2011，26（4）：9-19.

③ 郑林科，王建利，张海莉. 人性中的韧性：抵御应激和战胜危机的幸福资本 [J]. 甘肃社会科学，2012（4）：51-54.

（三）抗逆力状态具有不稳定性

在特定风险情境下，四类抗逆力具有相互转化的可能性。警察抗逆力重构后决定性结构因素会呈现不同状况，行为履职效果主要表现出介于无效应对风险与有效应对风险之间，特质自悯状态会表现为介于积极自悯与消极自悯之间，于是警察抗逆力呈现为积极有效、积极无效、消极有效、消极无效四个类型。由于警察职业风险各异，纵观警察职业生涯，警察抗逆力演进过程中，会出现四类抗逆力交替转化现象。总体而言，由于经历过危机的挑战，抗逆力潜能被激发，不仅可以顺利克服逆境，还可以从重组过程中获得知识与经验，提升抗逆力水平，能够从容应对未来可能发生的类似危机和压力[①]。但是，警察的某个"至暗"时刻，其抗逆力难免会有坠入"谷底"的情形，于是，警察抗逆力便会表现出介于强弱高低之间的来回波动现象，究其根源，实为警察抗逆力具有不稳定性所致。

---

① GLENN E R. The Metatheory of Resilience and Resiliency[J]. *Journal of Clinical Psychology*. 2002，58（3）：307-321.

第四章 警察抗逆力蚀化的样态与逻辑

第一节 认知偏差

2022 年 9 月 16 日，湖北省黄冈市黄梅县公安局黄梅派出所民警程凯带领民、辅警一行五人抓捕盗窃犯罪嫌疑人时，突遇嫌疑人倒车逃窜，致程凯连同侧翻车辆一起跌下陡坎，被压车下窒息牺牲。据统计，2012—2022 年，全国有 3799 名民警英勇献身，5 万余名公安民警光荣负伤[①]。可见，人民警察处于"时时在流血、天天有牺牲"的高职业风险情境。诚然，英雄模范警察用自己的鲜血彰显了忠诚信念和奉献精神，广大人民警察需要认真学习他们的品格和精神。然而，分析造成警察伤亡的主客观原因，发现部分伤亡警察自身主观因素是造成伤亡的主要原因之一，即职业风险情境中警察的认知偏差所致。类似以优势警力抓捕盗窃嫌疑人这类"低风险"任务，发生意外伤亡的"高代价"现象并不少见。在履职过程中出现意外伤亡，有时是警察出现职业风险和自身能力认知偏差，采取风险应对行为

---

① 新京报. 公安部：10 年来全国 3799 名民警牺牲 [EB/OL].（2022-10-19）[2023-03-12].https://view.inews.qq.com/wxn/20221019A02EHT00?qq=670433900&refer=wx_hot&web_channel=detail.

不当所致。

警察长期身处职业风险情境，极易遭受意外造成严重后果。轻则导致警察产生消极心理和习得职业倦怠，影响身心健康；重则致其认知偏差和履职失范，危害自身和他人生命安全。随着警务人员违法犯罪、自杀比例上升，积极塑造警察的心理品质势在必行[①]。为此，要促进警察身心健康发展和警务工作高效运转，亟须提升警察承受挫折和压力的能力[②]。其首要之举便是厘清警察认知偏差的表现形式及其形成原因，于此，本书以警察个体为研究单位，通过关键事件访谈，搜集与解析职业风险情境中警察认知偏差与履职言行的原始资料，在揭示警察认知偏差的形成原因与表现形式的基础上，探求职业风险情境中警察认知偏差消解路径，助力警察心理危机干预与警察职业风险应对等工作。

一、文献简述与问题提出

（一）警察职业风险与警察认知偏差研究概况

1. 警察职业风险研究概况

根据职业风险对警察的影响范围，警察职业风险的概念和类型分为狭义与广义：广义的警察职业风险是指在警务活动中对警察的各种损害或不利的可能性[③]，包括政治风险、经济风险、法律风险、人身安全与健康风险

---

① 郑立勇，孔燕. 个体与团队心理资本优化开发策略研究——以警察职业为例 [J]. 华东经济管理，2016，30（4）：178-184.

② 李儒林. 警察职业倦怠研究 [J]. 中国健康心理学杂志，2009，17（11）：1319-1321.

③ 詹伟. 警察职业安全与健康 [M]. 北京：中国人民公安大学出版社，2015：144.

等[1]；狭义的警察职业风险主要指警察人身安全面临各种危险或危害的可能性，即人身安全与健康风险等[2]。除了少部分学者持狭义观外，大部分学者的观点大同小异都持广义观。诸如，许新源和李怀泽指出，警察职业风险是指警察在承担责任、履行公务活动中，由于社会环境、组织状况以及自身原因等因素作用而具有引起严重后果的可能性[3]。陈健和张波认为，警察职业风险是指警察在从事警务活动时遇到破坏或损失的危险和机会，主要包括生理风险、心理风险、社会风险、工作风险等[4]。郑卫民认为警察职业风险包括人身损害风险、心理疾病风险、执法责任风险、社会保障风险等警察职业经常面临的风险[5]。个别学者对警察职业风险进行量化分析发现，不同岗位的警察所面临的职业风险强度和形成模式有所差异[6]，发生率较高的警察职业风险主要有言语辱骂、恶意投诉、威胁恐吓、人身攻击[7]。综合这些警察职业风险广义观可见，警察职业风险具有高发性、复杂性与危害性等特征，笔者认为警察职业风险主要指从事警察职业给警察造成损失、损害和危险等消极影响可能性。显然，警察长期身处职业风险情境，势必

① 王莉.新形势下人民警察职业风险的几点思考 [J].黑龙江省政法管理干部学院学报，2010（2）：23-25.

② 贾延红，詹伟.警察职业风险防控的路径探索——以境外警察职业保障经验为启示 [J].广西警察学院学报，2018，31（6）：46-51.

③ 许新源，李怀泽.警务风险管理初探 [J].中国人民公安大学学报（社会科学版），2007（6）：7-13.

④ 陈健，张波.应对警察职业风险的探索与实践——以杭州市公安局西湖风景名胜区分局为例 [J].公安学刊（浙江警察学院学报），2009，111（1）：79-83.

⑤ 郑卫民.警察职业风险防护制度探究——以警察执法权益保障为视角 [J].山东警察学院学报，2018，30（2）：128-134.

⑥ 陶明达，夏锡，梅李莉.警察职业风险测评量表的构建与研究 [J].中国健康心理学杂志，2006（6）：711-713.

⑦ 林丹，江兰，郭菲，等.警察职业风险与创伤后应激症状关系 [J].中国公共卫生，2019，35（6）：708-711.

会对其认知和履职行为产生一定的消极影响。

2. 警察认知偏差研究概况

学者从心理学、教育学、管理学、精神病学、经济金融学和图书情报学等不同学科视角对认知偏差概念作出不同界定。诸如，认知偏差是指人们在认知自己、他人及人际关系时，在对行为、事件做出解释、推断时，所做出的与实际情况有出入的推测、判断，并使这些推测、判断达到一种固定化的程度[①]。也有人提出，认知偏差是指人类大脑从数据中汲取不合逻辑推理的广泛领域，导致知觉失真[②]。还有人认为，认知偏差是指人们受到有限理性、自我认知的局限性、个体特质（如认知风格、自我感觉机制、个体动机以及情绪情感）、特定情境下的信息加工策略等影响而产生的，在决策判断之中出现与客观事实本来面目以及标准规则相差别和背离的倾向或结果的情形[③]。尽管认知偏差的概念分歧较多，但是其成因基本上可以归结为主客观和环境等因素。环境因素和制度因素会对形成认知偏差具有客观影响，个体的性格、专业技能、动机、个体思维等主体因素等对形成认知偏差则有主观影响。认知偏差既受客观情境因素的制约，也受知识经验、情绪情感等主观因素的掣肘[④]。扎琼克（Zajonc）和伯恩斯坦（Burnstein）较早阐述了认知偏差的产生根源，指出认知偏差来源于心理结构失衡、社会

① 王庆功，张宗亮，王林松. 社会心理冲突：群体性事件形成的社会心理根源 [J]. 山东社会科学，2012（9）：54-59.

② WING I. Bias intelligence-understanding bias and how to prevent it［J］. *Journal of the AIPIO*，2014，22（2）：3-20.

③ 刘杰. 侦查中的认知偏差及其修正 [D]. 武汉：中南财经政法大学，2018：20.

④ 赵雪莲，顾亚慧. 领导者认知偏差的形成机理与修正策略 [J]. 领导科学，2021，806（21）：22-25.

性交互、个体心理倾向[①]。1989 年，许树坪在国内率先提出认知偏差概念，阐述了认知偏差在学校教育中的危害及其纠正措施，认为人类社会行为受其自身的社会认知影响，认知出现偏差，人的行为也会随之出现差错[②]。虽然关于认知偏差研究文献较多，但是研究警察认知偏差文献较少。

警察认知偏差研究主要关注侦查活动和情报分析两个警务情境：一是以刘杰和刘启刚等人为代表的关注侦查活动中的认知偏差；二是以严贝妮和闫燕为代表的关注情报分析中的认知偏差。侦查人员和情报分析人员认知偏差是认知的主体、客体和环境共同作用的结果。侦查人员认知偏差的成因。刘杰在其博士论文中提出，侦查中认知偏差之证实偏差是在"相信"的本能、单次信息处理特点、肯定性检验策略、条件性参考框架、实用主义以及错误规避、认知失调、教育导向等多种相关的因素共同发生效用的结果[③]。刘启刚也有类似观点：受主客体等因素影响，侦查人员出现诸多认知偏差，侦查人员收集了虚假和不全面的证据信息，整合论证信息时做出与事实真相不符的认知判断反应，便产生了侦查认知偏差[④]。关于公安情报分析人员认知偏差的成因，严贝妮发现，情报分析主体、信息结构、技术与工具、流程周期、组织文化和用户交互这六个认知主体、认知客体和认知环境因素促成了情报分析认知偏差[⑤]。闫燕提出，认知偏差形成因素包括

---

① ZAJONC R B，BURNSTEIN E. Structural balance，reciprocity，and positivity as sources of cognitive bias[J]. *Journal of Personality*，1965，33（4）：570-583.

② 许树坪 . 认知偏差在学校教育中的危害及其纠正 [J]. 教育理论与实践，1989（1）：56-57.

③ 刘杰 . 侦查中的认知偏差及其修正——刑事错案导因溯源 [D]. 武汉：中南财经政法大学，2018：46-51.

④ 刘启刚 . 侦查人员认知偏差及其影响 [J]. 中国刑警学院学报，2019，151（5）：70-79.

⑤ 严贝妮 . 情报分析中的个体认知偏差及其干预策略研究 [M]. 北京：中国社会科学出版社，2016：149.

公安情报分析人员（即认知主体）的心理过程、心理倾向、心理特征、"移情"现象等认知主体因素，以及组织环境与组织文化等认知环境因素[①]。

认知偏差的危害。认知偏差存在于公安工作的各个环节，其消极影响不言而喻。侦查人员认知偏差是侦查错误乃至侦查错案发生的深层次心理原因[②]。侦查人员认知偏差对案件定性、犯罪嫌疑人身份认定、证据收集及侦查终结等侦查关键环节发挥着消极影响[③]。侦查人员认知偏差对侦查工作存在消极影响是毋庸置疑的[④]。较为严重的危害是产生冤假错案，冤错案件的形成还可能来自"根深蒂固"的显性认知偏见或"无意识"的隐性认知偏差[⑤]。更为严重的是办案人员存在认知偏见，可能会造成重大冤假错案。分析大案要案尤其冤假错案办案过程中的认知偏见，研究发现认知偏见广泛存在于侦查人员中，尤其侦查讯问工作者中[⑥]。根据梳理相关文献观点可知，刑事错案的认知偏差生产机制，主要有两个步骤：一是"构造故事"，侦查机关对案件事实的代表性偏差、易得性偏差和锚定性偏差直接影响；二是"证实（伪）故事"，由"过度自信效应""展望理论效应"和"沉没成本效应"间接作用[⑦]。

当前警察认知偏差研究主要从侦查和情报分析环节切入，在解析警察

---

① 闫燕 . 公安情报分析中的认知偏见研究 [J]. 情报探索，2018，246（4）：25-28.

② 刘启刚 . 侦查人员认知偏差的矫正原则与策略研究 [J]. 山东警察学院学报，2019，31（4）：49-58.

③ 刘启刚 . 侦查人员认知偏差及其影响 [J]. 中国刑警学院学报，2019，151（5）：70-79.

④ 刘启刚 . 侦查人员认知偏差及其影响 [J]. 中国刑警学院学报，2019，151（5）：70-79.

⑤ 谢澍 ."显性偏见"抑或"隐性偏差"——刑事审前程序中的认知偏差及其程序控制 [J]. 法学家，2022，193（4）：31-45.

⑥ 申维辰，刘冲 . 侦查人员认知偏见问题探究 [J]. 铁道警察学院学报，2020，30（2）：99-103.

⑦ 唐丰鹤 . 错案是如何生产的？——基于 61 起刑事错案的认知心理学分析 [J]. 法学家，2017，161（2）：1-16.

认知偏差表征的基础上，基本厘清了认知偏差的成因和危害。结合警察职业和警务活动的特性可知，警察认知偏差研究尚有一定拓展空间。其一，研究资料仍需充实。除个别学者获得较丰富的一手分析资料，大部分警察认知偏差研究缺乏充足的一手资料支撑。其二，实证研究尚需加强。除了严贝妮综合采用了问卷访谈和专家访谈获得一手资料，对其进行量化分析（结构方程模型与因子分析）和案例研究，其他学者主要采用思辨推理和少量案例分析，其结论的可靠性是存疑的。其三，研究场景尚可拓宽。警察认知偏差的现象和危害并非限于侦查和情报分析环节，几乎所有警察均存在认知偏差现象，其危害也并非只是造成冤假错案。为此，未来的警察认知偏差研究趋势应该是，先获得普适认知情境的一手调查资料，再对警察认知偏差进行严谨全面的实证研究。

（二）问题提出

严贝妮从认知系统角度，将认知偏差概念界定为在特定的认知情境下，认知主体对认知客体产生的误差，其中，认知系统包括认知主体、认知情境和认知客体三个子系统，认知主体是指具备一定认知能力并从事一定认知活动的人，认知情境是指在认知过程中的各种境况，认知客体是指进入主体的认知活动领域的对象[①]。参照严贝妮的认知偏差概念，笔者认为警察认知偏差主要指在职业风险情境，警察为履行职责应对风险，认识职业风险、职责任务和风险应对资源等客体的信息加工活动中，产生与实际情况偏离和误差。认知行为理论认为，个体认知在情绪和行为中发挥中介与协

---

① 严贝妮.情报分析中的个体认知偏差及其干预策略研究[M].北京：中国社会科学出版社，2016：34.

调的作用，强调认知在行为中的重要性，认知在一定程度上影响行为发展趋势①。根据认知行为理论可知，身处职业风险情境，认知偏差会直接影响警察的风险应对行为，如若风险应对不当则会危害警察的身心健康和人身安全。在风险社会中，警察长期遭受职业风险冲击，警务活动中普遍存在认知偏差现象，要防止警察认知偏差造成危害后果，首先应厘清警察认知偏差的表现形式及其形成原因，以便采取针对性的消解举措。

二、研究设计

（一）研究方法

扎根理论开展研究的核心思路与方法是对原始资料进行逐级编码，主要采取"开放式编码—主轴编码—选择性编码"式研究过程，通过持续分析和比较原始资料，从中提炼概念与归纳范畴，借助验证性原始资料对范畴进一步挖掘和比较，直至达到理论饱和与形成理论模型。从方法论观之，扎根理论研究主要依托质性资料进行研究，借助该方法论进行抗逆力研究具有以下优势：其一，能够在梳理研究对象风险应对过程的基础上，便于在扎根抗逆力事实的基础上，厘清抗逆力蚀化的逻辑及其样态；其二，遵循"自下而上"的扎根原则，按照"先以事实为据、再以文献为佐"的研究顺序，能较好地从事实资料演绎至理论模型，可以避免受相关研究文献"先入为主"的影响，有利于扎根警察风险应对事实，厘定警察抗逆力蚀化

---

① 王雁飞，蔡如茵，林星驰.内部人身份认知与创新行为的关系——一个有调节的中介效应模型研究 [J].外国经济与管理，2014，36（10）：40-53.

的机理及其样态。

（二）数据收集

在对 AN 县公安局所有一线所队抽取的 40 名警察，进行"警察应对突然事件的抗逆力"主题的深度访谈时，笔者发现 20 名警察应对过程中存在抗逆力蚀化现象，于是，后期对此 20 名警察进行抗逆力蚀化主题的半结构化关键事件访谈，受访者基本情况如表 4-1 所示。整个访谈过程是 2021 年7—8 月笔者在 AN 县公安局锻炼期间进行，通过政治处与抽样选定的受访者预约访谈时间。具体访谈提纲为：（1）请您介绍 2 件应对不当的急难险重任务履职经历；（2）请问当时您如何看待此任务及其潜在风险；（3）请问当时您有何应对资源和条件；（4）当时您有何情绪反应，您是如何调节自己情绪的；（5）请问您习惯如何完成急难险重任务；（6）请问当时您完成任务后有何看法和感受？

先向访谈对象介绍抗逆力和职业风险的概念，在确保其理解警察职业风险情境中抗逆力概念后，引导访谈对象回忆并描述 2 件应对不当的急难险重任务履职经历，对每名警察进行时长为 90—120 分钟的访谈。经受访者同意，采取录音和速记笔记等方式进行记录，将全部录音资料逐字逐句转录成文字资料，共计转录 13 万余字原始资料，选择访谈最为全面深入的 GF 作为单案例扎根分析样本，将其他样本作为多案例分析样本。

表 4-1 警察抗逆力蚀化访谈对象基本情况

编号	性别	年龄	警龄	领导职务	编号	性别	年龄	警龄	领导职务
20210722-WJ	男	36 岁	13 年	副所长	20210721-WL	男	42 岁	18 年	所长
20210723-GQ	男	37 岁	14 年	副所长	20210805-WP	男	37 岁	14 年	无
20210726-GF	男	35 岁	12 年	所长	20210728-ZJS	男	35 岁	11 年	无
20210726-YBF	男	48 岁	25 年	教导员	20210725-GB	男	28 岁	5 年	无
20210721-LT	男	50 岁	28 年	教导员	20210719-LXH	女	33 岁	10 年	无
20210805-ZDY	男	38 岁	14 年	大队长	20210719-HYZ	男	30 岁	7 年	无
20210802-YC	男	37 岁	14 年	副大队长	20210729-LH	男	43 岁	20 年	无
20210722-LSW	男	53 岁	30 年	所长	20210804-HXH	女	32 岁	9 年	无
20210802-ZD	男	40 岁	17 年	教导员	20210715-YGJ	男	37	13 年	无
20210715-ZB	男	38 岁	14 年	副大队长	20210729-NQQ	女	33 岁	10 年	无

三、警察认知偏差形成与表现的模型建构

按照多案例研究思路，首先选择风险应对经历丰富和资料掌握最全的个案访谈对象 WJ 进行详细的单案例分析，据此，改进资料收集与分析的方法和要点；其后，对后续的访谈对象进行针对性地收集与分析原始资料，先后共计搜集、翻录和分析了 16 名一线警察的深度访谈资料，借助后续掌握的原始资料持续修正与优化理论模型。

（一）开放式编码

根据开放式编码程序，首先，通过逐行逐句阅读、理解、分析原始资料，在具有内容代表性的语句贴身标签；其次，在梳理与比较原始话语的

基础上，按照语义将其概括为具有内容指向性的原始概念；再次，相互比较各个初始概念，舍弃频率低于 2 次的初始概念，在提炼出 32 个初始概念后选取部分代表性原语句；最后，根据初始概念的类属关系，合并同类概念后将初始概念归纳为范畴，最终获得 17 个初始范畴（见表 4-2）。

表 4-2 警察认知偏差开放性编码部分示例

初始范畴	初始概念	代表性语句
B1 风险属性认知不准	A1 错估风险类型	如果我们一开始就知道这是命案，绝对不可能简单地勘验之后就把现场处理了，以致现场好多可能的线索都弄丢了，这个案子突破了我们的勘验认知（误判现场） 我在了解屠宰户情况的时候，那些爱狗人士叫嚷着要严惩屠宰户，我原本以为劝散他们就好了，没想到他们发布在网上的照片和视频引发了涉警网络舆情（误判风险类型）
	A2 错估风险难度	在实际的工作中，我们公安民警经常处于两难的境地，婚姻情感纠纷就特别难调处，一不小心就可能引发灭门惨案（高估难度）； 看到一个比我年轻一点儿的小伙子，我以为他看后就会安分了，没想到他根本就不听我们的话（低估难度）
B2 风险危害认知不准	A3 错估危害类型	最初，所长让我管民用爆炸物，我只害怕出事故，安全责任比较大，没想到安全检查那么多，这个工作给我的精神压力太大了（误判民爆工作影响）； 我们抓人的时候只知道他人高马大，想到可能要受点伤，没想到他竟然擦破手指威胁我们说他有艾滋，我们一下就紧张了（误判伤害类型）； 原以为他只是难缠而已，我刚一转身，他就开始打我，事后我才知道他是一个间歇性精神病人（误判当事人被袭）
	A4 错估危害烈度	我觉得看管情绪极度失控人的安全责任很大，耗费的时间也长，经常都会整得我身心俱疲，透支太多精力了（高估危害性）； 没想到他会又哭又闹，还到处撞脑袋，我们只能把他转移到值班室的椅子上。这种警情真是最恼火的事情（低估危害性）
B3 任务效果认知不明	A5 错判任务要求	李大队让我们中队盯着这伙人，当时，我以为是时机合适就把他们一网打尽，把他们逮回来后，被李大队骂惨了，说我抓早了，他是想把这伙人背后的人摸清再逮（任务时机理解偏差） 所长叫我多看着点这伙嫌疑人，我以为就是防治他们串供，没想到这个人竟然偷偷吞了一个回形针（任务性质理解偏差）
	A6 效果要求认知不明	上百人把政府给围了，为了疏导他们，免得激化矛盾，我们主要是就去劝散这些人，结果，政府领导就说我们失职，让组织者逍遥法外（任务效果理解偏差） 在审讯的时候，我想的是只要让他交代清楚自己的作案事实就算审好了，我把讯问笔录交给马大队看了后，他却问我为什么没有问他同伙的情况（任务要求理解偏差）

（续表）

初始范畴	初始概念	代表性语句
B4 任务时限认知不明	A7 紧急性认知偏差	我值班的时候，吴所长叫我去增援小宋，我以为不急，忙完手头上的事就去了，到了才知道，双方早都打起来了（时限要求不明）
B5 外部支持认知不清	A8 错估警队支持	我在吸引对方注意力时，以为队友会趁机突袭他，所以，对方靠近我的时候我就没有移动，没想到队友只是在警戒外围（错估支持类型） 移民村和隔壁村的几百人在争河水的时候，我发现根本就控制不住局面，请局里支援，结果，局里就只派了两个人过来（错估支持力度） 派出所的副所长和那个老民警赶过来，但是，那个村子离派出所很远，他们需要很长时间才能赶到（错估支持时机）
	A9 错估政府支持	那次搜捕的时候，以为政府已经组织好交通和医疗资源了，后来，我们有人员受伤后才发现医疗人员还没到位（高估政府支持）； 让我们去隔离确诊者时，我们都没有防护服就去执行任务了，后来才晓得政府给我们准备了防护装备（低估政府支持）
	A10 错估社区支持	刚开始发生疫情的时候，以为社区干部都会配合好静默管理，结果，社区就只派了一个人过来（高估社区支持）； 原本都不抱什么希望了，没想到村干部发动村民，还真找到了嫌疑人的线索（低估社区支持）
B6 自身能力认知不清	A11 误估自身能力类型	我在派出所都是处理一些矛盾纠纷和打架斗殴之类的事，很少遇到重大案子，没想到参与这个命案后，经过多次协助技术室勘验，却是我找到关键线索（误判自己勘查能力）； 到了现场，我对他进行言语控制，原以为已经把他震慑住了，在铐他的时候，他却拼命反抗，我没办法只能使劲把他按住（误判自己处置能力）
	A12 误估自身能力水平	遇到这种紧急又危险的警情，加上自己刚参加工作还没办过这类案子，当时，我就担心，非但不能化解他们的世仇，还可能把自己给搭进去了（低估自身能力）； 办了这多案子，各种嫌疑人都抓过了，只要这个嫌疑人还活着，我肯定能把他逮回来的（高估自身能力）
B7 成功归因内化	A13 自己取得成功	要不是我一直都盯着他们，搜集了那么多证据，刑警大队怎么可能这轻松就抓他们现行和办案铁案（办案成功源于自己）
B8 失败归因外化	A14 外界导致失败	之前抓捕毒贩是事先有准备的，也是有支援的。我是第一次偶然遇到这种毒贩，这次是没有支援，也没有时间准备，所以才让毒贩给跑了（将失败归于外界）
B9 职业精神不高	A15 职业价值偏低	经常都在处理这些事情，就算是打击了这些盗窃分子，但是，没法追回财物，过段时间，他们又被放出来了，觉得反复打击都没啥用（价值感低）
	A16 职责感不强	这些问题并不是我一个人的责任，为啥就要我去处理呢（缺乏责任心）； 虽然，那个案子是在我主办，但是，我花费的时间精力也更多啊，出了事，大家都得负责才行啊，不能让我一个人背锅啊（缺乏担当）

初始范畴	初始概念	代表性语句
B10 防御自保	A17 规避责任	当时，我只有一个想法，那就是快跑，根本来不及去想其他事情，完全是跟着自己本能行动（自保安全） 所长叫我去调解这个纠纷，我担心调解不好激化矛盾，很可能还要被追责，于是，我就叫上其他同事和我一起去的（防止追责）
	A18 保守偏好	当时就我一个人在人群中看到嫌疑人，害怕他身上有武器，我也不敢上去，远远地跟在他后面，那次不小心就让他又跑脱了（抓捕行为保守）
B11 性格不佳	A19 粗心大意	平时我就大大咧咧的，办案子、整材料那些细枝末节的事就不行，叫我去逮人什么的还可以（粗心）
	A20 消极冲动	平时，我自己就独来独往的，不喜欢参加集体活动，也没有交心的同事（孤僻）； 遇到一些特别难缠的嫌疑人就很烦人，我感觉自己没办法让他交代清楚（悲观）； 当时，我还年轻，也是刚上班，我挨他打了，就血气方刚地想要打回来，所以我就用手电筒戳了他一下（鲁莽）
B12 习惯不佳	A21 装备携带习惯不佳	在发生昆明"3·01"暴恐事件和人寿冲撞派出所这些事之前，我经常是没带单警装备就出警了（出警习惯不佳）
	A22 处警习惯不佳	以前，我出现场都是那样子，直接就进当事人家里，也没注意多查看一下有没有潜在危险（缺乏查探习惯）
B13 情绪体验不良	A23 负面情绪	这一晚上，我心里面很焦急，心里一直在想这个事情，必须要把这个事情处理好了，才能松一口气（焦虑）； 贩毒的人可能身上带了刀或枪，我的精神就很紧张（紧张）； 我第一次去现场的时候就手足无措，比较畏惧（害怕）； 我又没做错什么，都是根据程序走的，就这样无缘无故遭了个处分，我觉得受到无妄之灾（怨气）； 我想今天出警也没说错什么话，也没做错什么事，突然就被别人莫名其妙地打了，我肯定生气啊（愤怒）
	A24 负面感受	继续这样下去，我是真的不想干了。不停地写总结，真的很烦（倍感折磨）； 说老实话，遇到这些事情，心里就会莫名地很烦（烦躁）
	A25 过度自信	我小腿上的伤，就是那次我们大队和特巡警一起抓捕驾车毒贩者撞的。当时想的是，我们七八个人拿着枪把他围堵在马路口了，我想他应该不敢反抗，也跑不掉了，就准备拿手铐去铐他，结果他一下子就开车冲出来了，我没闪开就被撞了（盲目自信）

（续表）

初始范畴	初始概念	代表性语句
B14 应激反应不良	A26 饱受刺激	我看到现场就吐了，勘查完现场，吃不下晚饭，这次确实对心理上的冲击很大（心理冲击）； 当时，在现场很惨烈，那个人还没有断气，一直在呻吟，我们也想办法救他，但是没有用，当时看着他死了，心理上确实是有点受不了（目睹死亡过程）； 当时是有茫然失措的感觉，因为我从来没有遇到过这种情况（茫然失措）
	A27 身体超负荷	出警比较多的话，是比较影响睡眠的，比如晚上十一二点出警，一般都是出完警回来就很难睡着了（长期熬夜）
B15 自我失衡	A28 内心失衡	在处置群体性事件的时候，我经常都是惴惴不安的，生怕自己哪句话或者哪个动作不对劲，激怒他们就很难收场了（忐忑不安）； 有矛盾，有迷茫，反正就是那种遥遥无期的期盼。感觉这样不行，那样不可以，左右都是错，不知道究竟该怎么办（矛盾不已）
	A29 压力难泄	我现在在刑侦工作，要办很多案子，时间也急得很，精神压力大得很，都不知道怎样才能让自己平静下来（难以缓解压力）； 经常郁闷的时候，只能自己扛着，没法给同事说，别人会认为我抱怨多，又不能给家人说，免得他们跟着担心（难以倾诉）
B16 固执己见	A30 任意行事	这么多年都是这样处理打架的案子，肯定要把双方都给处理了，难道不该这样办呀（一意孤行）； 在讨论方案时，经常都是扯来扯去没有结果，既浪费时间，也消耗精力，一直都这样，还不如我直接决定，兄弟们只需要执行就好了（独断专行）
B17 逃避现实	A31 自我麻痹	办案子抢时间，经常都是加班加点地干，为了提神，只能多喝咖啡和不停抽烟（抽烟）； 警察经常都会遇到无可奈何的事情，根本就没有办法去解决，郁闷的时候，我就去喝喝酒，吹吹牛，喝晕了还能睡个好觉（喝酒）； 值班时，从晚上出警直到凌晨，我就很难睡着了，就只有打打游戏，看看小说，累得实在是撑不住了，自然而然就睡着了（打游戏看小说）
	A32 避迹违心	经常都是出警量太大了，从早上八点接班到晚上十二点多，一直都没有一点儿休息时间，吃饭就像打仗一样，反复出警，而且投诉也很多，感觉费力不讨好，实在是太累了，当时我就想着放弃这个职业了（萌生离职念头）； 局长给我打电话，他问我怎么办，我自己说不想当所长了，现在所长的压力不亚于一个乡镇党委书记（退缩）

（二）主轴编码

于此，主要按照"条件—现象—流程—互动—结果"的分析与归纳次序，结合原始资料，多轮分析开放式编码结果，对 17 个初始范畴进行反复分析和比较，将具有聚合价值的初始范畴有机整合在一起，整合成为主范畴，最终形成职业精神不强、性格习惯不佳、情绪反应不良、自我调适失效、职业风险认知不准、任务要求认知不明、应对资源认知不清和自利归因倾向 8 个主范畴，主范畴及对应范畴的内涵如表 4-3 所示。

表 4-3　警察认知偏差的主轴编码

主范畴	初始范畴	范畴内涵
C1 职业风险认知不准	B1 风险属性认知不准	个体未能准确认识与理解警察职业风险的类型和难度等情况
	B2 风险危害认知不准	个体未能准确认识与理解警察职业风险的危害类型和危害烈度等情况
C2 任务要求认知不明	B3 任务效果认知不明	个体未能准确认识与理解完成职责任务所要求的效果
	B4 任务时限认知不明	个体未能准确认识与理解完成职责任务所要求的时间限制
C3 应对资源认知不清	B5 外部支持认知不清	个体未能准确认识与理解应对职业风险所具有警队支持、政府支持和社区支持等外部支持的情况
	B6 自身能力认知不清	个体未能准确认识与理解自身应对职业风险所具有的专业知识、警务技能、处置经验等能力
C4 自利归因倾向	B7 成功内部归因	个体倾向于将有效完成警察职责任务归功于自身因素
	B8 失败外部归因	个体倾向于将未能完成警察职责任务归咎于外部条件
C5 职业精神不强	B9 职业责任不强	个体在警察职业活动中，未能尽自己最大的努力来完成自己的职责和任务
	B10 防御自保	个体履行职责任务时倾向于通过规避责任与保守偏好等措施保护自身安全
C6 性格习惯不佳	B11 性格不佳	个体基于履行职责任务的态度和相应的行为方式，形成比较稳定的不佳心理特征
	B12 习惯不佳	个体倾向于不佳的自发重复行为的内在机制
C7 情绪反应不良	B13 情绪体验不良	个体对自身情绪的不良认识、反应、表达的过程
	B14 应激反应不良	个体面对突发或不可控情境时，经认知作用后即时作出的一系列不良生理和行为反应

（续表）

主范畴	初始范畴	范畴内涵
C8 自我调适失效	B15 自我失衡	从自我鼓励变成怀疑，从情绪平静变成波动，开始怀疑自己的工作能力不足和方法有问题
	B16 固执己见	过度在乎得失，顽固地坚持自己的意见，不肯改变
	B17 逃避现实	用逃避和消极的方法去降低遭受挫折时的痛苦感

（三）选择性编码

本书聚焦警察抗逆力重构，因而将抗逆力的重构过程与趋向影响因素及其关系作为核心问题，多次分析范畴及其所属概念范畴，找出在原始资料中反复出现且比较稳定的 8 个主范畴，在此范围中筛出具有较强概括性与关联度的风险属性、风险应对、认知和自我调适 4 个核心范畴。通过反复分析原始资料，梳理各个范畴之间呈现的逻辑关系，如表 4-4 所示。

表 4-4　警察认知偏差的选择性编码路径关系

范畴路径	结构关系	关系路径的内涵
职业精神不强→认知偏差	因果关系	警察个体缺乏强烈的职业责任感，加之倾向于采取防御自保策略应对职业风险，会导致其产生认知偏差现象
性格习惯不佳→认知偏差	因果关系	警察个体的性格不好和警务处置行为习惯不佳，会导致其产生认知偏差现象
情绪反应不良→认知偏差	因果关系	警察个体应对职业风险时情绪体验不佳和应激反应不良，会导致其产生认知偏差现象
自我调适失效→认知偏差	因果关系	警察个体遭受职业风险冲击，处于自我失衡状态，固执己见和采取逃避现实的应对风险策略，会导致其产生认知偏差现象
认知偏差→职业风险认知不准	映现关系	警察个体产生认知偏差现象时，可能会以职业风险属性与危害认知不准的方式呈现
认知偏差→任务要求认知不明	映现关系	警察个体产生认知偏差现象时，可能会以任务要求效果和任务时限理解不明确的方式呈现
认知偏差→应对资源认知不清	映现关系	警察个体产生认知偏差现象时，可能会以应对职业风险的外部支持和自身能力不够清晰的方式呈现
认知偏差→自利归因倾向	映现关系	警察个体产生认知偏差现象时，会呈现成功归因内化与失败归因外化的自利归因倾向

（四）理论饱和度检验

当对后续原始资料编码与归纳至第 13 例个案时，不再出现新主题、新范畴和新关系。通常，当原始资料基本不能再提供新的范畴和关系时，则表示研究所得到的理论达到饱和。据此，判定进行多案例研究达到了理论达到饱和。

（五）警察认知偏差形成与映现模型建构

根据核心范畴与认知偏差的关系，建构出警察认知偏差生成与映现的模型，如图 4-1 所示。其中，职业精神不强、性格习惯不佳、情绪反应不良、自我调适失效作为警察认知偏差的影响因素，具有因果关系，直接影响认知偏差；职业风险认知不准、任务要求认知不明、应对资源认知不清、自利归因倾向作为映现警察认知偏差的结构因素，具有映现关系，主要反映与呈现警察认知偏差现象。

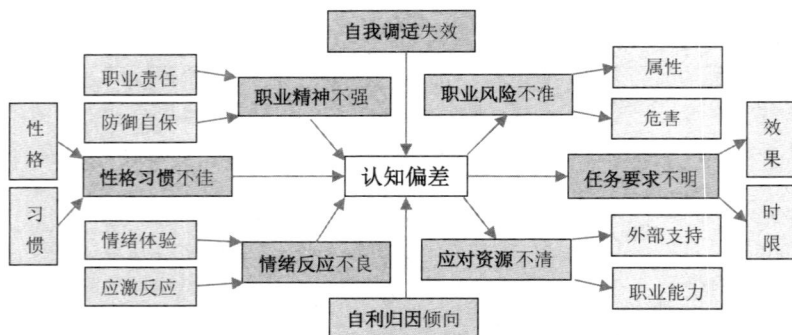

图 4-1　警察认知偏差形成与表现模型

四、警察认知偏差形成与表现的机理阐释

（一）警察认知偏差的形成

1. 职业精神不强

囿于职业价值观不高和职业责任感不强，致使警察履职时缺乏强烈的职业精神，倾向于采取防御自保策略，故而对其认知产生消极影响。警察履职必然饱受各类职业风险冲击，职业的特殊性要求警察必须具有崇高的职业精神，才能高效履职尽责。警察职业精神主要是指警察具有的忠诚于党、服务人民、公正执法、团结向上的思想作风[1]。也即，警察职业精神要求民警应当具备强烈的责任感、使命感和荣誉感，但是，个别民警缺乏强烈的责任感和使命感，价值选择趋于功利[2]。认知偏差是一种因认知主体思维局限、内在动机、外部环境等因素而导致认知主体对认知客体片面的、不真实的反映[3]，价值观等非智力影响因素[4]促使认知偏差的产生。由于价值观念不同，人们对世界的认知也不同，表达认知的语言符号或有差异，或缺少共通之处，从而导致认知偏差[5]。通常而言，面对艰险风险任务时，基于个人安全考量，当部分民警因避险而消极履职，置已于安全境地后，会促其在职业责任与自身安全之间抉择时，惯于防御自保而发生认知偏差。

---

① 陈永辉. 警察"教科书式执法"的逻辑生成与能力建设 [J]. 中国人民警察大学学报，2022，38（5）：70-74.

② 黄政钢. 公安机关人民警察职业精神论析 [J]. 公安研究，2014（1）：55-59.

③ FISCHER P，JONAS E，FREY D，et al. Selective Exposure to Information：The Impact of Information Limits［J］. *European Journal of Social Psychology*，2005，35（4）：469-492.

④ 严贝妮，陈秀娟. 情报失察中的个体认知偏差成因分析 [J]. 情报杂志，2012，31（9）：1-5.

⑤ 刘连营. 人类命运共同体理念下跨文化传播的创新策略 [J]. 传媒，2018（23）：73-74.

案例4-1，YC的价值观和认知颇受刘大队降职之事影响，刘大队因用现在的标准检查出十年前办案不规范而被处理，YC认为用十年后标准去检查以前的案子本就"不公平"，刘大队起早贪黑地办案却被处理是很不值得的。YC因刘大队被降职受到影响，面对法律规定不详细需其"裁定"幅度时，为避免将来追责，而秉持中庸之道，可见，YC的职业价值观和责任感逐渐"偏离"初心，其认知偏差已然显现。

案例4-1　YC的办案感受

有时候，我想起这事仍然觉得很不值得。上半年教育整顿时，上级要求查摆问题，他们就发现十年前刘大队一个主办的案子中办案程序有问题，于是，就是就把刘大队的职务给撤了。那时候，大家都是这样办案的，当时，也没说程序有问题，十年后用当下的标准进行评判，刘大队的错误从何论起？这样处理究竟合理吗？想到他起早贪黑地办案，我们都觉得寒心。很多时候都会遇到法律规定并不详细，请示领导，领导说自己把握好这个幅度，这样的话，我通常就采取中庸的办法，免得别人说我就高或就低处理。另外，现在我们办案子都很规范，完全是按照程序来办。但是，办案效率比以前低多了，即便是老百姓一直在催我，我也只能干着急，同样爱莫能助，我是不敢太积极了，不想（办案）有瑕疵，否则，说不准什么时候自己也被处分了（20210802-YC）。

2. 性格习惯不佳

当公安民警形成粗心大意和消极冲动的性格，养成装备携带和处警行为不佳的习惯，会促其"潜移默化"地形成认知偏差。公安民警肩负维护国家政治安全和社会稳定的重任和使命，从事着"高危"与"高压"职业的警察，要同时承受职业危险、渎职风险和社会舆论等方面的压力，长期同违法犯罪分子斗智斗勇的过程中，警察的情绪、性格、习惯和心态均会遭受巨大冲击。相比其他职业，警察要承受更多的工作和生活压力，在心理、性格和情绪方面容易出现较大的波动[①]。有学者指出，个体间认知偏差可能是由于性格和动机造成的[②]。也就是说，人的认知并非基于纯粹理性，而是源自"有限理性"，因信息不对称或情感、习惯和偏见等非理性因素影响而产生认知偏差[③]。对于警察而言，其情绪稳定程度以及脾气秉性，均会直接决定他将以何种心态面对执法活动[④]。面对着诸多不确定的风险时，情报分析研判本就无须固守成规，加之个体性格、生理因素、认知能力等差异，会导致认知上出现偏差[⑤]。

警察的职业精神会内化为警察职业行为习惯，要求其执法办案要在兼顾公正与道德前提下，实现精准研判、科学决策、快速行动的质效。警察职业思维对于警察专业化发展是必不可少的构成要素，它是警察执法办案的基础，应通过养成教育内化为警察的职业行为习惯[⑥]。然则，犹如"刑讯逼供已然成为某些警察的不良行为习惯"[⑦]，会致其形成犯罪嫌疑人的认知偏

---

① 罗鲁广.运动心理学在公安院校武器使用教学中的应用研究 [J].公安教育，2021（12）：57-60.

② 华斌，陈传明.直觉决策的机制、效果以及使用条件——一个理论框架 [J].软科学，2015，29（6）：126-129.

③ 袁莎.总体国家安全观视阈下的虚假信息研究 [J].国际安全研究，2022，40（3）：32-56.

④ 唐玲.警察执法强势心理对公权力公信力的冲击与消解 [J].犯罪研究，2016（4）：58-63.

⑤ 刘尚亮，沈惠璋，李峰，等.管理决策中认知偏差的影响因素及对策研究 [J].现代管理科学，2010（1）：24-25.

⑥ 徐文闻.美国警察职业素养养成教育探析 [J].公安教育，2018（6）：73-76.

⑦ 陈其琨.刑事一体化之下防控刑讯逼供行为的途径研究 [J].理论界，2017（12）：51-59.

见。同理，警察"习得"其他不良职业行为习惯，也会致其形成相应的认知偏差。

案例4-2，多年抓捕盗窃嫌疑人均未遇到反抗的经历，使得GQ形成出警装备携带不齐的习惯，在其2010年的抓捕行动中，因天热和出警习惯，未带齐装备依旧"顺利"上铐捕人。长期此类抓捕行动，让GQ危险意识放松而忽视发生意外的可能性，其抓捕过程中，弄伤未知身患艾滋病的嫌疑人，以致GQ沾染其血液和遭其唾液袭脸，从而陷入担心感染艾滋病的精神折磨。纵观此事始末，从其自身角度言之，终因其出警习惯不佳影响认知所致。

案例4-2 GQ抓捕盗窃犯经历

2010年夏天，我们办了个团伙盗窃案，我们所里几个人去抓人。因为当时天气非常热，加上我们都抓过好多次盗窃犯了，也没遇到盗窃犯要反抗的情况，他们顶多就是想跑，我们提前把他们可能逃跑的路口都给堵住就好了。于是，大家带着值班手枪、手铐和约束带，也没想到穿防刺服和带盾牌，就去他们藏匿的出租屋了。刚开始，我们进屋里去抓人都很顺利，那些人都是听话地蹲在墙角，我们就把他们一个个地铐起来。我在铐第三个人的时候，他不配合了，大声地乱骂，使劲地挣扎和反抗，手铐都把他手腕擦出血了，我好不容易把他铐住的时候，他突然朝我吐口水（唾液），我没注意到他会这样做，我就被他吐得满脸都是口水，我的眼睛和嘴唇上都有他的口水。我立马就冒火地吼他，问他为啥子要朝我吐口水，他说："我有艾滋病，叫你要抓我呢。"听到他这么说，我立马就蒙了，我们就赶紧带他去检查，结果他真有艾滋病，看到我手上还染了一点他的血，又沾到了他的口水，我瞬间就被吓瘫了。我去找医生，我问他我是否需要吃艾滋病阻断药，医生说我被感染的概率极低，而且阻断药的副作用很大，他劝我别吃（阻断药）。当时，我就很犹豫，也拿不定主意，也特别害怕被感染。于是，我就问医生，"如果是你遇到这种情况，你会不会吃药？"他说："为了万无一失，我还是要吃的。"于是，我就吃了一个月的阻断药，这期间，我一直都是吃不好和睡不着，把我折腾惨了（20210725-GQ）。

3. 情绪反应不良

长期的职业暴露和职业压力，加之缺乏适当的情绪宣泄，使得部分警察会出现不良情绪反应，进而会形成认知偏差。遭受职业风险冲击，警察情绪反应会出现起伏不定状态，主要表现为应对资源缺乏引发的担忧恐慌或应对资源充足引发的过度自信两大类迥然相异的情绪反应状态。第一类，大部分不良情绪反应主要是由应对资源不足所引发的。警察长期处于高压状态和危险境地，会给警察带来紧张、害怕、急躁、抑郁等负性情绪体验。除此之外，常见的警察应激情绪反应有焦虑、抑郁、恐惧和愤怒等，这些不良的情绪状态表现在执法工作中，使警察无法专注于解决矛盾纠纷和惩治违法犯罪[1]。公安工作中警察情绪管理环节的失当，更是社会普遍化焦虑情绪与对警察认知偏差相互作用的综合体现[2]。所以，害怕拒绝、关系顾虑及负性评价恐惧能显著预测认知偏差[3]。第二类，应对资源充足引发的不良

---

[1]　孙文夕. 警察执法过程中情绪能力的培养与提升 [J]. 武警学院学报，2020，36（5）：48-52.

[2]　李星昊. 民众对警察负面刻板印象的诱因及其纾解机制研究——基于计划行为与社会资本理论整合框架的实证解释 [J]. 公安学研究，2021，4（4）：55-79.

[3]　邓晶，魏世娟，张又文. 咨询师伦理认知及认知偏差对双重关系伦理决策的影响 [J]. 中国临床心理学杂志，2022，30（2）：461-466.

情绪反应。通常是应对资源不足引发负向情绪体验导致认知偏差，但是，存在部分警察因应对资源充足过度自信导致认知偏差的现象。这主要出现于职业风险应对经历较多和能力较强的警察身上，由于前期多次成功应对职业风险，使其再次面对职业风险时，更加从容淡定，同时其自信程度逐步跃升。过度自信是人们过高地估计自己的知识和能力的心理倾向，是常见的管理者认知偏差之一[①]。一方面，心理学理论认为过度自信源于个体将成功归因于自身，将失败归因于外界因素，这将导致个体产生自身决策总要优于他人决策的认知偏差[②]。另一方面，现有研究表明部分职业经验丰富的警察在职业风险应对过程中表现出过度自信的认知偏差，具体表现为低估风险、高估能力，正如过度自信容易导致管理者忽视外部环境的复杂性和不确定性，进而愿意承担较高的风险水平[③]。

案例 4-3，WP 接到报警电话时未能准确判断警情的紧急和危险程度，误认为是"性命攸关"的特急警情，于是，自然而然地受警情影响，情绪也跟着紧张起来。伴随紧张情绪的出警途中，面对乡村下雨坡路湿滑的环境，警车一时间难以冲上上坡路，使其由紧张情绪升级为心慌，情急之下就猛踩油门而忽视了自然环境潜藏的交通危险。多年来，警察在履职途中因自然环境和交通事故而殉职的悲剧偶有发生，就在 2022 年 10 月 25 日，在四川省凉山州布拖县地洛镇吞波村，三名警察在执行追逃抓捕任务的行

---

① MALMENDIER U，TATE G. Who makes acquisitions？ CEO overconfidence and the market's reaction［J］. *Journal of Financial Economics*，2008，89（1）：20-43.

② NISBETT R，ROSS L. Limitations of Judgment.（Psychology and the Law：Human Inference）［J］. *Science*，1980，208（1）：713-714.

③ LI J T，TANG Y. CEO Hubris and Firm Risk Taking in China：The Moderating Role of Managerial Discretion［J］. *Academy of Management Journal*，2010，53（1）：45-68.

动过程中，因车辆失控突发意外而殉职。由此可见，警察在履职过程中，潜藏着诸多难以预知的风险。

案例 4-3 WP 出警遇险经历

以前，我在乐至县上班，那边乡村都是烂泥路，开车上陡坡很危险。有天晚上，我接到一个报警电话，报警人说："有人要被打死了，你们赶紧赶过来处理。"我担心出警慢了，真闹出人命就麻烦了，于是，我就慌里慌张地叫上同事一起出警了，本来乡村路坑坑洼洼，加上晚上下雨，路上就有点湿滑，我开车上坡冲到一半就滑下来了，那个半坡上有个急转弯，拐弯处的下面是个坡子崖。当时，我开车冲了好多次都没冲上去，我就有些心慌，就使劲踩了一脚油门，没想到我踩凶了，赶快打回方向盘，当时是把我吓惨了。我们赶到报案人家里后，才发现是一个家暴案，男人喝了酒发酒疯，就开始打女人，女人身上确实有些伤，但是，没有她在报警时说得那么严重。所以，从那以后，我开车就开得慢了。很多时候，都是自己当时没有意识到有危险，因为我们当时可能疏忽大意和考虑不周，事后想起这些疏忽就很后怕（20210722-WP）。

4. 自我调适失效

自我调适是阻遏认知偏差的最后防线。警察遭受职业风险冲击时，如若能有效进行自我调适，则可能降低乃至消除职业精神责任感不强、性格习惯不佳和情绪反应不良对认知偏差的影响。对不安全行为的风险感知能力高者，往往能合理评估风险的影响程度和发生的概率，且能看见过度自信所未能意识到的不安全行为的严重后果，能调节由于过度自信所产生的认知偏差①。通过适当的调适方法，可消解不良情绪体验对认知的负面影响。就如正念练习虽然不能避免消极思想和情绪的产生，但通过训练可以让患者保持正念，使他们有能力调节自己的认知能力并改变认知偏差②。将逆境视为一种转危机为机遇的磨砺，采取迎难而上的积极应对态度和方式，可促进警察趋向积极的认知。然而，自我调适失效便让认知直接"遭受"职业精神不强、性格习惯不佳和情绪反应不良的冲击，使其趋向认知偏差。警察在职业风险情境中履职，其任务的特性可能调节着认知闭合需要与决策的关系，并在激活行为抑制系统可能起着中介作用，导致其产生认知偏差③。如若为防止产生认知偏差，而过分维护自己，强调任何人都不能伤害自己，甚至还用拒绝、逃避等方式来保护自己，那么便易形成认知偏差，这样会对其今后的发展产生不良影响，甚至会阻碍其发展④。警察一旦形成认知偏差，则会加剧其心理失衡状态。认知偏差还会反过来加剧心理失衡，而心理越是失衡，其认知偏差就可能越大⑤。

案例 4-4，36 岁的 WJ 面对着派出所繁重的考核压力，加之频繁加班，自感身心压力颇大，导致其睡眠质量和身体状况均变差，其情绪体验多为焦虑。原本其年轻时喜欢通过听歌、打游戏和跑步锻炼等方式进行自我调

---

① 杨高升，程欣. 专业技能对建筑工人不安全行为的影响：有调节的中介作用 [J]. 工程管理学报，2019，33（5）：130-134.

② LIU X Y，WANG L，ZHANG Q，et al. Less Mindful，More Struggle and Growth：Mindfulness，Posttraumatic Stress Symptoms，and Posttraumatic Growth of Breast Cancer Survivors［J］. *J NervMent Dis*，2018，206（8）：621-627.

③ 周鹏生. 认知偏差的产生及其与认知闭合需要的关系 [J]. 心理研究，2017，10（5）：11-18.

④ 孙亚萍. 家庭教育与小学生自我意识发展的关系 [J]. 科学咨询（科技·管理），2017（9）：83-84.

⑤ 汪余礼. 苏姆链条与感通思想——兼论"日常冲突"向"审美戏剧"转化的关窍 [J]. 信阳师范学院学报（哲学社会科学版），2021，41（2）：134-140.

适，伴随年龄增长，工作压力剧增，兴趣爱好渐失，身体素质变差，囿于现在工作繁忙精力有限而没有时间锻炼，故而难以有效自我调适。

案例 4-4　WJ 自我调适感受

这两年的考核压力太大了，都在围着 KPI（关键绩效指标）干工作，把我弄得很憔悴，现在我们派出所是两天就要值一次班，事情多了，就很焦心，我天天都睡不好。有时候，我会听一下歌，现在没有什么别的兴趣了，也不想玩游戏了。以前，我喜欢打游戏，现在休息的时候，我都是在带孩子，根本就没时间打游戏了。我现在能照顾家庭的时间很少，特别是在派出所上班，如果在局机关上班还好点，朝九晚五，下班后还可以锻炼一两个小时，在派出所值班的时候没办法去锻炼，周末的时候，我也根本没有什么时间去锻炼。我记得以前，我原来工作的那个派出所就弄得很好，我们不值班的时候，在下午，所里就组织大家去跑步之类的运动。现在工作上的事情太多了，每天各种各样的工作，根本就做不完，领导也没法组织大家锻炼（20210722-WJ）。

（二）警察认知偏差的映现

1. 职业风险认知不准

警察职业风险认知不准主要表现为风险属性认知不准（错估风险类型、错估风险难度）和风险危害认知不准（错估危害类型、错估危害烈度）。具而言之，在职业风险情境中，受制于诸主客观因素的限制与干扰，警察难免会错误判定风险类型、风险难度、风险危害类型和风险危害烈度等情景。

案例4-5，LH在2012年处置一起绑架案时，根据其办案经验初步将其判定为经济纠纷，因而出警准备并不充分，仅仅携带了警棍和枪处警，此间，LH误判了案件类型，致其误判风险类型和危害烈度，于是在众人围堵嫌疑人汽车时，低估了潜在的人身危险性，最终因躲闪不及被撞负伤。

案例4-5　LH处警开枪情形

2012年，一个卖电器的老板被绑架，我们把他位置找出来了，他就在塔九路上。当时，我觉得这个不像是绑架案，就觉得只是个经济纠纷，所以，准备不充分，我们就只拿了警棍和枪。我们去了5个人，把他的车子给包围起来，同事们就在敲打玻璃，我把枪对着驾驶室走过去查他，突然，我只听到嗡的一声发动机响，我就侧身转过去躲闪，我手里的枪一下就击发了。车子撞到我的腿了，然后，我站起来对着车又开了一枪，但是，我开枪后的第一个反应就是"糟了，别把人打死了。"当时，我们在前面还设有一个卡点，我们马上就赶过去，我下车的第一个事情就是去看车上有没有人，我到处找，看到车上有个弹孔，当时的第一反应也是紧张。后来，我们安全地解救了这个人质。说实话，那次是我从警后第一次朝人开枪，因为平时我们都是鸣枪示警，实际上，对着人和车射击是相当少的（20210729-LH）。

2.任务要求认知不明

警察履职过程中任务要求认知不明主要表现为误判任务效果、任务时限、任务紧急性。受制于职业风险沟通和情报信息交流障碍，尤其在紧急的职业风险情境，警察在受领和完成工作任务的过程中，难免会错误理解任务要求。案例4-6，WJ在第一次全国政法队伍教育整顿过程中，因为派出所日常警务工作较为繁重，在干好日常工作的同时，还需完成教育整顿要求的学习整改工作，此间的工学矛盾十分突出。最初根据自身经验判断此次教育整顿不会去派出所检查，故而觉得没有必要"抄学习笔记"，也就将教育整顿期间开展教育学习和自查自纠等活动错误归为形式主义的范畴，错误领会以学推改、借查促改的要求。

案例4-6　WJ的教育整顿体验

现在的办案要求越来越严格了，要准备各种各样的资料。前段时间的教育整顿，我们整理了几十盒子的资料，我们准备得都很认真，都是按照上级的要求进行准备，其实，上级不会来我们派出所，但是，上级要求我们所里也要查出问题。那段教育整顿期间，我们一周要连续学习3天，本来一周工作时间就只有5天，却要连续学习3天，还要干完学习期间的工作，太痛苦了，原以为终于结束了，现在却在弄"回头看"。其实，这种思想政治学习课可以安排专门的学习时间和学习人员，比如，一个地方抽1/3不值班的人去学习，周一到周五抽3天时间集中到一个地方去提高思想政治水平，这种脱产式学习比抄100遍书更有效。国家搞这种教育整顿是为了提升大家的思想觉悟，本来是好事，但很多地方成了形式主义。另外，政治学习，越到下面的派出所，要学的文件就越多，省里学中共中央、国务院的文件，市里就学中共中央、国务院和省里的文件，这就是典型的"层层加码"。那么基层办事员需要学习的文件最多，因为我们要学完从国务院到县里的所有文件。其实，各级领导传达的意思是一样的，派出所跟着公安局和区县党委政府学习就对了。省里一个文件下发到市里就变成了学习两个文件，再下发到区县就成了三个文件，然后，还要学习一些其他地方的文件，这无形中增加了基层派出所的学习压力（20210722-WJ）。

3. 应对资源认知不清

应对资源认知不清主要表现为：一是错判警队、政府、社区等外部支持；二是误判自身警务能力类型与水平。其中，错判外部支持的类型、力度和时机，以及误判自身警务能力，会干扰警察情绪体验、风险决策和履职言行，尤其在危急情境中，极易做出错误决策和付诸错误言行。案例4-7，YC在抓盗窃犯时，老民警误以为此人畏于警察权威会安分听话，带其指认现场时，老民警高估其威慑力而放松看管，以致此人趁机逃跑。其后在看管吸毒者时，高估了老民警的责任心、谨慎性和安全意识。老民警过于自信自己搜身后当事人身上不会有危险物品，便"我行我素"地放松了看管而去上厕所，给当事人吞下门上钉子的可乘之机。

案例4-7　YC与同事看护嫌疑人经历

我从警这么多年，基本上按照预想发生的事情是很少的，很多事情都是在我意料之外发生的，特别是新警察最容易出现问题，所以，原来我们在警校培训的时候，我非常喜欢一个老师讲课，他说不管怎么样都要有"危险加一"的理念。有一年我在当副所长分管案侦的时候，出去抓一个偷东西的人，他给人的感觉是一个唯唯诺诺比较胆小的人，感觉让人比较放心。因为他说把东西放在屋里，当时，我就让两个民警去他家里面搜查。结果，把他带到现场后，两位老民警没有防范他，把他的手放开了，让他自己走。那小伙子突然一下爬起来就跑了，我们就只能去追他。还有一次，一些老民警去抓吸毒人员，有些民警觉得搜身时已经搜干净了，想去上厕所，就把人放在一边没人看管了。突然，有个人开始到处乱撞，撞得满头都是血。一开始，大家都不知道是怎么回事，送他去体检的时候才发现他肚子里有个钉子，原来那个人是趁民警上厕所时徒手把门上面的钉子扯下来吞进肚子里了。那天的事件，就是老民警的"危险加一"意识不够（20210802-YC）。

4. 自利归因倾向

自利归因倾向主要表现为将取得的成功归因于自己和将遭遇的失败归因于外界。这也是常人的归因偏好，人们往往更愿意相信自身能力高于平均水平，并产生对因果归因的自我认知偏差，将成功归因于个人能力，导致心理状态上的过度自信[①]。案例4-8，YC将忘记对毒品的称重过程进行录像的错误，归咎于为了收网而熬夜盯梢和人手不足。YC还将办案中出现的错误归咎于"做得越多错得越多"，所以，根据自身办案经历，他认为因为办案人手有限，办案时存在遵守规范和扩大战果之间难以兼顾的矛盾；受制于办案规定的严苛要求，将闲置立案归责于自己"办案太积极"，而非自身办案程度不当。

---

① HAMBRICK D C, MASON P A. Upper Echelons: Organization as a Reflection of Its Managers[J]. *Academy Management Review*，1984（2）：193-206.

案例 4-8　YC 办案失利的归因偏好

案子出了问题是主办人负责，其他办案人在办案时就不会特别用心。随着案子多了之后，我们基层的压力特别大，办案过程中难免受各种因素约束，有时写错时间和漏了什么东西，都是很正常的事。有个案子，必须要两个民警在场，当时没有条件保障两个民警同时在场，就只有一个民警在场，后来检查时发现了，受到处理。有时候，像我们熬几天几夜盯梢，马上要收网抓人了，最后却因为人手不够，而疏忽一些细节。比如，毒品称重的时候忘记录像，检察院需要让我们补充。这让我想起来，另一个话题，就是做得越多错的越多。比如，我可以把这个案子做得尽善尽美，但是，我就没有人手和时间去扩大战果，所以，规范案子和扩大战果是对立的，我们必须要在两者间进行取舍。

随着法治越来越健全，对我们办案要求太严苛了。像以前办案有点瑕疵，内部处理就行了，我们原来办案子，完全不用走网上平台，直接打印张文书就出去办案了。这么多年过去了，检察院审查时问我们为什么没走网上平台，如果要上纲上线，就要处理我们，但是，以前大家都是这样做的。当时规定涉毒案子要有基本犯罪事实才能立案，上面又催我们抓紧查获毒品，必须要立案才能上技侦，我们就只有先立案，但是，按照现在的规定，这就是违规立案。如果我们后面把人查实了，把人判了，最多只算是违规，但是，像很多案子到最后断了线索，只有暂时搁置案子，检察院就要问我们凭什么立案？这就只能怪自己办案太积极了（20210802-YC）。

案例 4-9，纵观 ZDY 从警生涯的工作感受，可见 ZDY 存在几处认知偏差现象。其一，低估职业价值、高估职业担责风险：认为现在工作中形式主义现象较多，出现"干到没有奔头"现象；干了事情之后可能还会被查，还要承担责任和承担追责风险。其二，任务要求认知不明：错误理解教育整顿的要求是上级非要把所有案子都找出问题，如果民警不能找出自己工作的问题，那此人就是存在问题需要整顿。其三，外部支持认知不清：认为现在的警务工作太注重形式而忽视了社会效益，工作中的领导的支持多偏向非专业性的管理与支持；此外，还认为现在有超过80%的民警存在心理问题。其四，错误归因外化：由于公安机关民警的人事变动情况较为频繁，将自己在派出所的案子"悬而未决"归责于人事变动，而非自己个人遗忘使然。

案例 4-9　ZDY 从警的工作感受

这几年我的工作量对比，去年一年干了过去三年的工作量。现在太注重形式上的东西，不够重视社会效益，我觉得社会效益才是衡量公安工作的标准。比如，南京机场这个事情，如果让非专业人士去干专业的事情，用一个外行去管一个内行，采用这种工作机制，主要是考虑政治安全的问题，但是，这样会就导致另外一个问题——该专业的人却不专业。我发现一个特点，经历了这么多届领导，从基层起来的领导就是不一样，抓工作更务实一些。像这种专业性比较强的（工作），我觉得还是需要专业的领导才对。

我总是担心怕错过一些消息，该掌握的情报我们不能没掌握，就怕突然冒出一个新的舆情。想100%控制是不可能的，就像家庭矛盾，两口子（夫妻）吵架，吵着吵着，一个人情绪失控，就可能跑出去乱打乱杀，公安很难预防这样的情况，有时根本就没有办法预防，我们只能控制有异常的人。另外，我觉得80%~90%十的公安民警都有点心理问题。基层警力不够，我们局的民警年龄段已经开始偏老龄化了，年轻民警越来越少，这也是一个问题。现在的心理健康工作，比较注重形式上的东西，有些是面子工程，有些民警没有及时得到心理疏导。就像市局向我们征求意见，我觉得市局肯定要主动作为，可以取消那些没有意义的工作，举个例子，我在负责一个重点人员管控工作，要管控20多个市级重点管控人员，工作分得非常细，我一个人就要去对接20多个人，这仅是我工作的一小部分，我还要做很多其他的工作。

我现在的总体感觉就是有矛盾，有迷茫，像那种遥遥无期的期盼。现在的工作并不轻松，我觉得就像做生意一样，生意越好就越累，如果自己的生意不好，则会不开心。现在的人都有一个共性，都喜欢干一些有价值和有奔头的工作，现在我干了好多务虚的工作。另外，干了工作之后可能还会被查，还要承担风险，就像现在按照教育整顿的标准，没办案子就没有问题，上级要求我们必须找出问题，无论怎样都要找点问题出来。比如，我在问材料审讯的过程中有错别字，一个民警不可能干三四十年工作都没有错，但有错就要查处，所以，现在大家都不想办案子了。因为稍不注意，承担的风险就很大，现在公安的人事变动也大，假如我从派出所调去其他部门或岗位工作后，就忘了之前要办的案子的情况，再过多少年后，如果检查就会发现问题，所以，基层很有压力。现在是不怕没事情做，是怕出问题（20210805-ZDY）。

（三）警察认知偏差的结果：误判风险任务可控性

在职业风险情境中，警察认知偏差会出现误判职业风险与职责任务的可控性，以致掣肘风险决策行为。风险任务可控性取决于风险任务的挑战性和风险任务的条件性，主要呈现高估风险任务可控性和低估风险任务可控性两类情形；其中，风险任务挑战性由职业风险和任务要求共同决定，风险任务条件性主要由外部支持、自身能力、自利归因共同决定。

一是低估风险任务挑战性与高估风险任务的条件性会导致警察高估风险任务的可控性。警察身处职业风险情境时，受制于其职业精神不强、性格习惯不佳、情绪反应不良、自我调适失效，会出现低估职业风险的难度、低估职业风险的危害、高估任务的效果与时限要求、高估外部支持的力度和准确性、误估自身能力类型、高估自身能力水平、失败归因外化等认知偏差现象，致其高估风险任务的可控性。2020 年，ZJS 在进行尸检时"令我感到慌张的是在新冠疫情期间，处理一个非正常死亡的案子，我们当时也听说这个死者生前是从武汉市过来的，我们都非常紧张。认为这个人从外地回来，现在去世，害怕这个人是因为新冠疫情去世的（ZJS-20210728）。"受制于新冠疫情刚暴发不久，缺乏对病毒的传染性和致死率的客观认识，大多数人对其"未知"而产生恐惧情绪，低估了自身的专业技术和防护装备水平，同时高估了风险任务可控性。

二是高估风险任务挑战性与低估风险任务条件性会导致警察低估风险任务的可控性。警察身处职业风险情境时，受制于其职业精神不强、性格习惯不佳、情绪反应不良、自我调适失效，会出现高估职业风险的难度、高估职业风险的危害、高估任务的效果与时限要求、低估外部支持的力度和准确性、误估自身能力类型、低估自身能力水平、成功归因内化等认知偏差现象，致低高估风险任务的可控性。正如 YGJ 所言："当时所带的装备齐全，而且参与行动的警察人数也不少，竟然还有很多人受伤！当时认为人多装备齐就可以了，没想到意外发生的太突然了（YGJ-20210715）。"在处置暴恐事件时，因人数多装备齐而高估警队处置能力，由于现场情势瞬息万变而低估风险任务。最终，因低估处置任务可控性，致使较多民警负伤。

案例 4-10，在 ZB 首次遭精神病人夜晚袭击事件中，同时出现了高估风险任务可控性和低估风险任务可控性的情形。首先，在接到报警后得知当事人是同事侄子，原本想请同事一起处警，由于同事说是小事，错估了处警任务的类型与低估任务的危害，加之出警装备携带习惯不佳，携实习学生前往事发地时，仅携带了值班手枪和警用手电筒，未能带齐警棍、手铐和喷剂等单警装备，以致其遭遇袭击时，缺乏与对方武力值对等的器械与之抗衡，此间，ZB 高估了完成任务的条件，也高估了风险任务可控性。其次，到达事发地后，天黑致能见度低，聚集了很多人，在询问警情时，低估危险发生可能性，以致其脑袋被打时一脸茫然。面对精神病人"要弄死你"的叫骂，加上挨打，使其情绪愤怒，做出"用手电筒对着他的胸口戳了一下"的不良应激反应；当血气方刚的 ZB 想要打回去时，被村民拖住后，再次被精神病人殴打；但受制于警情位置偏远，其寻求的警队支援需较长时间才能到达。其后，当精神病人突然提着菜刀冲向 ZB 时，ZB 感受到生命威胁，情急之下，便跟着他人逃跑，加上当时天黑路况糟糕，在慌乱之中摔倒弄伤脚踝，慌张地误判自己脚踝摔断；当其自感无力继续"逃跑"时，将精神病人对其形成的风险，高估为"青壮年小伙子提了一把大菜刀，一旦被他赶上，定然要被他砍死"的生命危险。值此生命遭遇威胁的险境，除了用枪已无其他器械可用，自感处置能力有限，支援也无法及时到达，故而，ZB高估了精神病人的人身危险性，低估了规避危险的有利条件，低估了危险的可控性，遂决定持枪上膛静待精神病人近身时射击。

案例 4-10　ZB 首次夜遭精神病人袭击事件

2009年夏天，我接到报警，是一个哥哥把他弟弟打了，要我们去处理。我在所里问了一下，发现当事人是我们派出所一个老民警的亲侄儿，我就想请他一起去劝解一下就好了。我请那个老民警陪我一起去，他说都是小事情，让我自己去处理一下就行了。于是，我就叫实习生一起去，当时我值班就配了一把枪，带了一个手电筒，就开警车去了案发地。

当时天已经黑了，我们到了村里的一个空地，灯光很暗，我发现围了很多人在那里，有乘凉和看热闹的村民，我第一时间就去找报案人。我问谁报的警，一个中年人上来说是他报的警，然后，他就向我介绍情况。我正在问情况时，突然我的脑袋被打得嘭嘭嘭响，我回头看见一个比我年轻一点的小伙子，他对我说，"我弄死你。"我问："你要把谁弄死？"我把手电筒打开，照着这个小伙子，他却说："我不管，我就要弄死你。"我听见有人在叫骂，加上我当时挨了打，心里肯定不服气，我就想要打回来。然后我用警用手电筒对着他的胸口戳了一下。有些村民马上就把我往后面拖，他们对我说，"警察怎么能打人，他犯了错，我们教育就行了。"我当时入警才三年，也没遇到过这样的事，就血气方刚地想要打回来，却被村民拖住了，把我按在地上，那小伙子就对我拳打脚踢。我想：我今天出警也没

163

说错什么话，也没做错什么事。有人把我打了，我肯定不服气，我就打电话请求支援，副所长和那个老民警就过来了，但是那个村子离派出所太远了，他们需要很久才能赶过来。

过了一阵，这个小伙子"轰"地一下就从地上翻起来了，第一句话还是说老子砍死你，然后，跑到厨房去提了一把菜刀冲出来了，当时院子里有七八个人，有他的伯伯、母亲这些亲人。看见他提把菜刀出来的一瞬间，他们一下就全跑了。我当时什么也没想，也没想自己作为警察的职责，身上带着枪，因为他提着一把刀，感觉就是要砍死我，我就条件反射地跟着我前面那个男的跑了，跑出去以后，伸手不见五指，他一直边追边喊我要砍死你，我跑了大概一百米，由于农村的路又比较烂，我一不小心就踩着砖头摔倒了，我听到自己脚踝关节咔响了一声，我第一反应是糟了，脚踝断了（事后发现没有断）。然后，我就只能踮着脚继续走，找了一棵树靠着，又把枪拿出来上膛，等着他过来。当时，我心里想，如果这时候他过来了，我就只能开枪把他打死了。我离他的距离可能只有百米左右，但是我也看不见他，他也看不见我，我就听见他一直在那里吼"我砍死你"。当时，我走也走不动，跑也跑不动，也没有其他东西，只带了一把枪和一个电筒，也没有别的办法，只能坐在那里，把枪上了膛等他。他提了一把刀，又是个青壮年小伙子。我坐在那里想，作为人民警察，在那么多群众面前被人提着一把菜刀追着跑，感觉有点丢脸（20210715-ZB）。

五、警察认知偏差的消极策略

（一）增强警察职业精神

各地公安机关应积极提升警察的职业使命感、职业认同感、职业责任感和职业价值感，增强人民警察职业精神。《中共中央关于加强新时代公安工作的意见》明确要求，"强化职业道德教育，培育人民警察职业精神。"警察职业精神是公安队伍赖以生存和发展的强大精神支柱[①]。为此，可通过创新与加强入警仪式等仪式教育，让公安民警在特定警察仪式中进行角色体验，加强警察思想政治教育与训练，培植公安民警对公安机关的信赖与认同情感，引导民警在公安工作中强化警察意识，让警旗、警察节、训词、誓词等与警察精神息息相关的形式深植于公安民警心中。另外，职业认同感与职业效率、质量显然成正比，职业认同感高的警察更有利于认真履行职业使命，扮演好职业角色，同时也会产生满足感和幸福感[②]。因而，可从职业情感、职业声望、职业形象、职业信念、职业信仰五个方面[③]着手，提升警察的职业认同感与职业责任感。此外，形成警察职业价值观，既可增强警察职业精神，还可消解职业倦怠。应积极引导新闻媒体和社会组织的舆论力量，多宣传警察为人民群众负重前行的典型模范事迹，在全社会营造"尊警、爱警、暖警"的社会风尚，让警察感受到较高的社会认可度并

---

① 赵慧玲. 积极培育移民管理警察职业精神 [J]. 公安教育，2020，307（8）：19-22.

② 周忠伟，周煜川. 中国警察职业化的概念生成、理论意蕴与建设要点 [J]. 江西社会科学，2020，40（10）：182-189.

③ 陈秋菊. 警察职业认同维度及影响因素作用机理——一项基于扎根理论的研究 [J]. 四川轻化工大学学报（社会科学版），2020，35（4）：45-67.

且体验到强烈的职业价值感。进而，确保人民警察在任何时候、任何情况下都坚决听党话、跟党走，不为任何干扰所动、不为任何风险所惧，始终做到忠诚于党、忠诚于祖国、忠诚于人民、忠诚于社会主义[①]。

（二）改善处警行为习惯

提升民警处警安全意识，养成处警带齐装备习惯。养成无论何时何地处警都高度警惕的安全理念和带齐装备的行为习惯，这既是有效履职尽责的现实需要，也是对职业和家人负责的要求。民警在面对杀人、抢劫等暴力犯罪时，思想上往往保持高度警惕，装备方面准备得也比较充足，民警面对这类情形因为思想上有了防范，因此出现的伤亡率相对较低[②]。然而，大多数民警在处理纠纷和求助等"公认的低风险"警情时，存在过度依赖经验现象，极易麻痹大意忽视潜在风险。要让民警知悉安全意识不高和行为习惯不良是普通警情中民警伤亡的主要主观原因，需要引起广大民警高度注意。应该强化安全来源于对执法行动的正确把握的思想认识，安全来自携带装备齐全的行动习惯，安全来源于警务实战行动的程序规范[③]。公安机关应通过教育训练等多种方式，组织民警研习由民警安全意识不高导致伤亡的案例。通过反复教育训练和监督检查，抓牢抓实民警的"危险加一""警力优势""协同配合""战术性撤退"等安全理念，从思想上和机制上彻底消除民警侥幸心理。由于强化安全意识并非一朝一夕之事，需要加强民警处警安全意识与行为习惯方面的警务督察。经常组织突击检查，要

---

① 肖浩.论加强公安队伍的革命化建设 [J].武警学院学报，2019，35（11）：76-80.

② 李润.暴力袭警的成因分析及对策探索 [J].江苏警官学院学报，2019，34（5）：67-73.

③ 佘军奇，马洪.泰安"1·4"袭警案对强化民警执法安全意识的思考 [J].云南警官学院学报，2011，87（4）：72-76.

严肃查处民警存在的安全意识和行为习惯方面的问题，将查处情况与个人及其所队目标绩效挂钩，让所队领导和民警养成优良的安全意识和行为习惯。

（三）提升风险管理能力

提升民警风险感知、风险识别、风险沟通、风险评估、风险控制等环节的链式风险管理能力。提升警察链式风险管理能力旨在通过辨识警务工作中的危险源，确定不可接受风险，以及进一步明确风险等级划分，依据这样的风险评价结果，有针对性地对警务工作过程和工作环境中的危险源采取进一步控制措施，以期降低事故发生的可能性，从而减少民警因公伤亡数量[①]。首先，风险感知是警察对可能发生危害安全和稳定的突发事件的风险演化趋势及其危害后果察觉与主观判断，是警察采取后续应对风险行为的基础，提升警察风险管理能力首先需要提升警察高度的警惕性和敏锐的洞察力。其次，一体化提升警察的识别、沟通与评估能力。警察风险沟通能力直接影响其风险识别和风险判断的准确性，要通过畅通情报信息支持渠道，确保警察识别与评估风险时，能及时同警队等外部支持主体就信息和意见进行有效交流，促进警察能够及时分辨和判定风险的产生原因、属性类型、危害后果、举措效用等情况，准确评定风险等级和应对顺序，并将其作为警察抉择风险控制方法的依据。最后，提升风险控制能力。编制基层公安机关警察风险处置规程，明确警察职业风险分类控制方法抉择标准，促进警察根据风险评估结果，从风险回避、损失控制、风险转移和

---

① 詹伟，李婧，徐思钢. 公安民警职业安全与健康风险防控理论分析与对策 [J]. 中国人民公安大学学报（社会科学版），2014，30（4）：29-36.

风险保留四个风险控制方法中，准确选择积极化解、防御稳妥或消极应付的风险控制方法。当风险危害可能性较大时，应采取防御稳妥的风险控制方法。

（四）即时调适情绪反应

推广正念练习提升情绪管理能力，即时进行正向自我调适，阻断负性情绪反应侵蚀认知通路。职业风险引起警察产生的焦虑、愤怒、害怕等即时情绪反应，根据"风险即情绪"假说[1]可知，警察的风险决策偏好是其对风险的即时情绪反应，要降低情绪反应的消极影响，可通过正念练习进行即时调适。正念练习目的是增强内部认知控制能力、降低自动化加工、增加对外部触发线索的觉察力及情绪体验能力，从而提高练习者忍受具有挑战性的情感、身体体验和认知能力从而中断复发的循环过程[2]。正念练习可以改善负性情绪体验，调节个体的负性情绪反应，提高自身情绪管理能力[3]。积极引导警察通过以下方式进行正念练习，降低负性情绪体验对认知的影响，提升警察的自我调适能力和心理平衡性。一是腹式深呼吸。把注意力从大脑转向身体，多做些深呼吸，让空气进入腹部最深处，关注自己的身体和周围环境。二是体验自身感受。把个人注意力转向各种身体感受，把它们作为感官体验来体会。三是学会察觉自己和环境。全神贯注地觉察自我，同时聚精会神地感受周围环境；要不加任何评价地接纳、支持自己，

① GEORGE L，EIKE U W，CHRISTOPHER K H，et al. Risk as feelings[J]. *Psychological Bulletin Issue*. 2001，127（2）：267-286.

② 齐萱，李勇辉．以正念为基础的治疗方法在物质使用障碍复发预防中的应用 [J]. 中国药物依赖性杂志，2014，23（06）：412-416.

③ 胡文文．正念与负性情绪反应：心理及生理机制 [J]. 心理学进展，2021，11（11）：2539-2545.

而非苛责自己，避免自我批评和思虑"我为什么会思考这些事情"等问题，要寻求和接纳自己的思考逻辑。四是在混乱中寻求平衡心态。留意当下自身的闪光点与优势，感受万物瞬时静止的平和状态，尽力让各种想法漩涡平静下来，在平静状态下做出重要抉择和付诸行动。

第二节 履职失范

一、警察履职失范的模型建构

按照多案例研究思路，笔者首先选择风险应对经历丰富和资料掌握最全的个案访谈对象 WJ 进行详细地单案例分析，据此，改进资料收集与分析的方法和要点；其后，对后续的访谈对象进行针对性地收集与分析原始资料，先后共计搜集、翻录和分析了 20 名一线警察的深度访谈资料，借助后续掌握的原始资料持续修正与优化理论模型。

（一）单案例分析

1. 开放式编码

按照"粘贴标签—提炼概念—归纳范畴"的开放式编码程序，提炼出30 个初始概念后，选取部分代表性原语句；再根据初始概念的类属关系，合并同类概念后将初始概念归纳为范畴，获得职业风险属性、职业风险危害、职业责任不强、惯于防御自保、性格不佳、习惯不佳、情绪体验不良、应激反应不良、自我失衡、固执己见、风险属性认知不准、风险危害认知不准、任务效果认知不明、外部支持认知不清、自身能力认知不清、用语随意、用语粗鲁、缓慢作为、不当作为 19 个初始范畴。

2. 主轴编码

结合警察履职失范的原始资料，多轮分析开放式编码结果，对 19 个初始范畴进行反复分析和比较，将具有聚合价值的初始范畴有机整合在一起，整合成为主范畴，形成职业风险冲击、职业精神不强、性格习惯不佳、情绪反应不良、自我调适失效、职业风险认知不准、任务要求认知不明、应对资源认知不清、警务用语失范、警务行为失范 10 个主范畴。

3. 选择性编码

反复分析范畴及其所属概念范畴，梳理 10 个主范畴之间的逻辑关系，发现这些主范畴主要指向认知偏差和履职失范，于是将二者作为核心范畴，再次分析与归纳主范畴与核心范畴之间的逻辑关系。梳理出"风险冲击侵蚀特质—特质变差侵蚀认知—认知偏差影响履职—履职失范反馈认知"的"故事线"，将抗逆力蚀化的行为事件串联起来，进而形成具有一定解释张力的初步理论框架，归纳出以下关系路径：一是抗逆力蚀化样态主要有认知偏差和履职失范，其中，认知偏差表现为职业风险认知不准、任务要求认知不明、应对资源认知不清，履职失范表现为警务用语失范和警务行为失范；二是认知偏差影响履职失范，履职失范强化认知偏差；三是职业精神不强、性格习惯不佳、情绪反应不良、自我调适失败触发认知偏差，呈现因果关系；四是职业风险冲击是抗逆力特质变差的触发机制。

（二）多案例分析

1. 逐次三级编码

在完成 GF 个案三级编码和归纳分析的基础上，初步获得了描述警察抗逆力蚀化的表现及其关系路径。由于仅分析一例个案获得的概念和范畴有限，加之该概念范畴间关系较为单一，故该抗逆力蚀化样态及其关系路径尚未达到理论饱和且缺乏普适性。因此，继续分析其余 19 例个案的原始资料，依次归纳初始范畴、主范畴、核心范畴的基础上，梳理核心范畴及主范畴之间的关系。在后续分析中，不断比较概念和范畴，当发现有新的概念和范畴时，将其同前面案例分析结果进行比较分析，持续完善概念和范畴，进而比较分析与梳理精炼主范畴及其相互关系。

首先，进行开放编码。舍弃频率低于 2 次的初始概念，在提炼出 41 个初始概念后，根据初始概念的类属关系，获得 22 个初始范畴（见表 4-5）。其次，进行主轴编码。形成了 11 个主范畴（见表 4-6）。最后，进行选择性编码。聚焦警察抗逆力蚀化，11 个主范畴指向了认知偏差和履职失范两个核心范畴，再通过反复分析原始资料，梳理各个主范畴与核心范畴之间主要呈现的逻辑关系：一是认知偏差和履职失范呈现抗逆力蚀化样态的表现关系；二是认知偏差对履职失范的促发影响关系，履职失范对认知偏差的反馈强化关系；三是职业精神不强、性格习惯不佳、情绪反应不良、自我调适失效指向认知失范的因果关系；四是职业风险冲击促发职业精神不强、性格习惯不佳、情绪反应不良、自我调适实现，呈现因果关系；五是职业风险认知不准、任务要求认知不明、应对资源认知不清、自利归因倾向呈现认知偏差的表现关系；六是警务用语失范、警务行为失范呈现履职失范的表现关系。

表 4-5 警察履职失范多案例开放性编码部分示例

初始范畴	初始概念	代表性语句
B1 风险 类型	A1 风险 类别	虽然打架滋事和调解纠纷是小事，但还是挺费神的（常规风险）； 刚开始参与抗震救灾和疫情防控这些突发性事件，确实不好干，因为我以前也没遇到过这种事情（非常规风险）
B2 风险 难度	A2 风险应 对难度	有个女士打电话报警，她却不说所在地点，就只是说"杀人了，杀人了……"我们再给她打电话，就打不通了，一时半会也没办法找技侦定位（紧急性）； 他身上带了一把自制手枪，有两发子弹，他基本上都在人群密集的地方，但我们还是要去抓他（危险性）； 我原本计划我们一起把他弄上车，突然，他拿着一把刀就朝我们砍过来了（突发性）
B3 风险 危害	A3 风险的 影响	最初，所长让我管民用爆炸物，我只害怕出事故，安全责任比较大，没想到安全检查那么多，这个工作给我的精神压力太大了（精神压力）； 有些事情不好办，不敢急着处理，处理快了容易出问题，也不敢放弃，放弃了就是失职，很恼火（担心渎职）
B4 职业 精神不强	A4 职业价 值偏低	就算是打击了这些盗窃分子，但是，没法追回财物，过段时间，他们又被放出来了，感觉反复打击都没啥用（价值感低）
	A5 职责感 不强	这些问题并不是我一个人的责任，为啥要我去处理呢（缺乏责任心）； 虽然，那个案子是在我主办，但是，我花费的时间精力也更多啊，出了事，大家都得负责才行啊，不能让我一个人背锅啊（缺乏担当）
B5 惯于 防御自保	A6 规避 责任	当时，我只有一个想法，那就是快跑，根本来不及去想其他事情，完全是跟着自己本能行动（自保安全）
	A7 保守 偏好	当时就我一个人在人群中看到嫌疑人，害怕他身上有武器，我也不敢上去，远远地跟在他后面，那次不小心就让他又跑脱了（抓捕行为保守）
B6 性格 不佳	A8 粗心 大意	平时我就大大咧咧的，办案子、整材料那些细枝末节的事就不行，叫我去逮人什么的还可以（粗心）
	A9 消极 冲动	平时，我自己就独来独往的，不喜欢参加集体活动，也没有交心的同事（孤僻）； 遇到这个难缠的嫌疑人，就很烦人，我感觉自己没办法让他交代清楚（悲观）； 当时，我还年轻，也是刚上班，我挨他打了，就血气方刚地想要打回来，所以，我就用手电筒戳了他一下（鲁莽）
B7 习惯 不佳	A10 装备 携带习惯 不佳	在发生昆明"3·01"暴恐事件和人寿冲撞派出所这些事之前，我经常是没带单警装备就出警了（经常装备携带不齐）
	A11 处警 习惯不佳	以前，我出现场都是直接进当事人家里，也没注意多查看一下有没有潜在危险（缺乏查探习惯）

（续表）

初始范畴	初始概念	代表性语句
B8 情绪体验不良	A12 负面情绪	这一晚上，我心里面很焦急，一直在想这个事情，必须要把这个事情处理好了，才能松一口气（焦虑）； 贩毒可能身上带了刀或枪，我的精神就很紧张（害怕）； 我又没做错什么，都是根据程序走的，就这样无缘无故遭了个处分，我觉得受到无妄之灾（怨气）； 我想我今天出警也没说错什么话，也没做错什么事，突然就被别人莫名其妙地打了，我肯定生气啊（愤怒）
	A13 负面感受	继续这样下去，我是真的不想干了。不停地写总结，真的很烦（倍感折磨）； 说老实话，遇到这些事情，心里就会莫名地很烦（烦躁）
	A14 过度自信	我们七八个人拿着枪把他围堵在马路口了，我想他应该不敢反抗，也跑不掉了，就准备拿手铐去铐他，结果他一下子就开车冲出来了，我没闪开就被撞了（盲目自信）
B9 应激反应不良	A15 饱受刺激	我看到现场就吐了，勘查完现场，吃不下晚饭，这次确实对心理上的冲击很大（心理冲击）； 当时，现场很惨烈，那个人还没有断气，一直在呻吟，我们也想办法救他，但是没有用，当时看着他死了，心理上确实是有点受不了（目睹惨死过程）；
	A16 身体超负荷	出警比较多的话，是比较影响睡眠的，比如晚上十一二点出警，一般都是出完警回来就很难睡着了（熬夜失眠）
B10 自我失衡	A17 内心失衡	在处置群体性事件的时候，我经常都是惴惴不安的，生怕自己哪句话或者哪个动作不对劲，激怒他们就很难收场了（忐忑不安）； 有矛盾，有迷茫，反正就是那种遥遥无期的期盼。就是感觉这样不行，那样不可以，左右都是错，不知道究竟该怎么办（矛盾不已）
	A18 压力难泄	我现在在刑侦工作，要办很多案子，时间也很急，精神压力很大，都不知道怎样才能让自己平静下来（难以缓解压力）； 经常郁闷的时候，只能自己扛着，没法给同事说，别人会认为我抱怨多，又不能给家人说，免得他们跟着担心（难以倾诉）
B11 固执己见	A19 任意行事	在讨论方案时，经常都是扯来扯去没有结果，既浪费时间，也消耗精力，一直都这样，还不如我直接决定，兄弟们只需要执行就好了（独断专行）
B12 逃避现实	A20 自我麻痹	警察经常都会遇到无可奈何的事情，根本就没有办法去解决，郁闷的时候，我就去喝喝酒，吹吹牛，喝晕了还能睡个好觉（喝酒）； 值班时，从晚上出警直到凌晨，我就很难睡着了，只有打打游戏，看看小说，累得实在撑不住了，自然而然就睡着了（打游戏看小说）
	A21 避迹违心	经常都是出警量太大了，从早上八点接班到晚上十二点多，一直都没有一点休息时间，吃饭就像打仗一样，反复出警，而且投诉也很多，感觉费力不讨好，实在是太累了，当时我就想着放弃这个职业了（萌生离职念头）； 局长给我打电话，他问我怎么办，我自己说不想当所长了，现在所长的压力不亚于一个乡镇党委书记（退缩）

（续表）

初始范畴	初始概念	代表性语句
B13 风险属性认知不准	A22 错估风险类型	如果我们一开始就知道这是刑事案件，绝对不可能简单地勘验之后就把现场处理了，以致现场好多可能的线索都弄丢了，这个案子突破了我们的勘验认知（误判现场）； 我原本以为劝散他们就好了，没想到他们发布在网上的照片和视频引发了涉警网络舆情（误判风险类型）
	A23 错估风险难度	婚姻情感纠纷就特别难调处，一不小心就可能引发刑事案件（高估难度）； 看到一个比我年轻一点儿的小伙子，我以为他看到后就会安分了，没想到他根本就不听我们的话（低估难度）
B14 风险危害认知不准	A24 错估危害类型	最初，所长让我管民用爆炸物，我只害怕出事故，安全责任比较大，没想到安全检查那么多（误判工作影响）； 我们抓人的时候只知道他人高马大，想到可能要受点伤，没想到他竟然擦破手指威胁我们说他有艾滋，我们一下就紧张了（误判伤害类型）
	A25 错估危害烈度	看管情绪极度失控的人安全责任很大，耗费的时间也长，经常都会整得我身心俱疲，透支太多精力了（高估危害性）； 没想到他会又哭又闹，还到处撞脑袋，最后，我们只能把他转移到值班室的椅子上。这种警情真是最恼火的事情（低估危害性）
B15 任务效果认知不明	A26 任务时限不明	李大队让我们中队盯着这伙人，当时，我以为是时机合适就把他们一网打尽，把他们逮回来后，被李大队骂惨了，说我抓早了，他是想把这伙人背后的人摸清再逮（任务理解偏差）
	A27 效果要求不明	我们去处理时，想方设法才把这群人劝散了，结果，政府领导问我们为什么没处理他们（效果要求理解偏差）
B16 任务时限认知不明	A28 紧急性偏差	我值班的时候，吴所长叫我去增援小宋，我以为不急，忙完手头上的事就去了，到了才知道，双方早都打起来了（时限要求不明）
B17 外部支持认知不清	A29 错估警队支持	我在吸引对方注意力时，以为队友会趁机突袭他，所以，对方靠近我的时候我就没有移动，没想到队友只是在警戒外围（错估支持类型） 移民村和隔壁村的几百人在争河水的时候，我发现根本就控制不住局面，请局里支援，结果，局里就只派了两个人过来（错估支持力度） 派出所的副所长和那个老民警赶过来，但是，那个村子离派出所很远，他们需要很长时间才能赶到（错估支持时机）
	A30 错估政府支持	那次搜捕的时候，以为政府已经组织好交通和医疗资源了，后来，我们有人员受伤后才发现医护人员还没到位（高估政府支持）； 让我们去隔离确诊者时，我们都没有防护服就去执行任务了，后来才晓得政府给我们准备了防护装备（低估政府支持）
	A31 错估社区支持	刚开始发生疫情的时候，以为社区干部都会配合好静默管理，结果，社区就只派了一个人过来（高估社区支持）； 没想到村干部发动村民，还真找到了嫌疑人的线索（低估社区支持）

初始范畴	初始概念	代表性语句
B18 自身能力认知不清	A32 误估自身能力类型	我在派出所都是处理一些矛盾纠纷和打架斗殴之类的事，很少遇到重大案子，没想到参与这个命案后，经过多次协助技术室勘验，却是我找到关键线索（误判自己勘查能力）； 到了现场，我对他进行言语控制，原以为把他震慑住了，在铐他的时候，他却拼命反抗，我没办法就只能使劲把他控制住（误判自己处置能力）
	A33 误估自身能力	遇到这种紧急又危险的警情，加上自己刚参加工作还没办过这类案子，当时，我就担心，非但不能化解他们的世仇，还可能给自己的人身安全带来危险（低估自身能力）； 办了这多案子，各种嫌疑人都抓过了，只要这个嫌疑人还活着，我肯定能把他逮回来的（高估自身能力）
B19 成功归因内化倾向	A34 成功源于自己	要不是我一直都盯着他们，搜集了那么多证据，刑警大队怎么可能这轻松就抓他们现行和办成铁案（自己促成案子）
B20 失败归因外化倾向	A35 外界导致失败	我是第一次偶然遇到这种毒贩，这次是没有支援，也没有时间准备，所以才让毒贩给跑了（将失败归于外界）
B21 警务用语失范	A36 用语随意	我刚上班时，派我去调解一个婚姻纠纷，我认为双方都有错，我就说了一句"哪有你们这样的两口子，还像大人的样子吗，当着孩子的面还闹这么凶。"结果，这两口子竟然一下子都针对我说，"我们两口子啥样子嘛！关你啥事，你凭什么说我们？"（言语疏忽）； 我当时不小心，口头禅就脱口而出了，这老大爷就口口声声地质问我，"你一个黄毛小子，你要充哪个的老子啊？就算你老汉在我面前，也没资格称老子，今天，你不把话说清楚，我就住在你们派出所了。"（用语不敬）
	A37 用语粗鲁	抓到一个开机车超速的大学生，好像还是财大的学生，我们就吼了他两句，你不知道超速了呀，撞到人的话，要抓你去蹲班房（脏话激人）
	A38 用语恐吓	在审讯这伙黑恶势力的时候，我们就给他说，"你不是主要分子，没必要死扛下去。"我们就给他说上次有个人被判了好多年，还不是因为做了"背锅侠"，还说了蹲到班房要恐吓他，他也是老油条，随即就告我们恐吓威胁他（恐吓嫌疑人） 那人喝醉酒后，就拳打脚踢他老婆，我们接警赶过去后，他把门反锁了，我们进不去，就喊他开门，他始终不开门，时不时地打他老婆，他老婆哭得很惨，我们实在没办法了，就说，"你再不开门，我们就开枪了。"你猜都猜不到后面是什么情况，竟然是那个女的把门打开了，而且还吼我们凭什么开枪（威胁嫌疑人）

初始范畴	初始概念	代表性语句
B22 警务 行为失范	A39 不 作为	疫情刚开始那段时间，大家还是挺怕的，而且缺乏防护服之类的防护用品，有个别民警就说没有防护服，暂时不执行隔离确诊者的任务（拒执行隔离任务）
	A40 缓慢 作为	接到报警的时候，是两个市场摊主闹口角，叫我们去调解一下，我把手头上的活儿做完了才去的，去了才发现这两个人已经打起来了（出警缓慢）；
	A41 不当 作为	当时，我还年轻，也是刚上班，我挨他打了，就血气方刚地想要打回来，所以，我就用手电筒戳了他一下（行为不当）； 在抓捕他的时候，遇到他反抗，我们也被他整伤了，所以，我们就整了他几下，他应该是被整痛了，才安分下来；审讯的时候，他还是比较配合，没想到庭审时他就翻供了，说我们打了他，逼他这么说的，还把伤情呈出来了，现在想来，当时被他弄伤后，可能我们下手是重了点，所以，他就故意这么摆了我们一道（刑讯之嫌）

表 4-6　警察履职失范多案例主轴编码

主范畴	初始范畴	范畴内涵
C1 风险 属性	B1 风险类型	根据警察风险应对经验和风险表现形式，将风险因素分为常规风险和非常规风险
	B2 风险难度	主要从紧急性、危险性和突发性等维度，判定风险因素的应对难度
	B3 风险危害	风险因素冲击个体造成的负面影响
C2 职业精 神不强	B4 职业责任不强	个体在警察职业活动中，未能尽自己最大的努力来完成自己的职责和任务
	B5 惯于防御自保	个体履行职责任务时倾向于通过规避责任与保守偏好等措施保护自身安全
C3 性格习 惯不佳	B6 性格不佳	个体基于履行职责任务的态度和相应的行为方式，形成比较稳定的不佳心理特征
	B7 习惯不佳	个体倾向于不佳的自发重复行为的内在机制
C4 情绪反 应不良	B8 情绪体验不良	个体对自身情绪的不良认识、反应、表达的过程
	B9 应激反应不良	个体面对突发或不可控情境时，经认知作用后即时作出的一系列不良生理和行为反应
C5 自我调 适失效	B10 自我失衡	从自我鼓励变成怀疑，从情绪平静变成波动，开始怀疑自己的工作能力不足和方法有问题
	B11 固执己见	过度在乎得失，顽固地坚持自己的意见，不肯改变
	B12 逃避现实	用逃避和消极的方法去降低遭受挫折时的痛苦感

（续表）

主范畴	初始范畴	范畴内涵
C6 职业风险认知不准	B13 风险属性认知不准	个体未能准确认识与理解警察职业风险的类型和难度等情况
	B14 风险危害认知不准	个体未能准确认识与理解警察职业风险的危害类型和危害烈度等情况
C7 任务要求认知不明	B15 任务效果认知不明	个体未能准确认识与理解完成职责任务所要求的效果
	B16 任务时限认知不明	个体未能准确认识与理解完成职责任务所要求的时间限制
C8 应对资源认知不清	B17 外部支持认知不清	个体未能准确认识与理解应对职业风险所具有警队支持、政府支持和社区支持等外部支持的情况
	B18 自身能力认知不清	个体未能准确认识与理解自身应对职业风险所具有的专业知识、警务技能、处置经验等能力
C9 自利归因倾向	B19 成功内部归因倾向	个体倾向于将有效完成警察职责任务归功于自身因素
	B20 失败外部归因倾向	个体倾向于将未能完成警察职责任务归咎于外部条件
C10 警务用语失范	B21 用语随意	警察执个体执行警务活动时，任情适意，随着自己的意思，想到什么就随便说什么
	B22 用语粗鲁	警察执个体执行警务活动时，随心所欲地粗暴无礼，说些粗俗不堪入耳的话
	B23 用语恐吓	警察执个体执行警务活动时，尤其是讯问或抓捕嫌疑人时，为迫使其交代实情或停止违法犯罪行为，使用威胁的话
C11 警务行为失范	B24 不作为	警察个体负积极履职尽责的法律义务，并且处于能够执行职责任务的状态，并不履职的行为
	B25 缓慢作为	警察个体怕担责任、不积极不主动的工作状态，无正当理由未在规定时限内完成职责任务
	B26 不当作为	警察个体做出的一种不恰当行为方式，即警察在履行职责过程中，未依法尽到应有的义务或执法不公，导致警令不通、执行不力

2. 理论饱和度检验

当对后续原始资料编码与归纳至第 13 例个案时，不再出现新主题、新范畴和新关系。通常，当原始资料基本不能再提供新的范畴和关系时，则表示研究所得到的理论达到饱和。据此，判定进行多案例研究达到了理论达到饱和。

3. 警察抗逆力蚀化模型建构

根据主范畴、核心范畴、抗逆力蚀化之间呈现的关系，建构出警察履职失范缘由与表现模型（见图 4-2）。其中，抗逆力蚀化样态为认知偏差和履职失范，认知偏差促发（影响）履职失范，履职失范强化（反馈）认知偏差；职业精神不强、性格习惯不佳、情绪反应不良、自我调适失效作为警察认知偏差的影响因子，具有因果关系，直接影响认知偏差；职业风险认知不准、任务要求认知不明、应对资源认知不清、自利归因倾向作为表现警察认知偏差的结构因子，具有反映关系。警察认知偏差促发了警察履职失范，警察履职失范呈现为警务用语失范和警务行为失范。

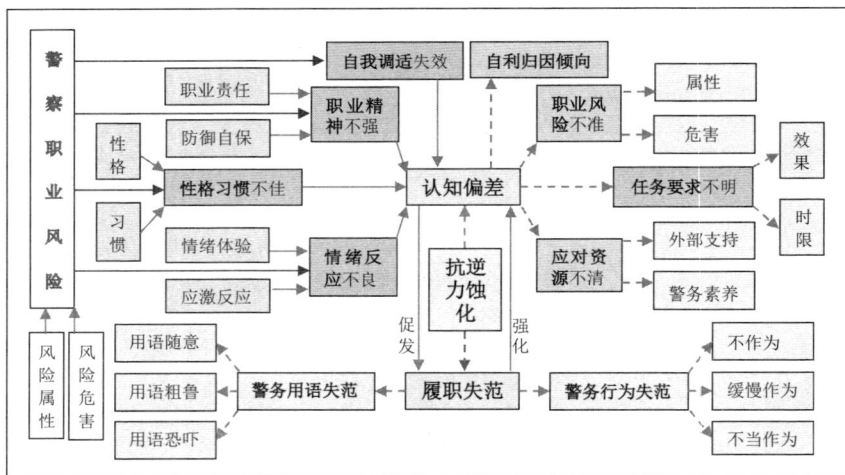

图 4-2　警察履职失范缘由与表现模型

注：实线箭头表示影响因素的促发关系，虚线箭头表示结构因素的表现关系。

二、警察履职失范的机理阐释

（一）警察履职失范的机理

警察履职失范的触发因素主要包括认知偏差与调适失效、警务素质不强、外部支持不宜；其中，认知偏差与调适失效是决定性触发因素，警务素质不强和外部支持不宜作为调节性触发因素。警察履职失范主要表现为警务用语失范和警务行为失范。

1. 认知偏差与调适失效

警察个人的认知偏差与自我调适失效是主导警察履职尽责言行失范的最重要触发因素。在复杂多变的警察职业风险情景下，警察履职失范现象是外部环境与个体内部诸多因素共同作用的结果，但是，其认知偏差与自我调适失效是决定性因素。警察身处职业风险情境，尤其突遭风险冲击瞬时，通常会产生负性情绪，对其认知与心态影响较大。在适当的时候，应当对个体内心存在的一些认知偏差和消极情绪进行合理的调适和清理[①]。警察受挫形成认知偏差后，一旦自我调适失效会使其心理失衡。心理失衡是指人的需要得不到满足或遭受挫折时产生的一种心理不平衡状况和情绪上的不良反应，是一种认知失调，是一种痛苦的情绪体验[②]。在心理失衡状态下，极易触发警察言行失范。正如大量的人类行为是非逻辑的并且是人们情感或心理状态的反映，合理性行为只是非逻辑行为的伪装和辩护，情感

---

① 仇妙芹. 新型冠状病毒肺炎疫情下公众的心理应激反应及对策 [J]. 探求，2020（3）：42-48.

② 文丰安. 当前大学生网络犯罪现象之理性审视 [J]. 东北师大学报（哲学社会科学版），2011（5）：225-227.

才是人们行动动机的真正来源①。

案例 4-11，LH 认为，作为四川人说一些 "貌似脏话" 的四川方言和自身口头禅 "并无不妥"，在执法办案过程中，当其竭力调解双方纠纷无果且被 "冷落" 时，产生愤怒情绪，忽视了其警察身份，说一些口头禅，对警察形象以及当事人产生负面影响，LH 根据当时情形判定一旦双方矛盾激化，请求支援和讲道理均无济于事，于是形成着急和担心的失衡心态，导致其决定用 "唬" 的办法应对他们。

案例 4-11　LH 处警时的言语习惯

平常咱们四川人说话，带一些口头禅，都是正常的事，又不是真的有意骂人。看到双方闹的架势，就怕他们打起来，把事情闹大就不好收场了，我是好言好语地跟他们说了半天，都没一点儿效果，我就感觉他们根本不甩（搭理）我，我的火气一下子就起来了。我认为这种情况，请增援是来不及的，跟他们讲道理和普及法律，根本就不会管用，只能强硬地把他们唬住才行，否则，一旦有人动手就麻烦了，这其间，我是既着急又担心（20210729-LH）。

2. 警务素质不强

警察个人的警务素质不强是影响警察履职尽责言行失范的次要调节性触发因素。警务素质不强主要表现为职业知识不足、警务技能不强、履职经验不佳，当警察存在这三种情形均会增强认知偏差与调适失效触发履职偏差的可能性。诚如所有的警察失范行为均可以归结于警察个体的责任心

---

① 薛艳丽. 社会学对制度经济学研究的影响 [J]. 空军政治学院学报，1999（5）：77-79.

和品质问题，甚至将警务实践中常见的执法纠纷及其延展后果均预设为当事警察的过错①。囿于部分警察对法律法规的了解不全面、战术技能掌握得不牢固、现场执法态度不严谨、情绪心态把控不到位②。所以，在职业风险情境中，少数警察企图以"简单、粗暴"的执法方式解决社会治安问题，暴力执法、执法不公暴露了个别警察执法能力差、执法失范等问题③。从年龄角度观之，由于新任民警多为大学毕业生且学习能力较强，其职业知识不足现象的影响并不突出，警务技能基本同理，而职业经验则受制于工作年限偏少而职业经验不佳的影响较大，对于从警年限偏长的民警，其情况则基本与此相反。相较而言，职业知识、警务技能、履职经验三者中，尤以履职经验对警察履职言行的影响更为深远，一旦习得不良警务行为习惯，对其履职言行影响颇大。就如部分警察创设的"执法旧常态"一般，即警察在原有的执法环境下，其随意性执法、非程序执法以及粗放式执法，在这样的执法生态下产生警察执法不公、执法不严甚至徇私枉法④的现象。

案例4-12，WJ存在认知偏差现象，他将身体素质变差主要归咎于值班熬夜太多，对战训和作战理念的认知也存在偏颇之处，更为甚者，他已然形成工作中遭遇自身难以解决的问题便求助外界力量的风险应对行为习惯，遇事倾向于保守地稳住局面后交由领导处理。

① 蒋勇. 警察权"强""弱"之辨：结构失衡与有效治理 [J]. 法制与社会发展，2017，23（3）：162-178.

② 曾灵. 新媒体背景下人民警察现场执法规范实务探究 [J]. 公安教育，2021（2）：34-37.

③ 裴梓竹，韩迎光. 公共危机视角下中美警察形象思考 [J]. 武警学院学报，2021，37（11）：89-96.

④ 侯延昶."新常态"视阈下警察执法境遇分析与对策探究 [J]. 山西警察学院学报，2020，28（4）：57-61.

案例 4-12　WJ 的战训体验

刚上班时，因为我在学校经常锻炼，身体素质就挺好的，上班久了，值班熬夜太多了，我也很少锻炼了，身体素质就差多了。另外，现在的战训和作战理念不同了，遇到有危险的情形，都是采取绝对优势警力进行配合，对民警个人警务技能的要求比较低。现在都是几年才参加一次战训，主要是为了强化一下大家的安全理念和休养调整身体的方法，理论课对新警还是比较有用的，教官说那些内容，我们工作这么多年基本都明白，再说仅靠十多天的突击训练，究竟能提升多少水平呢？现在的通信和网络都这么发达了，遇到麻烦的问题，可以立马求助和查询，只要先把局势稳住，等领导来处理就好了（20210722-WJ）。

3. 外部支持不宜

警察所能获取的外部支持不宜也是影响警察履职尽责言行失范的次要调节性触发因素。诚然，警察的家庭支持不宜和朋辈支持不宜对其风险应对产生消极影响，但是，在职业风险情景中，对其更具影响的外部支持主要是警队支持不宜、政府支持不宜、村社支持不宜，当警察的外部支持存在这些情形时，也会增强认知偏差与调适失效触发履职偏差的可能性。首先，警队支持不宜"助推"警察履职失范。警队支持是警察所能获得外部支持中最直接与最专业的，直接关系职业履职尽责结果。警察个人应对职业风险时，对上级支持的感知可负向预测工作压力，公安机关支持对缓解警察心理应激反应起主要作用[1]；反之，公安机关（上级）支持缺乏或不当，

---

[1]　阳琴. 长沙地区基层民警工作家庭冲突与主观幸福感的关系研究：社会支持的调节效应 [D]. 长沙：湖南师范大学，2016.

则会加剧警察心理失衡状态。可见，领导支持是影响基层警察职业压力的重要因素之一[①]，当其急需获得警队支持却难以及时获得恰当的支持时，警察则很可能会抉择消极风险应对策略。其次，政府支持不宜也会"助推"警察履职失范。政府支持是警察的外部支持中最根本与最深远的一项支持，它从宏观上确保警察支持的力度与广度，政府支持的举措关系到警察履职尽责所需的人、财、物。但是，现实情况有时是政府支持不仅会缺失，而且会出现支持不当乃至掣肘警察履职。诸如，涉及政府部分的群体性事件，因为群体性事件的酝酿、发生与平息和政府的许多部门有关，公安机关不能"包打天下"，群体性事件的处置还需要其他部门的配合与支持[②]，如若政府部门支持不宜则极可能对警察产生负面影响。最后，村社支持不宜也会"助推"警察履职失范。村社支持主要是警察外部支持中最广泛的支持，它会随时随地影响警察的履职言行，村社支持不宜通常会导致警察履职事倍功半甚至言行失范。村社支持主要是村社干部和群众向警察提供支持，村干部在执法中能发挥重要作用，缺乏村干部帮助，警察进村甚至找不到路；通常遇对乡下警情，警察出警前，首先要打电话询问村干部，如果事件不紧急，甚至会先去村干部家了解情况[③]。然而，村社支持不宜的情形时有发生，村社支持不宜同警察履职失范互为因果。警察不可能总是充当"和事佬""好好先生"，其工作常常带有干涉、打击和取缔等强制性质，很容易交恶、得罪人，会触犯个别人的利益。如果警察执法不公、态度不好，便

---

① 李姗姗. 基层警察职业压力影响因素及调适路径研究——以 HZ 市为例 [D]. 济南：山东财经大学，2017.

② 武浩. 以民生警务为导向的群体性事件处置方法 [J]. 湖北警官学院学报，2011，24（4）：73-75.

③ 于龙刚. 乡村社会警察执法"合作与冲突"二元格局及其解释——"互动—结构"的视角 [J]. 环球法律评论，2015，37（5）：18-39.

会使一般民众与警察形成对立，不支持、不配合警察工作，从而使警察对执法工作渐趋消极 [1]。

案例 4-13，在 ZB 从警生涯中，第一次遭遇精神病人袭击时，ZB 寻求派出所处支援，受制于距离过远，警队支援难以即时到达，转而寻求"近在咫尺"的村支书支持，但是村支部的支持迟迟未能赶到，在整个过程中，ZB 非但没有得到当地村民的支持，反倒是被当地村民架住，任由该精神病人对其拳打脚踢。于是，当警队支援赶到为其解围后，在气愤之余对村民和村干部说出"狠话"。

案例 4-13　ZB 首次遭遇精神病人袭击

我正准备走向他的时候，有些村民立即就把我拉开说："你是警察，你怎么能打人，就算他打了你，犯了错，我们自己教育就行了。"于是，他们就抓住我的手，把我往后面拖，同我一起过来的实习生也不知道怎么办，就站在原地。我想使劲挣脱他们的束缚，但是，我依旧被他们拖住了，他们就把我按在地上，那小伙子看我动不了，就对我拳打脚踢。我就吼他们，后面，他也打累了，加上他喝了酒，就躺在地上了。等他们把我放开之后，我立刻就给派出所打电话，喊他们快点过来协同处理，但是，这个村子与派出所隔得太远了，一时半会儿他们也没法赶过来。这期间，我也给村支书打电话，喊他过来帮忙，结果，他是在派出所的同事们赶到后才出现，一到关键时刻，村支书也躲起来。我看到他来那么迟，我就生气："以后你让我怎么看待你？"（20210715-ZB）

---

① 梁良. 上海警察心身耗竭及其影响因素研究 [D]. 上海：华东师范大学，2004.

（二）警察履职失范的映现

当代中国警察履职失范现象主要集中于警察伦理失范和警察权失范，其表现形式主要是警务用语失范和警务行为失范。其中，警察伦理失范集中表现为权力寻租行为屡禁不绝，警情虚报瞒报等现象较为严重，行政"慢作为""不作为"等问题突出，以及警务人员"虚假角色意识"明显，致使警务行为必要的"善"未能充分展现[①]。另外，警察权失范的主要表现有：执法程序失范、现场处置失范、选择性执法、管理服务失范、警察权主体失范[②]。

1. 警务用语失范

警务用语失范形式多样且易激化矛盾。警务用语是警察在进行各种警务活动中，以声音为媒介，借助一定的语调、语速、语气与特定对象进行交流，传递执勤信息，以保障社会安定、维护治安的口头语言[③]。警务用语应该具有法律性、严谨性和通俗性等特点，受制于部分警察的服务意识偏弱、法律水平偏低、表达能力偏差，在职业风险情境中，可能会难以充分发挥警务用语服务群众、控制局势、缓和矛盾等功能。纵观警察服务群众和执法办案过程，警务用语并非尽如人意，警察警务用语失范已经衍生出诸多问题，也是触发涉警负面舆情的主要"导火索"之一。近年来，民警使用警务语言缺少亲和力甚至是语言暴力的新闻屡见不鲜，警务用语失范主要表现为三个方面：一是警务用语表达没有亲和力，缺乏服务意识；二是

---

① 邢盘洲. 当代中国警察伦理的失范与规制 [J]. 北京警察学院学报，2017（1）：82-88.

② 雷虹. 警察权失范问题调查研究——以陕西省三市为样本 [J]. 中国人民公安大学学报（社会科学版），2017，33（6）：113-118.

③ 苗焱. 警察现场执法语言问题与对策研究 [D]. 北京：中国人民公安大学，2019.

警务用语执行不够专业，削弱规范效力；三是警务用语使用不够严谨，有损公安形象[①]。

案例 4-14，LH 在应对即将发生的打架群殴事件时，原本是出于好意规劝双方，先是对挑头之人进行喝止，奈何二人始终不为所动，于是，转而劝说跟随二人的众人。尽管 LH 在整个过程中是替众人着想，但是"意善言粗"且不中听，其言语缺乏严谨性，语含脏话且带威胁性，所言话语不符合警察的威严身份，触犯众怒而引发群殴事件。

案例 4-14　LH 紧急处警用语

我就使劲地吼了双方带头闹事的人，"你们两个规矩点，在这外面玩够了是不是？又想进去改造学习啊？非要打死打残几个人，才觉得心里舒服吗？"他们始终就一副吊儿郎当和油盐不进的样子。然后，我对跟在他们后面的人说，"你们也想一想，这两个人也不像好人，不要跟他们一起闹了，到时候弄出人命了，把你们抓进去，你们的家人还得在外边等着你们呢。"（20210729-LH）

2. 警务行为失范

警务行为失范形式多样且危害极大。警察在履职过程中主要出现了执法不公、执法不严、程序违法、刑讯逼供、暴力取证、徇私枉法、以权谋私、粗暴执法、人情化执法等失范行为。当前民警现场执法过程中存在的主要问题有"说"不过、"打"不赢、言行不当激化矛盾、面对群众舆论不

---

① 何李，南亚伶.基于执法过程谈警务用语存在的问题 [J]. 黑河学刊，2018（6）：187-189.

知所措 ① 。警务行为失范行为类型与场景繁多，就如警察开枪失范情境便颇为复杂。尽管各级公安机关鼓励警察面对危险警情应果断开枪，然而对于开枪的危险警情的界定并不明确，警察对危险情境的感知与判断差异也大，于是，诸多警察在警务处置中存在过于谨慎与过于随意的"天壤之别"。警察在处置具有人身危险性的警情时，何时使用何等武力介入极具挑战性，使用警械和武器过早容易激怒当事人，用晚了难以控制局势；准确使用武力等级难以把握，武力等级过低难以制止不法侵害，武力等级过高容易遭受质疑甚至投诉。我国公安民警滥用枪支的事件时有发生，民警在遇到暴力袭击时未带枪、未开枪或者未及时开枪的事件也时常见诸报端，这反映出在公安实务工作中，民警时常陷入不会用枪、开枪茫然、不愿带枪及无枪可用等困境 ② 。

近年来，各地婚外情纠纷触发的灭门惨案时有发生，为有效预防该类极端案事件，各地公安机关将繁重的预防工作重任压实在基层警察身上，使基层警察承受巨大的心理压力。案例4-15，五金店老板与有夫之妇私通引起该妇女丈夫猜疑与愤恨，为防止男子偏激报复其妻和五金店老板，付诸极端暴力犯罪行为，GQ在法理与情理、道德与生命、谎言与真相之间进行取舍，最终选择了尽职履行警察保护人民群众生命安全的职责，劝解男子而并未告知真相，敲打并威胁五金店老板切勿"再走夜路"，否则可能会出现"被逮现行遭砍"的生命隐忧。

---

① 曾灵 . 新媒体背景下人民警察现场执法规范实务探究 [J]. 公安教育，2021（2）：34-37.
② 朱立伟，谢川豫 . 论公安民警用枪的困境与对策 [J]. 铁道警察学院学报，2014，24（3）：66-72.

案例 4-15　GQ 调处婚外情纠纷

那女人与街上五金店的老板发生婚外情了，她男人在外面打工听到些风声就回来找这个老板，这女人害怕出事，就把我们叫去了。这些年，因为这种婚外情，发生了不少的灭门案。我们也害怕她老公走极端，我们发现他并没有掌握真凭实据，就叫他别听信那些流言蜚语，周围的女人都是瞎传，如果他们真发生婚外情，早就被大家发现了，不要因为疑心太重，别把好好的家给整散了。等他走了以后，我们把五金店老板带回所里，教训了他，否则他不会长记性，之前，我们就抓到他招惹别人的媳妇。我们曾严厉地警告他："我们找到好几个街上的视频，看到你深更半夜进入别的女性家中，你去做什么？你总是做出这样的事情，如果有一天被人发现了，肯定没你好果子吃。"（20210723-GQ）

（三）警察履职失范的内在危害

1. 习得防御自保偏好

警察履职失范被追责会促其习得风险应对防御自保的行为偏好。面对案件责任终身制早已落地生效和容错纠错机制却"闻声不至"的情形，部分警察原本是一心尽责履职却"不拘小节"，因履职失范而被问责后，通常会形成"做得越多，风险越高；少做少错，多做多错"的观念。于是，部分有被问责经历或同事有类似经历的警察，便"吃一堑，长一智"，在其后的履职过程中，基于理性"经济人"的行为逻辑，便会逐渐养成首先思考的问题是如何保全自己而非完成职责的习惯。

案例 4-16，婚姻情感纠纷已经成为诸多派出所民警公认的烦心事和风险点。在 GF 应对农村婚外情纠纷事件中，GF 为防止追责在数次调处该纠纷时，均特别注意录音录像，制作调解书时务必会让当事人签字，当其发现事态较严峻时，便请村干部和综治办工作人员参与调处，当把这些程序性工作均做完后，GF 认为："该想的办法已经想了，该做的工作也做了，仍然发生了刑案乃至命案，我相信领导不会不讲道理的。" GF 原本在督察大队任职，当其到派出所任所长后，竭尽全力调处了诸多婚姻情感纠纷却未见成效，反而还"埋下"被追责的隐患，在经验丰富的教导员的"启示下"，逐步学会留证自保的履职习惯。当警察在履职过程中首先考虑如何免责自保时，何以践行人民为中心的履职理念？

案例 4-16 GF 应对农村婚外情纠纷

处理农村的婚外情纠纷主要依靠村里面的小组长、村书记和镇上的综治办主任，其实，通常就只有这几个人。为了防止这类民事案件转刑事案件，我们发现情况都会向他们通报，因为他们了解的情况更多，同时承担更多的责任，我们得向他们通报。他们是比较关键的一个环节，特别是小组长这个群体。比如，一个村民的家庭环境、家庭结构、性格特点，比较听哪些人的话，小组长同村里的老百姓，既是邻居，也可能沾亲带故，所以，他们对村民的情况是非常熟悉的，我们需要从小组长的反馈来掌握情况。另外，村书记也特别重要。比如，我们给婚外情纠纷的当事人讲的更多的是策略和法律层面的东西，我们同村支书一起做村民工作，村支书主要是从道德上和情感上说一些情理进行劝导；我们主要是从法律上引导，有些话是不适合从我们嘴里说出来，但是，这些话由村书记来说就很合适。所以，我们通知当事人见面时，都会把村支书叫过来，我们配合得也非常有默契。我们请综治办介入，主要是请他们向上一级汇报工作，如果事情一旦不可控，出事就要倒查责任，但是，我们必须要给他们通报一些问题，等他们提前介入之后，会对事情进行综合预判，如果事情不可控，他们要向县里汇报情况，可能其他部门也要一起介入，这样就能形成联合工作机制。

他们介入后，我们在处理这些情况时，都是全程录音录像，办案过程尽量写得详细一点，现在按照我们的工作要求，需要当事人签字并按指印。如果我同村干部和综治办干部做了这么多工作，并且协调双方当事人见面，这些工作全部都做完了，如果还是不幸地发生了"民转刑""刑转命"的事件，我相信，对我的追责能相应地减轻一些（20210726-GF）。

2. 蚀化特质创伤警察

（1）蚀化特质

警察履行失范会对其个体特质产生"两害"趋向：一是如若未被追责，久而久之则可能会固化履职失范言行习惯，强化不当履职经验；二是如若被追责处理，则可能会趋利避害形成防御自保偏好，弱化初始职业责任。由此可见，一旦警察履职言行失范未能及时妥善纠正，则极易逐步蚀化个人特质，滋生并加剧挫败心理。案例4-17，LH在劝阻众人打架群殴时，习惯性使用粗暴语言喝止，源自于自身长期调处该类纠纷养成的警务用语习惯。因言语不当被录制视频和遭举报，最终受到处理。LH反思该事件后，认为自己"好心做了驴肝肺"，被这群"狼心狗肺"的人给报复了，于是自觉不该这么积极阻止群殴，挫伤了其警察职业责任感。

案例 4-17　LH 反思喝止群殴事件

就是那次我吼他们闹事的时候，没有注意到他们悄悄录了视频，后来带头挑事的人居然将视频拿到局里举报我，说我骂人和威胁他们。后来，督察介入了，他们找我谈话，让我写情况说明，我也写了当时的具体情况。举报我的那个人后面一直盯着我，一直要求上级处理我，最后局里决定，让我停职反思了几天。现在想起这个事，我就感觉自己是哑巴吃黄连，有苦说不出啊。我好心好意地劝他们别打架闹事，却被他们这样给坑害了（20210729-LH）。

（2）创伤警察

警察履职失范往往会得罪当事人，滋长报复风险而创伤警察。杨佳报复杀害六名警察事件对众多执法一线警察造成重大冲击，警察代表国家公权力执法，在履职过程中遭受打击报复的情况时常发生。当前的警察执法权威并不乐观，警察在正常的执法活动中屡屡受到挑衅、阻碍，甚至出现执法对象对警察打击报复，"执法难"已成为家常便饭[①]。在严苛的执法环境中，警察履职稍有言行失范，极易遭受偏激当事人报复。案例 4-18，WL在办理私人诊所医生自制炸弹炸人案时，仅仅是言语上对其有些冒犯，并未对其有何过激行为，但该医生性格偏执且智商很高，对 WL 说出威胁言语，加之其在监狱里反复写 WL 的名字，给 WL 造成极大的心理负担。当WL 寻求组织支持以防报复时，单位领导均未予以重视，此事致使 WL 经常整夜失眠，并自嘲患上抑郁症。

---

① 陈秋菊. 合作治理理论视角下警察执法公信力提升研究 [J]. 中国刑警学院学报, 2019, 148（2）: 61-67.

案例 4-18 **WL 长期担心罪犯报复**

2015 年,我还在刑侦工作的时候,办了一个自制炸弹伤人的案子,这个案子是由一个很小的邻里纠纷引起的。这两个人的门市挨在一起,左边的门市是一个医生开的私人诊所,门口上面挂了个招牌,隔壁右边门市也做了个招牌,隔壁的招牌很突出醒目,把诊所的招牌遮挡了,医生就找隔壁店子的人交涉,非要隔壁店主把招牌换成像他诊所那种招牌,隔壁这个人就不乐意了,那个人说:"自己店想做什么样的招牌,都是我的自由,还轮不到你这个人指手画脚。"医生看到怎么交涉都无效之后,他就私自把隔壁家的招牌拆了,对方找他理论,要他赔偿,他不给钱,这样就闹起来了。被拆了招牌的这个人报警让我们介入后,我们就让这个医生赔了钱,这样可能把他激怒了,后面就出事了。

这个医生真的是个高智商的人,他自己从网上学习,自制了炸弹,跟踪隔壁这个人,找到他家在哪儿后,就把自制炸弹扔到人家院子里,幸好当时那家人都在屋里面,没有炸死人。这个案子就是我主办的,后来这个医生被判刑。当时办案的时候,我们对他也没有好的语气,毕竟他犯了这么大的事。在办案过程中,他就对我和检察院负责公诉的人都说过同样的话,"我记住你们名字了,你们给我好好等着,等我出来,看我怎么收拾你们。"后来,我们去他服刑的监狱了解情况,他在监狱反复写我和检察院这个同志的名字,这已经过去好几年了,再过几年他就要被放出来了,他这个人这么偏激,智商也高,我们都担心他出来后报复我们和家人。我们都分别向自己单位汇报了这个情况,如果他出来以后要报复我们该怎么办,结果,单位领导就说我是杞人忧天。这个事情都困扰我好多年,想起来就害怕，也不敢给家人说，我经常都是整夜整夜地睡不着，都快把我整得抑郁了（20210729-WL）。

三、研究结论与实践启示

（一）研究结论

1. 抗逆力演化具有双向非线性现象

警察抗逆力演化呈现双向非线性现象，即抗逆力结构因素可能会同时出现积极优化与消极蚀化两个趋向，并非单一趋向于优化或蚀化。认知偏差是职业精神不强、性格习惯不佳、情绪反应不良、自我调适失效综合作用的结果，认知的结构因子可能既有变差也有变好的趋向。同理，即便出现认知偏差的蚀化现象，也并非必然会促发履职失范。由于职业风险复杂多样，警察应对职业风险的抗逆力具有相对性，当警察面对不同类型职业风险冲击，受制于警察应对得当与否，抗逆力结构因素（因子）演化会出现跨越优化与蚀化的非线性突变。

2. 抗逆力蚀化具有多维扩散性特征

抗逆力蚀化实为抗逆力结构因素蚀化，并非所有结构因素（因子）同时全面蚀化，通常是部分结构因素（因子）先被职业风险击溃变差后，再逐步侵蚀其他维度的结构因素（因子）。通常而言，警察遭受职业风险冲击后，首先可能会形成消极情绪反应、习得不良性格习惯，进而可能会侵蚀职业精神和自我调适。与此同时，一旦职业风险认知、任务要求认知、应对资源认知、归因倾向中某些维度认知偏差出现，则会侵蚀乃至促发其他维度的认知。最后，当形成认知偏差后则可能会侵蚀履职言行，最终促发履职言行失范。有鉴于此，可将抗逆力蚀化界定为遭受风险因素冲击，致使个体抗逆力结构因素（因子）出现变差乃至相互侵蚀的过程或者结果。

（二）实践启示

一是增强警察职业精神。警察职业精神可为公安民警提供强大精神力量。警察要扮演好人民的"守护神"，遏制犯罪的"终结者"，现代化的"建设者"等多重角色，要以警察职业精神筑牢忠诚警魂、规范忠诚履职。各地公安机关应创新警察思想政治教育与训练，积极提升警察的职业使命感、职业认同感、职业责任感和职业价值感，增强人民警察职业精神，培植公安民警对公安机关的信赖与认同情感，提升警察的职业认同感与职业责任感。此外，还应积极宣传警察负重前行的典型模范事迹，让警察切实感受到广泛的社会认可，体验到强烈的职业价值。

二是改善警察性格习惯。提升民警处警安全意识，养成良好性格和处警习惯。养成无论何时何地处警都应保持积极乐观的性格习惯，习得带齐单警装备的行为习惯，是规范履职尽责的现实需要。根据警务工作的性质和特点，警察应有意识地培养与警务工作相匹配的性格，以便高效规范完成人民赋予的神圣使命。因而，应着力改善警察性格习惯，使其遇到"低风险"警情时，避免过度依赖经验，谨防麻痹大意忽视潜在风险。通过反复教育训练和监督检查，抓牢抓实民警的"危险加一""警力优势""协同配合""战术性撤退"等安全理念，从思想上和机制上彻底消除民警侥幸心理。

三是改进心理行为训练。坚持以警为本训练理念，应更新形式、丰富手段、畅通渠道，改进警察心理行为训练和心理危机干预工作，积极探索创新以情绪调适、应激反应、团体协作等内容为主的心理行为训练，反复磨砺警察耐受力和意志力，努力增强警察应激适应性和心理稳定性，提升警察的心理健康意识和自我调适能力。全方位实时监测警察心理健康状况，即时预警与甄别警察心理危机状况，对于尚未出现心理异常的警察，要充分发挥心理行为训练的预防功能；对突遭情感、事业或家庭变故的警察，要有效发挥心理危机干预的矫治作用，应及时对其进行心理疏导，助其摆脱心理阴影与减轻心理负担。

四是提升警务监督效度。秉持以人民为中心的执法理念，加强法纪对警察全方面的监督，杜绝警察履职失范侵害人民群众权益。将警务监督纳入队伍建设范畴，推进警务监督现代化建设。坚持"横向到边、纵向到底"警务监督原则，将警察接处警、执法办案、值班备勤等执法工作各个环节，以及贯彻落实"八项规定"和转变"四风"等执纪行为，全部纳入警务监督范围，确保实现全时空、全方位的警务监督。综合运用所队自查自纠、高频随机检查、交叉明察暗访、群众投诉举报等形式，持续动态督导警察执法执纪不严、不公、粗暴等问题，规范警察履职言语行为。

第五章　健全警察抗逆力蚀化防治体系

党的二十大报告中提出："健全城乡社区治理体系，及时把矛盾纠纷化解在基层、化解在萌芽状态。加快推进市域社会治理现代化，提高市域社会治理能力。发展壮大群防群治力量，营造见义勇为社会氛围，建设人人有责、人人尽责、人人享有的社会治理共同体。"要打造社会安全治理共同体，建设更高水平的平安中国，务须做好两方面工作，健全警察抗逆力建设体系。一方面是做好监测干预职业风险情境抗逆力蚀化的警察，筑牢社会安全共同体的兜底性力量；另一方面要促进多元主体积极参与献计聚力，构建覆盖警察个人、家庭、警队和社区的抗逆力体系。

第一节　构建警察抗逆力蚀化监测干预体系

将警察抗逆力蚀化级别分为三级，三级为轻度蚀化状态，以蓝色标示；二级是中度蚀化状态，以黄色标示；一级是重度蚀化状态，以红色标示。通过监测并计算出警察个体的抗逆力蚀化水平，分别进行三级预警。再对每一级预警的警察，分别提示相应的干预策略，帮助警察尽快摆脱抗逆力蚀化状态。通过测量监测警察遭受职业风险冲击后的心理健康情况，从而对警察的抗逆力蚀化水平进行评估。为了实现持续动态评估，应该开发相应的操作软件，持续监测与定期收集警察的抗逆力蚀化状况数据，确保早发现、早预警与早干预。

一、警察抗逆力蚀化监测与干预的平台

建立警察抗逆力蚀化监测预警机制，主要是构建"双重监测、三级预警"的抗逆力蚀化实时监测系统，"双重监测"指的是"风险冲击监测"和"失范言行监测"两个贯彻抗逆力蚀化始终的监测机制，"风险冲击监测"是指根据警察抗挫折指数与当前受到的风险的冲击力指数进行运算，计算出警察的抗逆力蚀化内隐样态级别，构成对警察抗逆力蚀化状态的第一个监测序列；"失范言行监测"是指根据警察抗逆力蚀化状态下表现出的失范言语和行为征兆，根据言行征兆的失范程度进行指数运算，计算出警察抗逆力蚀化外显样态级别；双重监测机制是指在两套监测机制独立计算蚀化级别的基础上，进行科学赋权计算综合蚀化级别。当警察出现失范言行征兆时，缺乏内隐样态的测评数据时，则通过失范言行程度的等级来评定，实现警察抗逆力蚀化三级预警。只有风险冲击力指数和内隐样态的测评数据，缺乏警察失范程度指数时，则按照赋权比例进行模拟测出的指数进行三级预警。围绕"双重监测、三级预警"的监测框架，设计开发相应的软硬件，最终形成警察抗逆力蚀化监测平台。

风险冲击力指数是触发警察抗逆力蚀化的各类负性事件对警察的抗逆

力结构因素（子）造成的负面影响。不同的负性事件对警察的冲击力存在差异，根据负性事件调查结果形成负性事件数据库，按照严重程度将各种负性事件划分若干等级。综合三种方法所获得的数据，形成不同负性事件对个体心理的冲击力指数：一是采用专家打分法算出不同负性事件冲击力指数等级；二是采用问卷测评得出冲击力指数；三是对已有研究进行元分析得出的心理冲击力指数。失范言行监测机制聚焦于警察付诸失范言语和行为应对风险这两类常见的抗逆力蚀化的外显言行征兆。抗逆力蚀化的警察往往会表现出一定程度的外显言行征兆，监测这些外显言行征兆有利于及早识别和预警抗逆力蚀化。

当预警信号为蓝色状态时，则表示警察抗逆力蚀化处于轻度状态，已经出现了一些较轻的失范言行，各警队相关人员要采取措施，关注警察心境和言行，避免警察抗逆力持续蚀化，防止警察付诸失范程度严重的履职言行。在此期间，必须找出导致警察付诸失范言行的根本原因，以便针对性采取相应的优化举措，缓解警察心境失衡程度。黄色信号表示中度危机状态，可引入心理咨询师介入干预。红色信号表示警察抗逆力蚀化已经处于重度危机状态，必须立即对其进行危机干预。为此，在预警值出现在黄色警戒区间时，警队应该采取有效举措，防止预警值恶化至黑红警戒区。

二、警察抗逆力蚀化监测与干预的运行方式

为确保警察抗逆力蚀化监测与干预平台有效运行，公安机关可以借鉴常用且高效的心理危机干预模式，可结合公安机关实际情况，选择恰当的运行方式。

（一）"评估—危机干预—创伤治疗"模式

ACT 模式包括评估（Assessment）、危机干预（Crisis Intervention）和创伤治疗（Trauma Treatment），是一种将系列危机干预手段进行整合的综合性危机干预模式，可操作性强且应用范围广。由于整合了多种评估和干预技术，所以干预人员可以根据不同的危机情境灵活选择不同的评估、干预技术进行组合，以便取得更佳的创伤治疗效果。

第一步评估。心理辅导人员在开展工作前，一定要评估警察目前面临的危机状态，包括了解引发警察抗逆力蚀化的负性事件及其风险情境等；同时，还要评估警察的身心状态，看其是否具有自我伤害或伤害他人的行为倾向等。

第二步危机干预。在确保警察生命安全的前提下，心理辅导人员开展五个方面的干预工作。其一，在尊重、理解和接纳警察的前提下，同警察建立联系。心理辅导人员同警察沟通过程中，应尽可能消除警察的抗拒心理，获得警察信任。此外，心理辅导人员可以借助心理咨询技巧、方法主动获取接受干预的警察信息。其二，引导警察关注自身的情绪体验。在同警察建立信任关系的过程中，心理辅导人员要引导警察回顾关注自身情绪反应，使其更加了解自身情况，以便获得更多信息。其三，确定警察抗逆力蚀化症结。心理辅导人员运用专业咨询技术帮助情绪反应过激的警察找准症结所在，由于情绪蒙蔽会使其难以认清症结，因此，心理辅导人员需要细心梳理和发现问题，找准警察的需求。其四，探究并评估既往风险应对行为。通常而言，当警察抗逆力蚀化时，他们会采取习惯性应对方法和警务技能解决问题。尽管这些策略与方法也许不能消除危机，但是对警察危机干预会有一定效用。最大限度地挖掘探索帮助警察摆脱困境的策略，让警察感受到警队的支持与自身的力量，提升风险应对的自我效能感。其五，反馈与随访。当警察摆脱危机状态后，鼓励警察反馈整个干预过程的体验与心得，心理辅导人员及时跟进了解警察的情况，察验警察心境平衡状态。

第三步创伤治疗。虽然危机干预能暂时纾缓警察的负性情绪和防范危险行为，但是难以彻底解决严重的创伤性应激反应，心理辅导人员应持续评估警察的症状并追踪治疗。

（二）六阶段处理模式

运用六阶段处理模式帮助警察时，能综合考量警察的风险环境、生活经历、价值观念、知识能力、认知水平、创伤经历等关键因素，故而，该模式极具应用价值。该模式强调评估的作用，贯穿于警察抗逆力蚀化全程，以风险情境为基础，以行动为导向，有利于系统应用各种技能。主要包括倾听和干预两个阶段。

第一阶段倾听。首先要明确问题。要从警察的角度了解与理解风险情境，才能切身体验警察的感受，方能找准干预策略。其次要确保警察安全。确保警察安全是干预工作的初衷，干预旨在消除警察的危机状态，让其自身摆脱困境，也要防止警察对他人付诸过激行为而造成伤害。最后要提供支持。心理辅导人员采取接纳、尊重、信任警察的方式，让其相信警队和家人都很在乎他、关心他，切勿急于评价警察的情绪、认知和言行。

第二阶段干预。首先要诊察可用方案。找出可供警察选择的风险应对方案，可从以下角度寻找方案：情境支持（关心和愿意帮助警察的人）、应对机制（警察可用的各种方法措施和支持性资源）、警察的积极认知方式（警察重新思考审视风险情境及自身问题）。其次是制定计划。细化方案并制订施行计划。此间应注意：一是确定随时能有应其请求并且提供支持和帮助的组织和个人；二是为警察提供能够立即进行的积极应对机制和具体行动步骤。在制订计划过程中，要注重重塑警察的控制力和自主性。最后是获得承诺。要求警察复述计划，并承诺自己定会果断采取积极的行动步骤，从而恢复至心境平衡状态。

（三）整合的危机干预模式

整合的危机干预模式是指从所有危机干预的方法中，有意识、系统地选择和整合各种有效的方式和策略来帮助当事人[①]。整合的危机干预模式坚持"人类所面临危机虽然具有一定独特性，也有很大相似性"的假设。为此，可以整合与综合使用众多心理危机干预的理论、策略和方法，进行危机干预。

坚持任务为导向的整合危机干预模式的主要任务有：一是心理辅导人员尽最大努力搜集风险事件有关时空、起因、结果等信息，结合干预的理论、策略、方法，评估警察抗逆力蚀化程度；二是挑选能有效应对当前危机的策略和方法，将其按照系统一致的标准进行整合，以便合理解释警察的行为；三是保持开放态度，不拘泥于任何理论模式，不断尝试曾经成功干预的策略和方式。

---

① 王建国. 大学生心理危机干预的理论探源和策略研究 [J]. 西南大学学报（社会科学版），2007，153（3）：88-91.

（四）严重突发事件应急管理模型

严重突发事件应急管理模型强调家庭在帮助警察摆脱困境过程中的重要作用，注重在危机干预过程中发挥警属给予情感支持和方法建议等作用，增强警察摆脱困境的信心，具体干预步骤主要包括以下10步。

第一步是判断警察、心理辅导人员和警察的周边人是否存在危险。第二步是弄清风险事件对警察身心上造成冲击和影响的机理。第三步是判断警察的反应是正常反应还是警戒状态下的反应，是否有其他因素的影响。第四步是如有医疗救治需要，组织经验丰富的专业心理辅导人员参与医疗急救。第五步是观察和识别一直暴露在风险事件中且有明显应激障碍的警察。第六步是同警察保持联系，初步建立关系，如若评估判断警察需要医学帮助，应及时让其远离应激源，并进一步增强信任关系。第七步是同警察讨论发生在其身上的负性事件，在其处于安全状态下，引导他们讲述自己的故事，回顾讨论在风险情境下的情绪反应和言语行为。第八步是真切地表达自己理解警察在风险情境下的意图和感受。第九步是心理辅导人员感同身受地认真倾听，为警察提供有效的应对方法和教育支持，理解其在风险情景中，明白这是普通人难以应付的不正常事件。第十步是为未来做准备，重新检视发生的创伤事件，立足当下并憧憬未来，同时做好后续跟进工作。

三、警察抗逆力蚀化监测与干预的运作

警察抗逆力蚀化监测与干预工作的运作包括"事前预防—应急干预—事后维护"三个方面。事前预防工作主要运用各种方式全面提高警察抗逆力，筛选并关注抗逆力蚀化的警察。应急干预工作主要通过抗逆力蚀化监

测平台，及时掌握抗逆力蚀化的警察，分别进行红黄蓝三色预警，分别选派专业人员跟进和干预个案。事后维护主要对被干预的警察进行修复性和持久性的抗逆力蚀化干预，降低警察抗逆力蚀化的易感性。

（一）事前预防

在日常工作和警务培训中进行"抗逆训练"，在心理健康教育中融入普及性预防，可分别根据警察个体层面和警队组织层面进行事前预防。

1. **警察个体层面的干预方式**

依托抗逆力蚀化监测机制进行监测和管理，以团体训练、专题讲座、项目实操、情境再现等形式，开展以认知纠正、自我调适、情绪管理、职业生涯规划、人际交往等主题的抗逆训练，具体训练内容如表5-1所示，着重从以下角度关注警察个人层面的抗逆力蚀化预防。

一是消解风险情境不适。身处职业风险情境，警察难免因情境不适而出现害怕与苦闷等负性情绪，产生巨大的心理压力。要有效应对职业风险，需要警察积极组织心理资源，获取外部支持性资源消解负性情绪，适应职业风险情境与恢复心境平衡。二是动态调整自身需求。从事警察职业不仅能满足警察的物质需求，还希望能实现自我价值，增强自我效能感，在工作中肯定自己、提升自己、成就自己。然而，在瞬息万变的职业风险情境，警察的安全需求往往面临威胁，至此便需要警察根据风险变化，正视自身的安全需求，积极调适自身心态，有效适应多变的风险情境。三是维护良好的人际关系。在警务工作中，警察需要与领导、同事尊重理解、团结友爱、互助支持，良好的警队氛围会增强警察的职业归属感，促进构建良好人际关系，形成有力的外部支持网络。

表 5-1　警察抗逆力专题培训课程

主题	课程名称	内容说明
风险概览	警察职业风险类型与危害	针对警察职业风险具有危害性与难防性特点，采用"讲授＋案例＋现场互动"的方法，让警察掌握职业风险的类型与特性，提升风险认知准确性
职业管理	规划职业生涯，管理警察人生	针对警察常见的对自身职业发展困惑与缺乏规划等现象，采用"讲授＋案例＋现场互动＋模拟规划"的方法，让警察掌握职业生涯的知识和技能，提升职业发展的目标性和计划性
	管理压力，健康生活	针对警察普遍存在的压力现象，采用"讲授＋案例＋现场互动"的方法，让警察掌握舒缓情绪和消解压力的知识和技能，提升自我认知水平与压力管理能力，促进心理健康
	时间管理的策略与方法	针对警察工作繁忙与时间有限的矛盾，讲授时间管理的知识和技能，帮助警察提高管理时间与统筹工作的能力，提高警察的工作效率并缓解压力
生活日常	做个幸福警察之道	针对警察普遍缺乏幸福感，通过讲授获得幸福的知识，以及案例分析、自我剖析和现场互动等方式，帮助警察构建自我幸福感
	婚恋两性心理探秘	两性心理差异，两性恋爱择偶标准的差异，建立与维护亲密关系
	警察的睡眠与生活质量	倒班制对失眠的影响，睡眠障碍与生活质量的关系，提升睡眠质量的诀窍等
心境调适	积极心态，阳光生活	积极心态的表现和价值，积极构建自尊自信心态的途径
	警察心理辅导的技巧与方法	结合警察存在的主要心理问题，讲授心理辅导的基本知识、方法与技术
	警察心理状态分析与应对	分析警察心理状态的特点，讲授职业风险情境中心态变化的规律，归纳应对举措
人际沟通	人际关系的经营与冲突化解	针对警察普遍体验到孤独感和缺乏支持网络的状况，通过讲授关于人际关系的心理学知识和技能，帮助警察提升人际关系技能以及管理人际冲突的能力
	良好人际关系的经营与冲突管理	针对警察体验到的孤独感和缺乏支持网络的状况，讲授人际关系的心理学知识和技能，帮助警察提升人际关系技能，以及管理人际冲突的能力
	如何平衡工作和家庭关系	工作—家庭冲突的表现和成因，如何平衡工作和家庭的关系等
团队建设	警队有效沟通的策略与方法	针对警察沟通问题，通过讲授有关组织沟通的心理学知识和技能，帮助警察提高上下和平级沟通能力，从而提高组织效率
	优秀所队长是如何炼成的	所队长的角色、权责，优秀所队长应该具备的心理素质及培养
	如何有效激励警察积极性	针对警察存在的缺乏工作动机和工作倦怠等现象，通过讲授有关激励的知识和行之有效的办法，帮助构建警察积极态度，提升警察的工作积极性
	警察支持计划的理论与实践	现代警务中警察心理支持理论和实践情况，结合警队实际，探索适合警队的心理服务模式
	打造高凝聚力警队之路	针对警察之间缺乏合作和凝聚力的现象，设计团队建设课程，培训团队合作技能，通过案例教学，帮助警察和基层管理者打造高凝聚力的警队

2. 警队层面的干预工作

首先要拓宽互动平台，重视心理服务。警队要拓宽领导与警察之间的沟通互动平台，警队领导要善于倾听警察的建议，鼓励警察提出宝贵意见，及时向警察公布重要信息，消除警察的疑惑。同时也要建好舒缓压力的休闲和健身场所，让警察拥有舒缓压力和自我疗愈的空间。其次要增强保健意识，搭建心理咨询室。警队要对警察进行心理普查，建立警察心理健康档案，并根据调查结果筛选出高危人群，进行心理评估与心理辅导。对全体警察开展心理健康教育的讲座，普及心理保健知识，预防抗逆力蚀化。建立完善的外部支持网络，通过警察间、家属间、同事间的互相监督，及时发现和报告抗逆力蚀化，促进警察干预工作进程。最后要建立和谐的警营文化。促进警察同领导、同事友好相处，营造良好的警队人际沟通氛围。同时，警队还可以创设人性化的警营氛围与开放式的互动平台，消除警察的内心无助感、失望感、抑郁感。

（二）应急干预阶段

根据抗逆力蚀化监测的预警信息及时进行应急干预，根据警察抗逆力蚀化危机的严重程度分为轻度（三级）危机、中度（二级）危机、重度（一级）危机。对于进入三级危机的警察进行"蓝色预警"，对于进入二级危机的警察进行"黄色预警"，对于进入一级危机的警察进行"红色预警"。根据监测结果及时进行应急干预，对处于心境失衡状态或者已经出现心理问题的警察进行心理危机干预，促其恢复到心境平衡状态。

1. 对蓝色预警警察（三级抗逆力蚀化）的干预

可选择中级心理辅导人员，按照图 5-1 所示程序进行干预，当其干预产生效用，具备两项解除预警条件之一方可解除预警。条件1，心理辅导人员根据自身经验对警察抗逆力蚀化情况进行评估并解除蓝色预警。评估中的重要指标为：警察无自杀、自伤的意念，警察无杀人、伤人的意念，警察无危害公共安全的意念，警察有可用的社会支持系统。条件2，选择适合测量警察心理健康状况的量表并指导其完成测评，对警察进行相应的评估与跟进，当得分测评结果符合健康标准时，可解除蓝色预警。

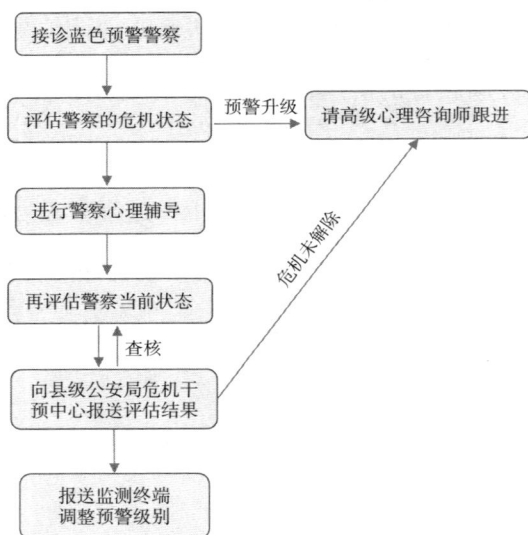

图 5-1　蓝色预警警察干预流程

2. 对黄色预警警察（二级抗逆力蚀化）的干预

选择高级心理辅导人员，按照图5-2所示程序进行干预，辅导与帮助警察恢复至平衡的心境状态。解除黄色预警需满足两个条件之一，心理辅导人员可根据辅导情况灵活选择。条件1：心理辅导人员可根据自身经验对警察个体的情况进行评估，评估的指标主要包括：无自杀、自伤意念，无杀人、伤人意念，无危害公共安全意念，有可供助力的社会支持系统，有效方法管理自身情绪。条件2：选择适合个体的心理健康类自评量表进行测评，在一定时间段内，对其进行跟踪测评，2 次以上测评得分符合健康标准。

解除黄色预警需要同时满足下列 2 项指标。指标 1，在辅导中，选择适合警察主诉问题的心理健康类自评量表并指导填写，记录其得分；在一段时间内，均对警察进行相应的评估与跟进，直到其自评得分达到健康标准。指标 2，心理辅导人员根据警察的问题选择恰当量表进行测评，直至测评结果达到健康标准。

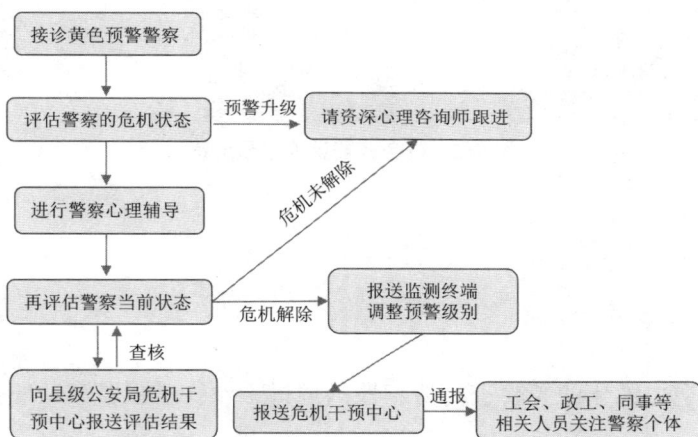

图 5-2　黄色预警警察干预流程

3. 对红色预警警察（一级抗逆力蚀化）的干预

对此类警察应该由专人 24 小时陪护，选择经验丰富的高级心理辅导人员按照图 5-3 所示程序全程跟进。解除红色预警需同时满足三项指标：一是在辅导中，选择适合警察的自测量表进行测评，在一段时间内，持续跟进警察心理状况，直至其恢复健康标准。二是由心理辅导人员选择恰当的量表测评警察的症状评估量，直至总体评估恢复健康标准。三是由心理辅导人员根据警察的实际情况，完成自杀风险评估，直至心理咨询师测评判定警察的总体指标属于低风险。

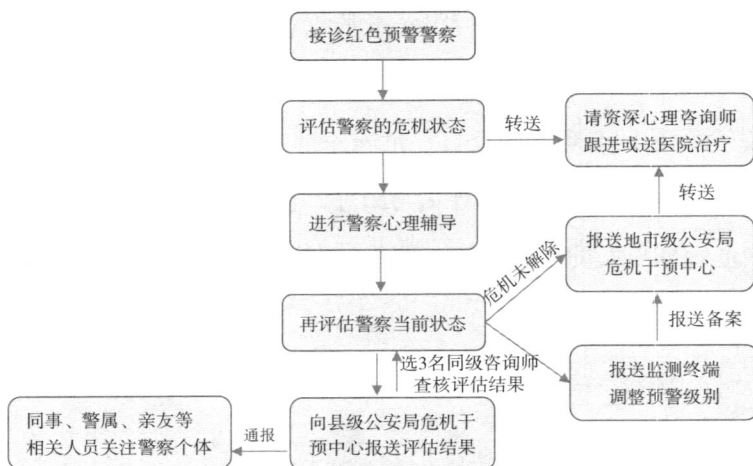

图 5-3　红色预警警察干预流程

（三）事后维护

对抗逆力蚀化的警察进行持续性的危机干预，增强警察的职业风险免疫力。对于蓝色预警的警察，定期回访并进行心理健康评估。对于黄色预警的警察在其抗逆力蚀化初期，可据情况增加警属参与机会，可视警察的问题性质安排专人 24 小时陪伴。当黄色预警解除后，安排定期回访和心理健康评估，并在未来 3 个月内把该警察作为重点监控对象，保持每天汇报情况。对于红色预警的警察安排专人 24 小时陪伴，直至红色预警解除，增加警属参与机会。当预警解除后，安排定期回访和心理健康评估，并在未来 6 个月内把该警察作为重点监控对象，坚持每天汇报。

此外，还应关注与风险事件相关人群。相关人群主要包括目睹事件发生的人群、与警察关系密切的人群。跟进工作的基本思路：评估人群当前状态—遴选同质性群体—制定团体心理辅导方案—开展团体心理辅导—向企业危机干预中心—再评估人群状态—向危机干预中心（或小组）报送评估结果。

第二节　炼造警察抗逆力多层互构防御体系
——强化保护要素联结度

根据警察职业风险属性和警察抗逆力结构层次，构筑覆盖警察个人及其家庭、警队、社区等保护要素的多层互构支持体系，培育村社保护要素、夯实组织保护要素、巩固亲缘保护要素和优化警察抗逆力特质，加强外部保护要素同警察的联结度，增强警察应对职业风险的抗逆力，进而提升警察应对非常规突发事件的效能。

一、培育村社保护要素：提升社区抗逆力

为高效抵御社会风险冲击，提高风险管理的有效性，增强警察、警队、社区的抗逆力，无疑是"以不变应万变"应对非常规突发事件的现实策略。社区是联结个人、社会、政府之间的纽带，处于社会安全风险的前沿，作为公共安全治理和基层社会治理的基石。增强社区的抗逆能力，提升社区抗逆作用的起点，建立社区抗逆的资源储备，完善社区抗逆过程的运行机制，对于提高社区的自保自救能力、促进整个社会风险管理水平的进步具有实际应用价值[①]。

[①]　朱华桂.论风险社会中的社区抗逆力问题 [J].南京大学学报（哲学·人文科学·社会科学版），2012，49（5）：47-53.

社区抗逆力是指社区具有抵挡风险或衰败的能力[①]。社区抗逆力具有融合公共安全治理和基层社会治理资源的优势。社区抗逆力强调挖掘社区内部的集体性优势，其本身也强调一种社区的"内生性发展"，也应是社区多方合治的重要前提，只有社区内部自身具有活力的主体性能力和社区自组织动员和权力结构，才能作为一个"独立的主体"与外在的政府，市场进行共同治理[②]。然而，社区抗逆力在风险应对中暴露出诸多问题。社区抗逆力各能力维度上存在发展不均衡问题，具体表现为社区拥有资源匮乏、社区制度运转不畅、社区领导能力不足、社区干群沟通受阻、社区居民归属感低等[③]。社区抗逆力呈现出的运行机制问题集中于沟通中存在信息损耗现象，信息共享程度低；内容组合缺乏有效性，资源搭配结构合理性不足；参与主体稍显无序，多元参与者角色不明；交流互动感低，信任链式结构性差等方面[④]。

由于社区抗逆力包括物理层面、组织层面、文化层面、制度层面和技术层面等维度的要素[⑤]。提升社区抗逆力，需要整合社区资源，构建多元主体协同应对外部风险冲击，深度挖掘和整合社区文化资源，营造安全文化氛围，积极动员居民深度参与，通过激发社区居民互助意识打造社区共同

---

① 芦恒."抗逆力"视野下农村风险管理体系创新与乡村振兴 [J].吉林大学社会科学学报，2019，59（1）：101-110.

② 芦恒.以内生优势化解外部风险——"社区抗逆力"与衰落单位社区重建 [J].社会科学，2017，442（6）：71-80.

③ 毛路.城市社区抗逆力水平及提升路径研究——以北京市 M 社区为例 [D].北京：北京化工大学，2022.

④ 雷榴.风险治理视角下城市社区抗逆力运行机制及提升对策研究 [D].成都：电子科技大学，2019.

⑤ 颜德如.构建韧性的社区应急治理体制 [J].行政论坛，2020，27（3）：89-96.

体[①]。逐步形成以政府为管理者与调节者、以相关利益方为合作者与协调者的健全体系，维护社区安全，实现共同进步[②]。为此，要有效解决社区抗逆力运行中暴露的问题，应着力从培植价值理念、完善共治规程、改进组织结构、畅通沟通渠道等方面发力，鼓励、引导与支持多元主体各尽其职，形成"党政引领—居（村）委会负责—辖区组织协助—居民参与—公安兜底"社区安全共治局面。

（一）培植社区价值理念

尊重社区发展历史、挖掘社区特色文化、共塑社区价值理念。根据"以数智化支撑网格化、以网格化推进精细化、以精细化实现人本化"的社区安全治理理念培植标准，牢固树立以人民为中心的安全治理理念。根据社区命运共同体思想，培植社区安全共同体价值理念，关注社区居民价值追求，提升社区凝聚力，营造社区安全文化，打造社区共同体。由于社区价值包括团结（solidarity）、参与（participation）、凝聚力（coherence）等[③]要素，在培植社区价值理念时，应聚焦提升社区居民的团结性、参与度和凝聚力。一方面，大力挖掘社区的特色文化，梳理特色文化脉络，理清社区发展历史，提高社区居民对社区的认同感与归属感；另一方面，加强培育社区安全文化。推进社区居民从思想上重视社区安全文化，持续整合安全文化载体，常态化开展安全知识普及教育与应急技能培训项目，积极鼓

---

① 施生旭，周晓琳，郑逸芳.韧性社区应急治理：逻辑分析与策略选择[J].城市发展研究，2021，28（3）：85-91.

② 郑雨婷，朱华桂.利益相关者理论视角下的社区抗逆力提升路径探索[J].天津行政学院学报，2019，21（6）：87-95.

③ 王红艳.理解社区：从还原入手[J].学海，2012，135（3）：16-23.

励、支持和引导居民参与，形成促进社区"安全第一、预防为主、治理为辅"的安全工作格局。

充分发挥社区价值对社区居民行为的规范和引导作用。社区价值管理是指由政府、市场机制、非政府组织、居民个体等多个主体通过价值定位、整合和创造等途径，纠正社区发展和转型过程中存在的价值失范现象，满足社区居民日益增长的内在价值需求，推动社区价值和谐所进行的各项管理活动开展 [①]。引导社区居民认同与尊崇社区价值和社区规范，推进社区居民将社区价值和社区规范作为自己行为准则。

（二）完善风险共治规程

完善社区安全风险共治规程，科学布局社区安全治理事务。加强社区安全治理政策制度建设，切实保障政策制度落实落地。首先，加强社区应急规程建设。明确社区安全治理主体的角色地位与权利责任，规范社区风险治理工作流程，赋予社区工作者和网格员等社区安全治理主体相应裁量权限，让其在实际工作中能够主动发挥作用，同时也应加强监管，避免其越权或滥用权力，造成负面的社会影响 [②]。其次，健全安全治理奖惩制度，大力弘扬见义勇为精神。对治理主体参与安全治理结果进行相应奖惩，提升居民参与治理的主体性与积极性，增强居民的行为主动性与有效性。最后，完善治理主体的自我约束与监督机制。引导治理主体的安全治理价值观，建立健全监督机制，促进治理主体相互监督与相互制约。

---

① 雷运清，赵继伦．现代城市社区管理的三维分析 [J]．广州大学学报（社会科学版），2016，15（11）：50-55.

② 张再生，孙雪松．基层应急管理：现实绩效、制度困境与优化路径 [J]．南京社会科学，2019（10）：83-90.

提升社区居民参与安全共治制度化水平。加强社区精神文明建设，促进社区文化传承，维护社区和谐稳定，激发社区居民的主人翁意识，发挥社区安全治理主体力量，深入调查掌握社区安全态势，广泛征集社区居民、物业和各方的意见和建议，细致制定、持续改进、精心实施涵盖安全风险治理内容的村规民约、居民公约等社区自治规程。增强社区自治规程的指导性，提高社区自治规则的执行力，发挥村规民约在社区安全风险治理中的积极作用。推动形成依法立约、民主修约、自觉履约、严明执约的优良社区氛围，提升居民安全自治制度化水平，实现社区居民自我管理、自我服务、自我教育、自我监督有效。

（三）改进社区组织结构

社区组织结构是指在社区中承担着不同功能的各类组织所组成的结构性系统[①]。党建引领是把握社区建设方向的根本保障。要通过党建引领持续统一思想，加强基层党组织的社区领导能力，提升社区资源统筹能力。这就要求在推进社区抗逆力建设过程中，始终要坚持基层党组织的引领作用，突出基层党组织在社区治理的核心地位，确保抗逆力水平的提升有序和高效[②]。另外，要激发出多元主体的主人翁意识、责任感和价值感，充分发挥多元主体参与社区风险治理的优势，打造党建引领下的共建、共治、共享的社区安全共同体。具体而言，需要激活社区内各个组织的积极主动性，增强社区应对突发风险的适应性与恢复性。强化社区同各类组织的密切联

---

① 李雪萍，陈艾.社区组织化：增强社区参与达致社区发展[J].贵州社会科学，2013，282（6）：150-155.

② 师林，孔德永.制度-效能：基层党建引领社区治理的创新实践——以天津市"战区制、主官上、权下放"模式为例[J].中共天津市委党校学报，2020，22（1）：16-24.

系，拓宽社区获得各界各类支持的渠道。与此同时，要不断提升社区居民的安全防范知识技能，增强居民的社区安全共同体意识，促进居民积极参与社区安全治理。

聚焦社区居民的安全需求，完善社区网格化管理模式。明确社区各个组织安全责任人职责，主动发现和满足居民的安全需求，常态化排查化解社区内矛盾纠纷，织密社区安全风险治理网格。社区网格化管理能融合基层社会治理与社会安全治理的理念与机制，于服务中取得治理效能，将风险化解于服务中。在社区治理规则、程序及其秩序的构建中，社区党组织是核心主体，应该成为社区网络权力结构中的中轴，整合社区空间场域的多种权力主体、差异权力逻辑和利益诉求，实现面向社区居民的社区善治①。以提升社区社会治理现代化为目标，科学精细划分社区网格；以推进社区社会治理集约化为抓手，搭建完善社区服务平台；以促进社区法制管理数智化，培育发展社区各类组织；以健全社区社会治理制度为保障，夯实多元参与治理基础。

（四）畅通风险沟通渠道

畅通社区安全风险信息沟通平台渠道，提升社区安全风险信息共享程度。风险沟通涵盖了风险沟通的多元主体、多层次、多维途径、多种内容和多项功能等内容，其框架体系主要包括目标和任务、沟通主体、支持系统、保障系统4个主要组成部分，其中，风险沟通渠道包括有媒体沟通、

---

① 华起，沈承诚.社会治理共同体构建[N].中国社会科学报，2022-02-09（8）.

公众沟通、系统内沟通和政府及部门间沟通 4 类 ①。为此，应根据社区安全风险演化关键环节，搭建社区安全治理主体间双向信息沟通和信息反馈渠道。推动政府部门实时发布重大安全风险预警信息，确保社区居民准确接收风险信息，以便其及时作出反应。

积极构建多元信息传递渠道。拓展政府部门、社区组织、社区局面进行多渠道沟通通道，拓宽捕捉安全风险信息的局面受众面。一方面，完善风险信息传递的正式渠道。加强政府安全风险信息归口管理，确保信息发布兼具统一性、权威性与连续性。规范政府、乡镇（街道）、居（村）委会、社区居民之间安全风险信息沟通的标准和程序，提升安全风险信息的精准度，通常而言，非特殊情形时应逐级进行信息沟通。另一方面，正视风险信息的非正式沟通方式。拓宽非正式沟通渠道，同时提升风险信息网络化捕捉与发布渠道。充分利用普及率极高的 QQ、微信、抖音等网络社交平台，补足社区居民风险信息沟通渠道短板；政府和社区组织通过非正式渠道进行风险沟通时，应规范风险信息的网络化操作标准，及时甄别与整顿关于安全风险的造谣、传谣行为，杜绝非法沟通安全风险造成负面影响。及时发布安全风险预警信息，健全安全风险信息预警机制，做实信息精确传递工作，政府应及时发布预警信息，确保社区治理主体及时知悉安全风险信息。政府部门掌握与研判预警信息后，应根据安全风险信息类型，做好预警信息发布、传输与反馈工作，动员与组织社区居民及时采取风险应对行动。此外，还应做实信息反馈工作，避免信息传递与沟通中出现信息失真现象。

---

① 姚春凤，谭兆营，沈雅 . 探讨设计突发事件公共卫生风险沟通的框架体系及其核心要素诠释 [J]. 中国健康教育，2017，33（9）：859-863.

二、夯实组织保护要素：增强警队抗逆力

夯实警察的组织保护要素，增强警队抗逆力，对支持警察个体应对非常规突发事件和优化警察个体抗逆力具有积极影响。警队抗逆力并非个体抗逆力结构要素的物理叠加，而是警队内所有警察在共同信念、团队效能感、职业情感上相互支持，在风险应对行动中相互协同与共度困境过程中所具有的团体力量，对警察个体成功应对逆境至关重要。

在非常规突发事件的抗逆力研究中，个体层面、团队层面和组织层面的抗逆力被看作是应对危机的重要因素[①]，团队弹性是一个多维度、多层次的构想，会受到个体、团队和组织因素的影响[②]。团队抗逆力对于正向应对逆境具有积极的推动作用，同时也会改善个体有效应对职业风险所造成的消极影响。团队弹性主要包括四个维度的能力：一是抵御能力，指团队抵御外界干扰并维系自身结构和功能的能力；二是恢复能力，指团队在不改变内部结构和功能的前提下恢复原状的能力；三是再组织能力，指团队在应对威胁的过程中为主动适应和转型而重组内部结构和功能的能力；四是更新能力，指团队在学习和创新的驱动下，为采取新的发展模式和路径而完全改变或更新原有结构的能力[③]。非常规突发事件背景下的危机救援团队抗逆力是一个四因素结构，具体包括集体效能、共有信念、情绪支撑和团

---

① FRAN H N，SUSAN P S，BETTY P，et al. Community Resilience as a Metaphor，Theory，Set of Capacities，and Strategy for Disaster Readiness[J]. *Am J Community Psychology*，2008，41：127-150.

② KIMBERLY D G，ISRAELS C，BRIAN A M. Team Resilience：Practical Implications for Military Service Members[J]. *Military Behavioral Health*，2022，10（4）：345-356.

③ 肖余春，李姗丹. 国外弹性理论新进展：团队弹性理论研究综述 [J]. 科技进步与对策，2014，31（14）：155-160.

队柔性①。对于警察而言，集体效能呈现出团队成员对团队履职尽责具有共同的信心；共同信念呈现出人民警察个体为了职业荣誉和职业责任而勇于牺牲自己的优秀品质，体现出警队互动支持渲染的警营文化，促使团队共同应对逆境的强大力量；团队柔性呈现出警察应对逆境过程中，能够禁受煎熬且灵活地应对风险；情绪支撑呈现出警察个体能够相互支持，同时"一人有险、全员支援"的警队精神，促使警察个体能积极乐观地应对逆境。综上所述，笔者认为，警队抗逆力是指警察团队在积极应对职业风险的过程中，维持团队成员相对稳定的身心理健康水平，适时给予团队成员有效支持的一种团队特性。要积极增强警察组织保护要素，提升警队给予警察个体支持的准度与力度。

（一）铸牢警魂，提振职业责任感

铸牢人民警察忠诚警魂是提振警察职业责任感的动力源泉。铸牢忠诚警魂是警察队伍履职尽责的根本保证，人民警察是人民民主专政的工具之一，这是我国警察队伍的根本性质，这种性质决定了所有人民警察都必须对党忠诚，在政治上、思想上、行动上同党中央保持高度一致。由此可见，铸牢忠诚警魂是公安机关职责和性质的本质要求②。

铸牢忠诚警魂必须要坚持党对警察队伍的绝对领导和落实以人民为中心的理念。提高警察理性认知水平，正确认识人民警察职业的责任，做到忠于职守与尽心履职，厚植人民警察职业情怀和道德情操。唯有将忠诚教

---

① 梁社红，时勘，刘晔，等.危机救援团队的抗逆力结构及测量[J].电子科技大学学报（社科版），2013，15（2）：22-27.
② 孙梓翔，胡天壮.公安队伍铸牢忠诚警魂的当代价值及实现路径[J].公安教育，2022，331（8）：15-19.

育贯穿于人民警察职业生涯始终，才能培养高度的警察职业认同感和使命感，进而才能形成高度的职业荣誉感和责任感。人民警察应具备高度的职业认同感、强烈的职业使命感、崇高的职业荣誉感。职业认同感、职业使命感、职业荣誉感是警察团结奋进的内在动力源泉，可源源不断助推人民警察全心全意为人民服务。

坚持专门教育与日常涵育并举，创新传统忠诚培育形式，增加教育感染力，促使身心时常浸染红色文化。将选培勇于改革创新的"开荒牛"式先进模范与宣传默默无闻的"老黄牛"般恪尽职守者相结合，发挥先进模范的标杆引领之功，用足身边默默无闻者的涵化之效。让人民警察在日常工作中，潜移默化地接受忠诚教育，使其在"润物细无声"中铸牢忠诚警魂。坚持刚柔并济的队伍管理原则，为形成积极主动履职尽责的警务共铸氛围。坚持将先进示范与警示教育相结合、严格管理与教育疏导相融合、自律与他律相互补充的监督队伍建设思路，将警魂培育寓于遵守规章制度、纪律作风、行为规范的工作、学习、生活中。引导广大民警热爱本职岗位，秉持恭敬严肃的工作态度，在警务工作中树立正确的职业观，在警务工作中提升职业责任感，不断增强职业奉献精神，全力做到勤勤恳恳和尽职尽责。

（二）加强协作，提高警队凝聚力

加强警队内部警察个体协作，推进警察在风险应对过程中提高警队凝聚力。团队凝聚力是指能促使团队成员紧密结合、互相依赖，共同完成目标的力量，是在团队互动过程中形成的，包括团队成员在情感上建立的良好人际关系，以及在行为上达成的一致行为准则等 ①。有鉴于此，警队凝聚力是指警察个体协调一致地共同完成警队目标任务，有着共同尊崇的职业价值观，主要表现为警察个体对警体的忠诚、理解、支持、职责感、使命感和荣誉感，以及达成警队目标的奉献精神。具体而言，就是要通过综合性的教育培训来培养及提高团队成员的凝聚力、团队协作能力等 ②。

强化警察协作的教育培训工作，增强警察的团队意识。立足促进警队内部人际关系紧密，结合警务工作的特质和价值目标，通过各类教育训练激发忠诚为民的从警动机，在履职尽责的过程中实现个体价值，提升警队协作与凝聚力，增进警察的自我效能感与职业价值感。在具有高度凝聚力的警队中，警察个体同警队相互认可和支持，尊重警察个体的职业价值，激发他们的工作积极性，使他们能更富韧性地工作。警队必须具有高度的凝聚力和向心力，推动与支持警队内部警察个体协作。在尊重警察个体权益和成就的基础上，实现个体利益同团体利益相统一，培植警察的团队合作精神。将团队合作精神作为经营文化的重要组成部分进行建设，让警察形成良好的警务工作态度与浓厚的奉献精神。

（三）促进理解，增加领导支持度

领导支持对警察工作积极性和满意度具有重要影响，领导信任能够提升警察的组织支持度和工作满意度，组织工作支持对青年警察工作满意度产生的促进作用更加强烈。依照社会交换理论，工作支持维度中的领导支

---

① 林崇德. 培养和造就高素质的创造性人才 [J]. 北京师范大学学报（社会科学版）,1999（1）:5-13.
② 杨相玉，孙效敏. 知识共享多层次化对团队创新力相关性研究 [J]. 科学管理研究,2016,34（5）: 13-16.

持和组织支持会反向影响警察对组织的信任 [1]。组织支持主要指警察所属单位及上级领导所提供的精神及物质上的援助与支持，警察获得的组织支持能使其产生强烈的安全感、归属感和荣誉感，缓解共情疲劳所带来的心理紧张和负面情绪 [2]。警队给予下属警察指令的同时，应该多加理解下属工作任务情境的难度与危险，还需格外关注下属的履职的资源需求和心理健康状态。

尽管部分警察组织支持感知偏低，但也无法忽视其重要作用。一是较高的组织支持感有利于减缓警察的职业风险厌恶与职业倦怠程度。二是当职业风险较高和职业倦怠程度增加时，较高的组织支持感能促使职业风险情境中的警察趋于心态平衡而抉择积极的风险应对策略。具体而言，应该落实警队情感治理策略，通过增进领导对于警察的理解与支持程度，提升警察的组织支持感。情感治理通过各种情感治理策略，满足警察身处职业风险情境时的情感需求，有利于增强警察的组织支持感，增强警察职业归属感、责任感和自我效能感等积极情感的产生，进而削弱职业风险情境的冲击力。为此，公安机关应严格落实从优待警的各项举措，各级领导应严格落实从优待警政策的规定，积极关注、关心、关爱职业风险情境中的警察。从优待警工作不但要注重强化职业保障、优化生活服务等工具性支持，也要基于警察情感需求，注重警察职业发展，拓宽警察职业发展空间，做好其职业发展规划。尤其对于执法一线警察，要重视其职业中的自我实现

---

① 李辉，王冠男.青年警察工作满意度影响因素研究 [J]. 中国人民公安大学学报（社会科学版），2021，37（3）：108-121.

② 罗震雷，李洋.论警察救助行为中的共情疲劳 [J]. 中国人民公安大学学报（社会科学版），2017，33（3）：113-119.

需求，给予情感性支持和价值实现空间，进而提升警察的自我效能感与组织支持感。

（四）再造流程，提升部门协同性

大数据时代对风险社会警务工作效能极具挑战，要顺应社会大势和符合时代要求，应提升警察的警务工作效能，推进警务工作流程再造，提升警种部门协同性。所谓警务流程再造是指技术驱动下警务工作的方法、步骤、程序的优化升级以及跨警种、跨部门、跨层级的结构重塑，即其包含了业务流程再造和组织流程再造两个方面①。警务流程再造的起点是业务流程的梳理、优化、再造，从警种内业务流程的优化、到各警种间业务流程的整合，接下来是警务流程与政府其他部门、检察院、法院相关业务流程的衔接，通过多方协同以增强警务流程再造的实效②。总体而言，可以从整体到部门形成以效能为中心、以创新为驱动，以数据为核心的围绕政府整体职能推进跨部门协同、业务流程再造与新技术应用的管理机制③。

以大数据助推警务改革和流程再造，准确把握"新基建"呈现出的"技术迭代、软硬兼备、数据驱动、协同融合、平台聚力、价值赋能④"等六个典型特征，构建以大数据智能应用为核心的智慧警务新机制⑤。把公安机

① 姬艳涛，林通.无人机警务应用的时空逻辑与作用机理 [J].中国人民公安大学学报（社会科学版），2022，38（6）：108-118.

② 邢贺超.我国警务流程再造的理论渊源与实践探索 [J].中国刑警学院学报，2020，156（4）：84-91.

③ 刘密霞.推进数字政府建设的思路与对策 [J].中国领导科学，2020，59（2）：72-75.

④ 徐宪平.新基建数字时代的新结构性力量 [M].北京：人民出版社，2020：2.

⑤ 湖北警官学院"情指勤舆"专项研究课题组，曹礼海.现代新型"情指勤舆"一体化警务运行机制研究 [J].湖北警官学院学报，2021，34（3）：24-32.

关执法活动和指挥决策更多地与基于数据和数据分析、部门联合、深度融合大数据与警务体制机制，促进再造警务流程与优化警务结构，发挥大数据对公安工作战略指引、战术辅助、战力支持等作用[①]。健全"情指勤舆"一体化警务运行机制，根据数据流与业务流相互融合的需要，推动数据支撑警务运行机制和模式革新，优化警务机制以利警务流程再造。推进科技助推警务效能提升，以信息撬动警务服务便捷，以数据带动警务流程再造[②]，倒逼警种部门相互支持支援。

三、巩固亲缘保护要素：强化家庭联结度

家庭历来都是人们避风的港湾，家庭是警察最为可靠的支持系统，并且警察的家庭支持效果较为明显。家庭支持是警察心理支持系统中最广泛、最深入、最持久的支持力量，它给警察提供主要的精神力量[③]。警察的家庭支持是警察个体从配偶、父母、子女等亲人获得精神上和物质上的支持和帮助。归根结底，警察家庭支持主要是指在公安工作中，警察个体从家庭方面所获取的、有利于提升其生活质量和个体平衡状态的支持，归属于社会支持类资源[④]。家庭支持既能对警察产生积极作用，也能在一定程度上为其降低创伤影响。一方面，家庭支持能够为警察提供广泛、持久、深入而

① 刘志勇.大数据战略视角下警务合成作战指挥机制创新研究 [J].公安学研究，2021，4（2）：51-73.

② 浙江警察学院课题组，黄兴瑞.构建现代警务模式推进省域治理现代化——基于中外比较的浙江警务改革发展战略研究 [J].公安学刊（浙江警察学院学报），2020，182（6）：1-15.

③ 尹彦.警察职业倦怠的社会资本分析 [J].医学与社会，2010，23（10）：23-25.

④ 李辉，王冠男.青年警察工作满意度影响因素研究 [J].中国人民公安大学学报（社会科学版），2021，37（3）：108-121.

多样的支持潜力，包括情感支持、指向任务的协助、关于期待和反馈的交流、获得新的信息、陪伴和娱乐以及归属感等①。另一方面，高水平的家庭支持能够使警察获得更多的闲暇时间，使其身心得到放松，增强家庭舒适感，从而减轻继发性创伤的二次伤害，例如，克服睡眠障碍，减少对创伤事件的重复体验等②。此外，家庭支持对缓解警察共情疲劳起到积极作用，家庭可以及时发现警察的精神健康状况，并给予积极的情感支持，对共情疲劳的产生有抑制作用③。

虽然家庭支持对警察具有重要的积极作用，然则，部分警察特殊的家庭情况，非但不能支持警察应对风险摆脱逆境，还可能会掣肘警察工作，诸如，家人关系失和的再婚警察家庭。这类警察虽有家庭支持，但是可能同时也面临着一些子女抚养和复杂家庭关系处理等再婚家庭的特有矛盾，这些会对离异和再婚警察心理健康产生消极的影响，使他们的心理健康状况差于未婚和已婚警察④。为此，必须重视重构警察家庭关系，巩固基础的家庭保护要素，提升警察的家庭抗逆力，以便为其提供更为有力的家庭支持。家庭抗逆力是指家庭在逆境中依靠家庭固有的特征与家庭成员间的合作，整合外部资源，展示积极的压力反应过程和能力⑤。通常而言，可通过

---

① 宋小霞.警察工作满意度及影响因素的研究 [D].上海：华东师范大学，2006.

② 张梦雨，丁勇.公安民警继发性创伤成因及干预对策研究 [J].湖北警官学院学报，2021，34（6）：34-42.

③ 罗震雷，李洋.论警察救助行为中的共情疲劳 [J].中国人民公安大学学报（社会科学版），2017，33（3）：113-119.

④ 李艳青，任志洪，江光荣.中国公安机关警察心理健康状况的元分析 [J].心理科学进展，2016，24（5）：692-706.

⑤ 刘玉兰，彭华民.家庭抗逆力视角下流动儿童家庭社会工作服务实践重构 [J].中州学刊，2016，39（11）：67-72.

塑造信念系统，改善组织模式与沟通过程①增强家庭抗逆力。基于家庭抗逆力和家庭支持的途径，可以共塑家庭价值信念、促进家人在情感和价值观等方面的理解和支持，提升警察的家庭联结度。

（一）共塑价值信念

对于警察家庭而言，家庭价值信念是其经历人生挑战和逆境时强有力的支撑，也是战胜逆境的强大力量。警察应对逆境的行动及其后果，会强化其家庭信念，甚至使其发生改变②。因此，家庭价值信念是发挥家庭功能的核心，也是培植家庭及其成员抗逆力的源泉。无论警察处于何种逆境，家庭成员应积极为警察的逆境创造出价值，应多给予其理解与安慰。鼓励与支持其以积极的态度和方式应对逆境。家庭看待问题的方式和做出的选择，不仅影响警察掌控和应对问题的能力，而且会影响警察陷入功能失调和充满绝望③的概率。因此必须建立公认的家庭价值信念，防止警察身处逆境时，缺乏家庭支持而陷于绝望无助的境地。

携同家人塑造公认的家庭价值信念。家庭价值信念通常包括家庭、亲情、爱情、友情、忠诚、健康、权威和公平等。家庭价值信念能将家庭成员凝聚在一起，家庭价值信念会引导警察家人的行为趋向，促进家庭成员建立起强烈的家庭责任感，家庭成员在自家的价值信念指引下抉择行为方式。因此，家庭成员要共同塑造家庭价值信念，父母首先需要认清并抉择

① 芙玛·华许.家庭抗逆力[M].朱眉华，译.北京：华东理工大学出版社，2013：53.
② 芙玛·华许.家族再生：逆境中的家庭韧力与疗愈[M].江丽美，李淑珺，陈厚恺，译.台北：心灵工坊文化，2008：77.
③ 芙玛·华许.家族再生：逆境中的家庭韧力与疗愈[M].江丽美，李淑珺，陈厚恺，译.台北：心灵工坊文化，2008：76.

自己所偏重的自由、博爱、诚信、尊重等价值信念。另外，由于家庭价值信念的塑造只能通过家庭生活得以践行和总结，因而，父母需要通过言传身教把价值信念传递给孩子，在日常工作和生活中做到言行一致，切忌付诸悖于家庭价值信念的言行。同家人共同探讨这些价值信念，达成共同认可的主导价值信念共识，诚然，要达成所有家庭成员均认同的价值信念较难，对此应秉持"求同存异"的原则，只需原则一致并且保障家庭信念得以遵守与传承即可。

（二）改进家庭沟通

警属应积极参与"警属进警营"等系列活动，让警察家属深入经营，体验警营工作生活，增加警属对警察职业的认同感和荣誉感。警察职业的高风险性和耗时费力等特点，极易导致工作与家庭矛盾，但是，警属要正确对待和处理这些问题，要及时发现和处理一些小意见和小矛盾。亲属之间密切的情感和利益关联深深扎根于中国文化关于亲属责任、义务及亲情的内在逻辑中①。由于警察工作繁忙，居家时间偏少，容易导致家庭关系淡化或激化，要通过有效的家庭沟通，弥合情感缝隙，筑牢家庭的"警力外援"根基。有效的家庭沟通不仅塑造了家庭运行的基本秩序，也维系着整个家庭网络的同一性、稳定性和团结一致性②。可通过积极的警属间沟通交流和领导慰问警属等形式，让警属理解警察家人工作的特殊性与艰险性，改善警属同警察家人的日常交流和相处方式。

---

① 唐灿，陈午晴.中国城市家庭的亲属关系——基于五城市家庭结构与家庭关系调查 [J].江苏社会科学，2012，261（2）：92-103.

② 吴帆.家庭代际关系网络：一种新家庭形态的结构与运行机制 [J].社会发展研究，2022，9（2）：1-16.

警属同警察家人在沟通时，首先，要注意尽量少用反问句等容易激化彼此情绪的语言，极力避免语言刺激导致沟通障碍，养成在日常交流过程中将反问句转变为陈述句，促进家人顺畅有效沟通。其次，在沟通过程中，注意陈述"事实、意见和情感"出现的次序，先通过摆事实说明问题，其后提出意见引发思考，再谈个人的看法和感受而表达感情，如此安排陈述内容的次序，更易让家人接受意见建议。然后，学会运用"3F"① 沟通步骤：第一步，先承认家人的感受是真切的；第二步，告诉家人自己也曾经体验到这样的感受；第三步，告诉家人自己不同的体验和心得感受。掌握这些家庭沟通技巧，既可消除误会与避免矛盾，还可以促进家人情感表达，从而使得沟通更加有效。

（三）警属提供支持

警属发现警察家人因工作而情绪反应不良时，应多为其提供情感支持。警察与家人关系最为亲密，当警察遭遇职业风险冲击后，家庭成员极易察觉其出现不良反应与异常行为，应及时给予恰当情感支持，帮助警察尽快恢复心境平衡。一是要及时有效的帮助警察家人。警属熟知警察家人的情绪反应和言行举止，知道其既往经历和当前境遇，能够相对客观地以"旁观者"身份为其提供摆脱逆境的建议，并能在非紧急情形为其提供及时恰当的风险应对方法。二是适时给予警察家人精神慰藉。警属同警察家人在日常生活中会建立起理解、信任、依恋等积极情感，融洽的家庭关系能帮助警察在遭遇职业困扰和抗逆力蚀化时，得到家人陪伴和亲情支持，能助其消除孤寂和烦恼，使警察能够冷静客观地认真思考应对举措，避免付诸

---

① 3F，即感受（Feel）、觉得（Felt）和发觉（Found）。

情绪化风险应对行为。警属的爱和关心能为警察输送源源不竭的精神支持力量。三是共享家人闲暇时光。闲暇休憩既是警察缓解疲劳的重要时光，也是提升幸福感的重要途径，更是自我调适的有效方式。当警察遭遇职业风险创伤后，在闲暇时间里，警属能够陪伴警察家人一起进行诸如旅游、运动、娱乐等消遣活动，通常能够促使警察将注意力从创伤事件抽离至轻松愉快的闲暇活动中，减少创伤事件对警察影响的时间，削弱创伤事件对其心境的影响，从而促进警察恢复心境平衡，提升警察的身心健康水平。

广大警属应厚植家国情怀，用爱心、耐心、关心，挑起家庭的责任与重担，切实消除警察家人的后顾之忧；用包容和慈爱，为奋战在一线的警察家人注入不竭动力。广大警属的理解与支持，是人民警察事业发展和进步的坚定依靠，是警察队伍奋勇向前的强大助力。警察取得的任何成绩，都凝聚着广大警属的理解支持和无私奉献。

四、改善个体保护要素：优化抗逆力特质

根据警察抗逆力结构要素及其相互关系，通过参与抗逆力提升项目等形式，发挥警察个体的主观能动性，消除偏差认知形成准确认知，扭转消极调适为正向自我调适，学会管理负性情绪，形成良好行为习惯，实现认知、调适和行为交互助益的良性循环。按照认知行为疗法的"情景→认知→情绪→行为"模型，我们制定认知在行为的前面，因此，一般的心理干预都是从认知改变开始的[①]。先让警察转变偏差认知，在其改变认知的基础

---

① 郭召良.认知行为疗法进阶 [M].北京：人民邮电出版社.2020：187.

上，再改变其失范履职行为便更加容易。需要学习健康的认知方式，用健康的认知方式替代偏差的认知方式。先让警察意识到其自身思维存在不合理的地方，促进警察察觉自身有偏差认知现象。通过学习和应用各种认知行为理论和自我调适等技术方法，掌握健康的认知方式，纠正偏差的认知内容和不良行为习惯。认知行为理论是认知理论和行为理论的整合，其强调认知在态度和行为产生过程中的重要作用，可以通过改变认知的方法来修正不良行为[①]。

掌握自我调适的方法和技术。学会放松身体和正确评估自己的心理状态，积极地进行自我调节，从而维持良好的心理状态。过度关注风险因素和负性情绪时，可以通过心理暗示和转移注意力等方式自行调节。既可以发展看电影、听音乐、适当运动等兴趣爱好平复情绪，也可以采取深呼吸、冥想和正念等方式，用积极的行动使自己摆脱困境，消除紧张、焦虑、愤怒、恐惧等负面情绪。

（一）形成准确认知

要转变这些偏差乃至歪曲的认知，首先需要识别歪曲的认知内容与认知方式，转变偏差认知。避免消极悲观的认知方式，防止激活过度担忧风险冲击的认知内容，逐步改变和习得积极乐观的认知方式，倾向于感知事物正面的可能性，进而积极正视风险、自我和应对资源等认知内容。每个人都会出现认知偏差，认知偏差会令人做出错误的判断。思维错误会导致灾变、极端想法、算命、读心、感情用事、一概而论、贴标签、苛求、心

---

① 何雪松. 社会工作理论 [M]. 上海：上海人民出版社. 2007：135.

理过滤、否认积极面、低估忍耐力、以自我为中心等认知歪曲[①]。非适应性认知可以扭曲现实，它包括非黑即白思维、个人化、关注负面、忽略正面、跳到结论、过度概括化、灾难化和情感归因等八种认知歪曲[②]。

可以应用认知行为疗法，成为自己的心理咨询师，让警察自己转变偏差认知，进而通过认知摆脱认知困境。要清晰地认识自己，愿意改变自我认知偏差。要对自己有清醒的认识，既不要自命不凡，也不要妄自菲薄，只有全面接纳自己的优缺点，才能有效改变自我认知。与此同时，只有真心愿意改变自己的思维和认知，才能有所改善，其实，当其形成改变思维和认知的念头，认知的改变便已开始。身处困境进退维谷时，学会在时间维度上延长自己的视线，纵观自己的过去和现在，并展望未来，回顾自己所经历的诸多困难和失败，正视当前的困境只是生涯中的一个磨难插曲，自己未来仍将遇到很多困境。在空间维度上拓宽自己的视野，审视四周，知悉此时此刻世界的各个角落里都有人在经历挫败困难，自己的境遇终将成为大千世界的一粒尘土。善于思考并及时复盘。每天睡前回顾一番，检视自己的言行得失，多观察身边同事在类似风险情境中的表现，选择性地参考借鉴或引以为戒。回归自己的初心，审视自己的新变化，借由他人智慧的眼睛审阅自己，查找、修正、接纳自己的缺点。

具体而言，可以通过以下几个方面来改变自己。第一，接受并顺应当前的负面情绪和处境，并不刻意地去关注或者抗拒。第二，对于身处职业

---

① 段忠阳，杨小芳.合理情绪疗法纠正大学生认知偏差的个案研究[J].中国健康心理学杂志，2009，17（11）：1407-1408.

② 斯蒂芬·G.霍夫曼.认知行为治疗：心理健康问题的应对之道[M].王觅，余苗，赵晴雪，译.北京：电子工业出版社，2014：27-28.

风险情境的自己，多关注自己的优势，可以逐条写下来，并且反复暗示自己，提升自己信心，让自己放松身心。第三，发掘自己未来美好的可能性，借助联想将未来具象化为画面，带来希望和改变认知的意愿，促使自己付诸更加积极有效的行为。第四，可以把自己观察到的想法记录下来，看一看这些想法有什么规律。第五，自己试着寻找摆脱困境的方法，并且立即采取积极行动。第六，选择自己喜欢的运动方式锻炼身体，让混乱的思维和心境恢复平衡。

养成客观合理的认知方式。虽然自己曾经犯过错误，然而所有人都会犯错，这属于人之常情，只要自己知错能改便好；自己有优点强项，从警能体现自己的职业价值，每名警察不需要全知全能，只要在自己岗位实现自我价值便好；从警履职便有犯错和失败的可能，且难以避免这种可能性，只要尽力而为地朝着正确方向努力便可；尽管有人会否定、指责、嘲笑和谩骂自己，这在人生境遇中实属常事，不过，自己仍然应该坚守警察职业精神，要主动理解、尊重、接纳和欣赏他人。由于认知方式是长年累月养成的，并非一朝一夕便能改变，因此，要经常练习以上举措，逐步积累经验从而产生改变认知的效果。

（二）正向自我调适

习得积极思考的习惯而非盲目乐观，惯于重新评价处境且注重正面效果。正向自我调适旨在坚持主动思考五项原则的基础上，可以根据情境应用正向自我调适的方法，竭力消除负面情绪反应的干扰，恢复心境平衡。五项自我调适原则为：一是接受自己已经取得的成就；二是视逆境为特殊情况而非普遍境遇；三是客观地评估自己恐惧的发生概率；四是设想自己能否接受情境恶化的最糟糕结果；五是问问自己还能采取哪些行动来改善结果，对于自己采取了力所能及的应对行为后，暗示自己"尽人事，听天命"。

第一，巧用意义寻觅法。意义寻觅法是指树立正确的人生观和价值观，以积极向上的态度来面对和驾驭生活，努力寻找和发现健康的精神追求[①]。弗兰克认为："人是由生理、心理和精神三方需求满足的交互作用统合而成的整体，生理需求的满足使人感到存在，心理需求的满足使人感到快乐，精神需求的满足使人获得价值感。"[②] 探寻和追求生命价值和生活意义本是人类的基本精神追求。警察在缺乏职业价值感时，应该多征询榜样的积极建议，重温入警初心，找到职业价值目标，重新建立起明确、坚定、乐观的人生态度。

第二，妙用心理调适法。自我心理调适法是指个体能够充分认识和评价自我，控制和调整好自我的心理状态，从而适应社会发展需要，维护身心健康的方法[③]。在面对倍感挫折而心境失衡时，学会自我安慰和调动适应机制。尽力克制和减少不良情绪反应，借助修正后的认知，积极客观地正视风险，检视与整合优势资源，提振风险应对信心，进而恢复心境平衡。它的更大价值是在于为个体寻找解决挫折更积极、更有效的方法提供机会。当然，心理防御机制需要我们正确认识、适时适度运用。目前，有些心理防御机制只能起到暂时平衡心理的作用，并不能真正解决问题。当我们自身出现问题要正确使用心理防御机制，但是不能太过依赖机制，过于依赖

---

① 李冬青. 军校学员心理健康教育的对策 [J]. 学习月刊，2014（20）：19-20.

② FFRANK L V. *Man's search for meaning*：*An introduction to logotherapy*[M]. NewYork：Washington Square Press，1963：24.

③ 黄蔷薇，张靖. 加强自我心理调控·改善护士职业倦怠 [J]. 临床护理杂志，2011，10（2）：10-12.

会使我们心理适应能力减弱。

第三，善用认知调控法。认知调控法是指当个体出现不适度、不恰当的情绪反应时，认清、分析、评价处境，理清调控思路，冷静抉择应对策略和方法①。伴有极度愤怒和恐慌等强烈负面情绪时，往往会做出不当的应激行为，通常，这些不当行为主要由负面情绪扰乱认知所致。认知调控法的原理在于正确运用认知对情绪的正向整合作用，应用认知调控法主要包括两步。第一步，分析风险的属性与危害，身处陌生剧变风险情境时，要冷静审视风险的属性与危害，严防即时付诸过度的情绪反应。第二步，及时征询专业意见与支援，汇集多种风险应对方案，综合权衡后择优而行。

（三）学会管理负性情绪

在修正认知偏差与进行自我调适的同时，还应善于管理负性情绪，避免负性情绪扰乱认知与调适。第一，要觉察负性情绪。接纳自己身处风险情境出现焦虑、害怕、恐惧、沮丧、愤怒等情绪，反复设想风险可能造成的后果，容易造成注意力涣散、肌肉紧张、寝食难安等不良症状。这是人类身处风险情境时正常的生理反应。要正视这些情绪和生理反应，无需过度担忧，学会觉察与接纳自身的不良情绪变化，知悉情绪反应具有随时间延续而自然衰弱的特性，放下焦虑和保持心境平衡。第二，要积极倾诉宣泄。积极倾诉与合理宣泄能防止情绪恶化，恢复和维持心境平衡。可以向亲友倾诉自己内心的真实感受，寻求亲友理解、支持与鼓励。当负性情绪超出自身承受能力时，切忌压抑和忽视自己的负性情绪，让自己适当地通过哭泣、发脾气、运动健身等方式释放负性情绪。第三，要寻求专业帮助。

---

① 马代少俊 . 解决官兵战时心理问题方法初探 [J]. 军队政工理论研究，2008，53（5）：74-75.

当自己负性情绪持续恶化，并伴有严重的失眠、抑郁、暴躁和食欲不振等现象时，自我调节依然无法有效疏解时，应及时寻求专业人士进行抗逆力蚀化干预。

具体而言，可以通过以下方式进行情绪管理练习。其一，发觉自己出现偏执化的念头（例如，"我处理不好了""没人能帮我了"）时，多反问一下自己，这种状况是否真实存在？反复多次检视，可发现这种念头仅是"想法"罢了，并非事实，进而可停止自暴自弃。其二，将自己视为好友进行积极的自我对话。经常夸赞和鼓舞自己，失败时更要鼓励而非自责，建立坚定的自我价值感。其三，用好减压放松利器——正念冥想观察思绪，客观准确认识自己。近些年，随着神经科学研究方法的不断发展，正念冥想得到快速发展，不仅在商业、创新、领导力等领域内推广应用，而且拓展到军队、警察系统领域①。注意"有意识地觉察""注意当下""不做评价"，通过检视身体、正念呼吸、正念冥想等方法增强个体专注力，提高个体情绪管理能力。其四，书写情绪反应，及时记录自己的情绪体验，准确"命名"情绪状况。尽可能细致描述自身风险情境中的具体情绪体验，诸如，"难以摆脱困境时我感觉很失望、很憋屈，我以为领导会帮我，但他的拒绝让我觉得再多的付出都没有价值"，避免仅仅写下类似"好痛苦、太难受、烦透了"的笼统言语。书写情绪体验可以认识自己的情绪属性（积极抑或消极）。当察明自己身处逆境时的痛苦内容，自然而然便减轻了痛苦程度。其五，脱离风险情境。如果所处风险情境让人难以喘气，不妨暂时离开风险情境，换一个舒适的环境让自己冷静下来。其六，设法让自己沉浸

① 王云霞，蒋春雷.正念冥想的生物学机制与身心健康[J].中国心理卫生杂志，2016，30（2）：105-108.

于喜爱的兴趣爱好之中。保持均衡的饮食、充足的睡眠和适当的运动，既能增强人体免疫力，也能释放和缓解负性情绪，促进心境恢复平衡状态。其七，永远记住自己拥有选择应对策略和方法的权利，以及随时寻求组织支持的条件。

（四）养成良好行为习惯

在意识层面，一是明白什么是良好的行为习惯，二是要知道良好的行为习惯能给自己带来什么，三是要知晓自己存在哪些不良行为习惯，四是要找出改变不良行为习惯的突破口，五是要清理自己的圈子，逐渐消除或离开不利于自己养成良好行为习惯的环境。在行动层面，其一给自己制定一个合适的目标和计划；其二，要掌握高效的方法，在行动过程中要有掌控感、成就感；其三，要学会将大目标拆分成阶段性的小目标；其四，要懂得实时管理好自己的状态。

养成良好的行为习惯，可以从三个方面入手。第一，认清自己，找到适合自己的习惯。认识自己的体质和性格特质，可以从测评人格分类认识自己，培养适合自己个性的风险应对良好习惯。切忌养成固定式思维习惯，容易故步自封。持有一个成长型思维、开放性心态，相信自己有改变的自由意志，相信自己有意志改变习惯，相信行为习惯是可调整的。第二，需要有改变行为习惯的强烈动机。动机是改变行为习惯的驱动力，然而，仅有动机是无法改变行为习惯的，其原因有：动机是易变的，不确定性较大；动机达到峰值后会迅速降低；动机波动十分频繁，难以准确预测；将动机用于寻求抽象行为难以直接产生效果；仅凭动机无法推动长期持续改变。诚然，缺乏动机和只有动机，均难成功改掉坏习惯、养成良好习惯。第三，养成积累细微的行为习惯。确定养成行为习惯的动机和目标，要理性看待愿望、成果、行为的区别。要思考养成行为习惯的动机，明确必要性、原因和重要性，形成一定强烈的内在动机，为养成良好行为习惯提供强劲驱动力。确定习惯愿景目标后，列出有助于达成愿景的具体举措，无须做出任何决定或承诺，只需思考和列出尽可能多的可用行为。例如，如何改变装备携带不齐的陋习？如若希望做到每次出警都能下意识地带齐单警装备，可以在办公室张贴带齐装备的醒目警示语、在手机屏保上设置带齐装备提示语——"出警默念装备带齐了吗"，在警队内部群里打卡装备携带情况，等等。为自己匹配黄金具体行为。从以上行为集群里面，找出同时符合三个标准的黄金行为：这个行为能让我实现工作愿望愿景，我有这个行为动机，我有做到这个行为的能力。坚持足够长时间，无论酷暑严寒还是白天黑夜均无例外，自然而然便能养成出警必带齐单警装备的行为习惯。

附录1 警察应对非常规突发事件的抗逆力访谈提纲

经历过哪些警种岗位：_____性别：____年龄：____警龄：____

第一部分 介绍与承诺

1. 自我介绍

您好！首先感谢您能抽空参与这次访谈。我是四川警察学院的教师，非常荣幸能有这次机会向您当面请教。谢谢！

2. 访谈的目的和程序

本次访谈，主要是想了解您工作中应对非常规突发事件的抗逆力情况，访谈时间大约一个小时。首先，我会请您简要描述您所在警种岗位的工作内容；其次，请您回忆3件工作过程中遇到的非常规突发事件（如抗震救灾、疫情防控等急难险重任务），并请您具体描述您或您所在团队在应对非常规突发事件时的一些亲身经历和感受。谢谢！

3. 访谈承诺

请您放心，我将严格遵守研究人员和警察职业道德，对所有访谈材料保密，访谈记录仅供研究分析使用，对您谈到的所有内容，绝不向任何人透露；在整理谈话内容时，不会含有您的名字和私人信息，请您对提问畅所欲言，谢谢！

4. 概念介绍

非常规突发事件是指个人从未经历过，爆发前难以察觉且易造成恐慌，采用常规应对方式难以奏效的事件。

抗逆力是指组织资源应对挫折逆境（或风险挑战）的能力（心理特质）、过程和结果。

第二部分　行为事件描述

一、个体抗逆力行为事件

1. 您的岗位是什么？您的主要工作任务是什么？

2. 请问在您的工作中，遇到过哪些非常规突发事件？请举例说明。

3. 麻烦您举一个您印象最深刻的非常规突发事件的例子？

4. 在整个应对过程中，您当时的心理感受有何变化？或者您当时是怎么看待这件事情的？

5. 您当时是如何应对的？采取了哪些办法？为什么采取这些办法？

6. 您最后应对此突发事件的结果如何？

7. 现在回想起来，您的感受如何？从中收获了什么经验或教训？

8.请您再回忆一件您在工作中处理突发危机事件的例子？

……循环提问上面的第 4—8 题……

二、团队抗逆力行为事件

1.现在请您回忆一下，在您所属的工作团队中，是否经历过应对非常规突发危机事件的事例？

2.当时这个事例是什么情况？您在所在的工作团队中，具体负责什么工作？

3.您当时的心理感受如何？您的上级领导以及您的同事是什么感受？

4.团队是如何应对危机事件的？您的上级领导是怎么做的？团队成员做了哪些事情？采取了哪些方法？

5.最后应对危机事件的结果如何？

6.这个事件过后，您是怎么看待这个事情的？有什么心理感受？

7.您的团队成员当时的心理状态如何？他们是如何看待这件事情的？

8.在您所属的工作团队共同应对非常规突发事件时，团队内部是否产生分歧或矛盾？当时是怎么克服的？

9.现在回想起来，您的感受如何？这次经历给您带来什么经验或教训？

10.如果您是该团队的负责人，您会怎样处理类似的突发事件？

11.现在，请您再回忆一件您的工作团队处理突发危机事件的例子。

……循环提问上面的 1—11 题……

第三部分　访谈总结

1. 您认为，要成功应对非常规突发事件需要具备哪些心理素质和能力？

2. 您认为，亲人和好友对您应对非常规突发事件会有哪些影响？

3. 您认为，从公安教育训练角度，应如何提升民警的应对能力？

第四部分　感谢和结束

再次感谢您的配合，感谢您提供如此珍惜的机会让我了解您的工作。您不仅为我提供了宝贵的资料，也让我个人学到了很多东西。以后也许还会有一些事情要再次向您请教，请您到时候不吝赐教，谢谢！

附录 2　警察抗逆力蚀化状况访谈提纲

经历过哪些警种岗位：_____性别：____年龄：____警龄：____

第一部分　介绍与承诺

1. 自我介绍

您好！首先感谢您能抽空参与这次访谈。我是四川警察学院的教师，非常荣幸能有这次机会向您当面请教。谢谢！

2. 访谈的目的和程序

本次访谈，主要是想了解您工作中应对非常规突发事件的抗逆力情况，访谈时间大约一个小时。首先，我会请您简要描述您所在警种岗位的工作内容；其次，请您回忆 2 件工作过程中遇到的非常规突发事件（如抗震救灾、疫情防控等急难险重任务），并请您具体描述您或您所在团队在应对非常规突发事件时的一些亲身经历和感受。谢谢！

3. 访谈承诺

请您放心，我将严格遵守研究人员和警察职业道德，对所有访谈材料保密，访谈记录仅供研究分析使用，对您谈到的所有内容，绝不向任何人透露；在整理谈话内容时，不会含有您的名字和私人信息，请您对提问畅所欲言，谢谢！

4. 概念介绍

非常规突发事件是指个人从未经历过，爆发前难以察觉且易造成恐慌，采用常规应对方式难以奏效的事件。

抗逆力是指组织资源应对挫折逆境（或风险挑战）的能力（心理特质）、过程和结果。

第二部分　行为事件描述

1. 请您介绍一件非常规突发事件应对不当的履职经历。

2. 请问当时您怎么看待此履职经历及其潜在风险？

3. 请问当时您有何应对资源和条件？

4. 当时您有何情绪反应，您是如何调节自己情绪的？

5. 请问您习惯于如何完成急难险重任务？

6. 请问当时您完成任务后有何看法和感受？

7. 请您再回忆一件非常规突发事件应对不当的履职经历。

……循环提问上面的第 2—6 题……

第三部分　感谢和结束

再次感谢您的支持和帮助，非常感谢您提供如此珍惜的机会让我了解您的工作。您不仅为我提供了宝贵的资料，也让我个人学到了很多东西，谢谢！

参 考 文 献

【著作类】

[1] 埃里奥特·阿伦森，蒂莫西·威尔逊，罗宾·艾伦. 社会心理学 [M]. 侯玉波，等，译. 北京：中国轻工业出版社，2007.

[2] 曹海峰. 非常规突发事件应急预案研究——基于情景构建的视角 [M]. 北京：社会科学文献出版社，2018.

[3] 郭玉霞，刘世闵，王为国，等. 质性研究资料分析：Nvivo8 活用宝典 [M]. 中国台北：高等教育文化事业有限公司，2009.

[4] 郭召良. 认知行为疗法进阶 [M]. 北京：人民邮电出版社.2020.

[5] 国家自然科学基金委员会. 2011 年度国家自然科学基金项目指南 [M]. 北京：科学出版社，2010.

[6] 陈向明. 质的研究方法与社会科学研究 [M]. 北京：教育科学出版社，2000.

[7] 徐宪平. 新基建数字时代的新结构性力量 [M]. 北京：人民出版社，2020.

[8] 时勘 . 救援人员应对非常规突发事件的抗逆力模型 [M]. 北京：科学出版社，2017.

[9] 杨青，杨帆，刘星星，等 . 基于免疫学的非常规突发事件识别和预控 [M]. 北京：科学出版社，2015：157.

[10] 詹伟 . 警察职业安全与健康 [M]. 北京：中国人民公安大学出版，2015.

[11]FRANKLVIKTOR E. *Man's search for meaning：An introduction to logotherapy*[M]. NewYork：Was-hington Square Press，1963：24.

[12]Garmezy N. Stress-resistant children：the search for protective factors[M]//Stevens J. *Recent Research in Developmental Psychopathology.* Oxford：Pergamon Press, 1985.

【期刊类】

[1] 卞永桥，熊鸿燕，许汝福，等 . 突发事件特勤应急部队人群的应对方式及其影响因素研究 [J]. 中国循证医学杂志，2009，9（7）：748-753.

[2] 曾灵 . 新媒体背景下人民警察现场执法规范实务探究 [J]. 公安教育，2021（2）：34-37.

[3] 陈健，张波 . 应对警察职业风险的探索与实践——以杭州市公安局西湖风景名胜区分局为例 [J]. 公安学刊（浙江警察学院学报），2009,111（1）：79-83.

[4] 陈其琨 . 刑事一体化之下防控刑讯逼供行为的途径研究 [J]. 理论界，

2017（12）：51-59.

[5] 陈琴，王振宏.认知重评策略与生活满意度：情绪和心理韧性的多重中介效应[J].中国临床心理学杂志，2014，22（2）：306-310.

[6] 陈秋菊.合作治理理论视角下警察执法公信力提升研究[J].中国刑警学院学报，2019，148（2）：61-67.

[7] 陈思颖，王恒.高校青年教师心理韧性结构及影响因素研究——基于H大学的调查分析[J].教师教育论坛，2016，29（11）：55-62.

[8] 方曙光.断裂、社会支持与社区融合：失独老人社会生活的重建[J].云南师范大学学报（哲学社会科学版），2013，45（5）：105-112.

[9] 韩丽丽.青少年抗逆力与学校服务的相关性研究——基于对北京市1175名青少年的问卷调查[J].中国青年研究，2014（5）：16-21.

[10] 郝建平.警务指挥与战术研究现状及发展趋势[J].军事体育学报，2015，34（2）：66-69.

[11] 郝帅，江南，时勘.公务员抗逆力的干预策略实证研究[J].中国人力资源开发，2013，279（9）：12-16.

[12] 胡月琴，甘怡群.青少年心理韧性量表的编制和效度验证[J].心理学报，2008（8）：902-912.

[13] 刘冬."互联网＋"时代网络互动对大学生抗逆力的影响：网络支持的中介作用[J].黑龙江高教研究，2017（12）：96-99.

[14] 刘尚亮，沈惠璋，李峰，等.管理决策中认知偏差的影响因素及对策研究[J].现代管理科学，2010（1）：24-25.

[15] 刘肖岑，桑标，窦东徽.人际/非人际情境下青少年外显与内隐的自我提升[J].心理学报，2011，43（11）：1293-1307.

[16] 刘玉兰，彭华民.家庭抗逆力视角下流动儿童家庭社会工作服务实践重构 [J].中州学刊，2016，239（11）：67-72.

[17] 刘玉兰.西方抗逆力理论：转型、演进、争辩和发展 [J].国外社会科学，2011，288（6）：67-74.

[18] 刘志勇.大数据战略视角下警务合成作战指挥机制创新研究 [J].公安学研究，2021，4（2）：51-73.

[19] 田国秀，曾静.关注抗逆力：社会工作理论与实务领域的新走向 [J].中国青年政治学院学报，2007，128（1）：130-133.

[20] 谢家智，王文涛，车四方.巨灾风险经济抗逆力评价及分布特征分析 [J].湖南大学学报（社会科学版），2016，30（3）：85-93.

[21] 徐晓军，孙权.集体化村庄：深度贫困地区贫困治理的内在逻辑与有效路径——基于西藏 D 村脱贫经验的考察 [J].河南社会科学，2019，27（3）：108-114.

[22] 闫燕.公安情报分析中的认知偏见研究 [J].情报探索，2018，246（4）：25-28.

[23] 张建，孙抱弘."校历主义"盛行下的研究生就业困境与出路——基于抗逆力理论视角的分析 [J].中国青年研究，2014，219（5）：22-25.

[24] 张建卫，刘玉新.高层管理者的工作压力、社会支持与心理健康的关系 [J].经济管理，2005（13）：61-65.

[25] 张梦雨，丁勇.公安民警继发性创伤成因及干预对策研究 [J].湖北警官学院学报，2021，34（6）：34-42.

[26] 郑建君.青年群体政策参与认知、态度与行为关系研究 [J].青年研究，2014（6）：20-28.

[27] 郑立勇，孔燕．个体与团队心理资本优化开发策略研究——以警察职业为例 [J]. 华东经济管理，2016，30（4）：178-184.

[28] 郑林科，王建利，张海莉．人性中的韧性：抵御应激和战胜危机的幸福资本 [J]. 甘肃社会科学，2012（4）：51-54.

[29] 郑卫民．警察职业风险防护制度探究——以警察执法权益保障为视角 [J]. 山东警察学院学报，2018，30（2）：128-134

[30] 朱厚强，万金，时勘，等．医护人员抗逆力结构研究与测评量表编制 [J]. 统计与信息论坛，2016，31（2）：107-112.

[31] 朱华桂．论风险社会中的社区抗逆力问题 [J]. 南京大学学报（哲学·人文科学·社会科学版），2012，49（5）：47-53.

[32] 朱华桂．论社区抗逆力的构成要素和指标体系 [J]. 南京大学学报（哲学·人文科学·社会科学版），2013，50（5）：68-74.

[33]CICCHETTI D, GARMEZY N. Prospects and promises in the study of resilience[J]. *Development and Psychopathology*, 1993，5（4）：497-502.

[34]DYER J G，MCGUINNESS T M. Resilience：analysis of the concept[J]. *Archives of Psychiatric Nursing*，1996，10（5）：276-282.

[35]FISCHER P，JONAS E，FREY D，et al. Selective Exposure to Information：The Impact of Information Limits［J］.*European Journal of Social Psychology*，2005，35（4）：469-492.

[36]FONAGY P, STEELE M，STEELE H，et al. The Emanuel miller memorial lecture 1992：the theory and practice of resilience[J]. *Journal of Child Psychology & Psychiatry &Allied Disciplines*，1994，35（2）：231-257.

[37]GLASER B，STRAUSS A L．The Discovery of Grounded Theory：Strategy for Qualitative Research[J]．*Nursing Reseach*，1968，17（4）：377-380．

[38]HAMBRICK D C，MASON P A．Upper Echelons：Organization as a Reflection of Its Managers［J］．*Academy Management Review*，1984：193-206．

[39]JACELON C S.1997.The trait and process of resilience[J].*Journal of Advanced Nursing*,25（1）:123-129．

[40]LI J T，TANG Y．CEO Hubris and Firm Risk Taking in China：The Moderating Role of Managerial Discretion［J］．*Academy of Management Journal*，2010，53（1）:45-68．

[41]LIU X Y，WANG L，ZHANG Q，et al. Less Mindful，More Struggle and Growth：Mindfulness，Posttraumatic Stress Symptoms，and Posttraumatic Growth of Breast Cancer Survivors［J］.*J Nerv Ment Dis*，2018，206（8）：621-627．

[42]LUTHAR S S，CICCHETTI D，BECKER B. The construct of resilience：a critical evaluation and guidelines for future work[J]．*Child Development*,2000，71（3）:543-563．

[43]MALMENDIER U，TATE G. Who makes acquisitions？ CEO overconfidence and the market's reaction［J］．*Journal of Financial Economics*，2008，89（1）:20-43．

[44]MANSFIELD C F，BELTMAN S，PRICE A，et al. Don't Sweat the Small Stuff：Understanding Teacher Resilience at the Chalkface[J]．*Teaching*

and Teacher Education, 2012, 28（3）: 357-367.

[45]MASTEN A S. Ordinary magic: Resilience processes in development[J]. *American psychologist*, 2001, 56（3）: 227-240.

[46]RICHARDSON G E, NEIGER B, JENSEN S, et al. The Resilience Model[J]. *Health Education*, 1990（21）: 33-39.

[47]RUTTER M. Psychosocial resilience and protective Mechanisms[J]. *American Journal of Orthopsychiatry*, 1987, 57（3）: 316-331.

[48]TEPER R, SEGAL Z V, INZLICHT M. Inside the mindful mind: how mindfulness enhances emotion regulation through improvements in executive control［J］. *Current Directions in Psychological Science*, 2013, 22（6）: 449-454.

[49]WALLACE J C, EDWARDS B D, ARNOLD T, et al. Work stressors, role-based performance, and the moderating influence of organizational support[J]. *Journal of Applied Psychology*, 2009, 94（1）: 254-262.

[50]WALSH F. Family Resilience: a Framework for Clinical Practice[J]. *Fam Process*, 2003, 42（1）: 1-18.

[51]WERNER E E, SMITH R S. Overcoming the Odds: High Risk Children from Birth to Adulthood[M]. *New York: Cornell University Press*, 1992.

[52]WINDLE G.What is resilience?A review and concept analysis[J]. *Reviews in Clinical Gerontology*, 2011, 21（2）: 152-169.

[53]WING I. Bias in intelligence-understanding bias and how to prevent it ［J］. *Journal of the AIPIO*, 2014, 22（2）: 3-20.

[54]ZAJONC R B，BURNSTEIN E. Structural balance，reciprocity，and positivity as sources of cognitive bias[J]. *Journal of Personality*，1965，33（4）：570-583.

【其他类】

[1] 但浩 . 消防官兵心理韧性量表的编制及特点研究 [D]. 重庆：西南大学，2010.

[2] 刘得格，时勘，孙海法，等 . 企业高层管理者应对危机事件的抗逆力模型探索 [C]. 中国管理现代化研究会 . 第四届（2009）中国管理学年会——组织行为与人力资源管理分会场论文集，2009：10.

[3] 刘兰兰 . 大学生复原力量表的编制及其初步应用 [D]. 石家庄：河北师范大学，2007.

[4] 刘杰 . 侦查中的认知偏差及其修正 [D]. 武汉：中南财经政法大学，2018.

[5] 刘素青 . 老年人心理弹性的实证研究 [D]. 南昌：江西师范大学，2011.

[6] 龙迪，马丽庄 . 创伤：文化背景中持续改变的关系过程 [C]. 中国心理卫生协会 . 第四届泛亚太地区心理卫生学术研讨会论文摘要集，2005.